置郵傳命

一位郵界耆老的回憶

口述——潘安生
編著——余燕玲

目次

德之流行速於置郵而傳命

中華郵政公司董事長序

潘前副總局長安生於民國三十年入局服務。畢生從郵，服務期間長達四十三年餘，致力郵政革新，潛心創辦專業郵刊，鑽研郵學郵史不遺餘力，堪稱郵學活字典。尤以榮致三十餘年來，仍自詡為終身郵人，持續關心郵政，筆耕不輟，時賜琬琰之章，實可謂郵學泰斗！

潘公於抗戰中期進局，見識過外籍郵務長的流風餘緒，並曾身歷槍林彈雨的軍郵生涯，參與光復後臺灣郵政的接收與重建，以及政府播遷後郵政的展業與興革，他是近代中華郵政歷史的參與者與見證人。《置郵傳命：一位郵界耆老的回憶》即由其現身說法，由本公司郵政博物館余燕玲女士（筆名張莫莫）執筆，除二十五萬字訪談逐字稿，更以數十本郵史郵學專書、數百筆參考資料為本，撰就二十五篇十五萬餘言專文，於民國一〇五年六月二十日起在《今日郵政》連載刊登。二十五篇以時間為軸講述的郵政主題，從古代郵驛的源起到現代郵政的創立與興革，窺探一以貫之的置郵使命；從「戰時不撤退」到組建軍郵隨軍挺進戰場，看郵人的堅持護守與職業光榮；從「動盪時代桀桀大才」看烽火戰亂下，郵

中華郵政公司董事長序

政先輩如何篳路藍縷書寫歷史，篇篇讀來氣勢磅礡。

民國八十六年，中央研究院近代史研究所首開先例以郵政人物為主題出版口述歷史叢書《劉承漢先生訪問紀錄》，二十五年後欣見《置郵傳命：一位郵界耆老的回憶》一書傳承薪火，為郵政這條前仆後繼血脈相連的光榮之路作見證。

本人謹藉此序文，代表中華郵政公司向潘公致敬並表達賀忱。

中華郵政公司董事長吳宏謀謹識

自序／潘安生

當我在親友齊聲歡唱一〇四歲生日快樂歌時，其實，回想起來，我這「老壽星」曾是一個苦命的孩子。雖有幸出生在號稱「人間天堂」的蘇州，但在襁褓中隨父北上津浦鐵路在各車站任所。迄我有記憶時，定居在南京浦口車站。不久之後，先父出任南京下關車站站長，一直到八歲時我才離開南京。回到家鄉時，我一口下關方言，是一個小南京娃兒。

接著是我家的大難當頭：父親在下關車站積勞成疾病故。繼之以祖母古稀逝世，潘家端賴吾寡母護恃我兄妹三孤兒，家徒四壁，何以為繼？「髫齡失怙」，我在母親策勉下，發奮用功，從高小時就開始為班上的「第一名」；考進江蘇省立蘇州中學後，也是名列前茅。

有志不在年高，初中畢業時，我以一個十六歲的大孩子，決定輟學從業負起養家的責任。當時各行業中頗受注目的莫如銀行、郵局、鐵路等，都可以練習生考入從業。我乃義無反顧地投考京滬鐵路，幸獲錄取。先在南京下關車站的帳房見習，以我在蘇中已習的打字、珠算、簿記及應用文等，皆有基礎，所以一開始就能勝任愉快地供職，旋調升鎮江西站為站帳司事。

好景不長，在京滬鐵路任職不到三年，即逢盧溝橋事變，對日抗戰爆發。民國二十六年杪，奉命西撤，從此天涯奔波，晉入我人生的另一階段。那時我才是十八歲的少年，立志投筆從戎，參加國軍抗戰救國。四年軍旅生涯的後期，我乃興轉業之念，適見湖北郵政管理局在恩施招考郵務佐，而從郵之願，正是昔年所望，遂毅然報考，一試即登榜首。經此一轉折，使我的畢生改觀。斯時，我年方弱冠，這是民國三十年春間之事。進入郵局至抗戰勝利，我曾以軍郵人員的身分報效國家。

俗語說：「男怕選錯行，女怕嫁錯郎。」郵政正是我從業選擇中的第一志願，至抗戰期間才得遂初衷。回首當年，迄今已八十載有餘，所謂「一日郵人，終身郵人」，從郵一生，無怨無悔！

我在郵政，「三考俱中」，然後平步青雲，直登郵政總局首席副局長之高位而屆齡自退，可謂圓滿。自民國七十三年（一九八四）退休迄今亦三十載有餘，這一期間，同仁咸呼余為「顧問」，雖是無給之名位，而我欣然接受；良以我在職期間，承先啟後，建立制度，創新立業，垂愛至今弗替，聲名聞於海內外，被譽為「郵政達人」。我也勤於筆耕，筆下千萬言，其已出版問世者不下於六十餘種，嘉惠後學，良非淺鮮。

翁公文祺在其任中華郵政董事長期間，曾蒞臨新竹市舍下慰問，並囑口述生平事功，由余燕玲女士纂編成文，凡二十五篇，曾分期在《今日郵政》月刊刊出。今年（民國一〇〇年十二月三日）為余一百晉四之期，特將前稿修訂後結集成書：《置郵傳命：一位郵界耆老的回憶》。欣蒙中華郵政公司吳董事長宏謀，惠書序文，有所嘉勉，衷心銘感。

余女士是一位優秀的作家，妙筆生華，此書之成，厥功甚偉。她近年與夫婿在海外為國宣勞，百忙之中，仍抽暇修文校稿，並協助聯絡排版印刷事宜，備極辛勞，復蒙賜跋言，為本書添光增色，敬此致謝。

吾已有曾孫三人，家人對此書之出版都熱心促成，吾兒犀靈為此書之出版，奔走聯絡，尤見孝忱，亦併此致意。

潘安生序

第一篇・所有之前——留給赫德

所有之前——留給赫德

所有之前—留給赫德

潘安生一生從郵，著述等身，出版著作六十餘部，與郵史、郵票、郵政業務革新相關主題的占比很高。對於單獨郵史人物的研究，散見郵刊但篇幅不多，唯赫德（Sir Robert Hart, 1835-1911）獨占數本專書，足見赫德在郵政史上的分量。

赫德一生奉獻給中國，窮三十餘載年華，為現代郵政的創建鞠躬盡瘁，一部有關中華郵政歷史的書，謹以首篇對這位厥功至偉的外來客卿致上崇高的禮敬！

誕生與求學

赫德一八三五年二月二十日出生於北愛爾蘭南部亞瑪區（Armagh）的普塔頓（Portadown）小鎮，鎮上人口大約只有二千人。

赫德一八四七年進入都柏林衛斯理學院的前身衛斯理聯合學校（Wesleyan Connexional School）攻讀四年，以第一名成績畢業。該校後來改制為愛爾蘭皇后大學，一九五〇年授以赫德最高榮譽，並為赫德這位傑出的校友，印行一本厚達九百四十九頁的傳記《赫德與中國海關》（*Hart and the Chinese Customs*）表彰他卓越的成就。

赫德畢業後，礙於家境，並未像當時嚮往新大陸的同儕到美國發展，而是返回母校繼續研習哲學和法律專業。

契機

留在母校的赫德，等到畢生難逢的機遇！一八五三年北愛爾蘭貝爾法斯特皇后學院（Queen 's College, Belfast）前任校長克萊恩東伯爵（The Earl of Clarendon,1800-1870）出任英國外相，一八五四年英國外交部接獲香港總督包令（Sir John Bowring）的報告，建議補強英國駐中國及日本領事館人員。克萊恩東應命設法羅致人才，也通知了皇后學院推薦一名優秀的畢業生。校方原來準備公開考試掄才，卻在三十六名應試名單中，赫然發現赫德名列其中，於是決定取消考試，直接舉薦赫德！那年赫德只有十九歲。

遠離與出岫

一八五四年五月間，未滿二十歲的赫德抵達香港，他的第一份外館工作是寧波領事館的助理翻譯官。

赫德的漢學在寧波的三年半打下了穩固的基礎，這是他一生立功建業的主要關鍵。一開始他跟著中國老師學中文，先從「孟子」著手，用的是一本馬禮遜（Robert Morrison）的工具書，用功極猛！之後又結識了漢學家美國牧師馬丁（W. A. P. Martin），簡直如虎添翼。他中文了得，連帝師翁同龢都嘖嘖稱奇：「彼熟於孟子書，旁及墨子。奇哉！」

赫德以他優異的中文周旋於中國的王公大臣之間，成為紅極一時的外來客卿，縱橫海關、內政與外交領域數十年，固然是他天賦異稟的才情，還有他與中國宿命的因緣。倘若中國海關不引用洋人，倘若沒有總理各國事務衙門的成立，給了他一個足以揮灑的舞台，他不會是這樣的赫德！沒有這樣的赫德，中國自晚清以來的許多歷史則必改寫，包括官辦民享的現代郵政在內，將不知要等到何年何月才能守得雲開見月明！

洋人把持的中國海關

中國海關自引用洋人起，到英國人當權把持是段循序漸進的過程。咸豐四年（一八五四）洪楊之亂，上海的關稅衙署變成無政府狀態，中外商人沆瀣一氣全都不繳稅。上海英國領事阿禮國（R. Alcock）邀集美、法領事組織關稅委員會，以任用洋人代辦稅務為請，與海關監督蘇松太道台吳健彰締結上海海關組織的條約。約定後，三國各薦派一員襄辦稅務，而以來華最久、通華語且熟悉官場文化的英國威妥瑪（Thomas Wade）最當權。咸豐九年（一八五九）兩江總督何桂清任命英國人李泰國（Horatio Nelson Lay）為總稅務司，並在其餘各口岸逐一設立稅務司，也大多以英國人任事。從此，中國的海關行政已落入英國人的勢力範圍。

咸豐八年三月赫德調升廣州英國領事館的署理翻譯官（二等幫辦）。就在這段時間，中國政府在徵收鴉片稅上出了問題，廣州解繳北京的關稅，從每年三十萬兩驟降到十八萬兩，兩廣總督勞崇光跟戶部駐廣州負責人——武備院幫辦大臣恆祺商議，擬仿照上海江海關成立廣州海關，而以年輕有為的英國人赫德主其事。

咸豐九年（一八五九），剛滿二十四歲的赫德做了一個大膽的決定，他決定捨棄領事館的工作，改為中國政府效勞。五月二十七日赫德向英國領事館遞出辭呈，結束了他不到五年的外交生涯。赫德於六月進入中國海關，十月二十四日廣州海關成立，並獲任命為副稅務司。

赫德自始翻開為中國政府服務奉獻五十年的扉頁，窺見清朝被列強侵吞得千瘡百孔，孤臣無力回天，走進帝國末世的蒼涼。涉足這個風起雲湧的時代，摻雜在中國與英國的利益糾纏，赫德的分寸拿捏，自有史冊給他公允的評價。

一八六一年三月十一日成立的總理各國事務衙門是外交部的前身，成立後首要的任務就是選派一名外國人充當全國海關的總稅務司。當時兩江總督何桂清，早已委任在上海的英國人李泰國擔任這項職務，總理衙門對這個人選並沒有異議，因為當時有不肖的海關道台，貪污稅銀中飽私囊，竟有三年不報帳的猖狂行徑，清廷早已有此共識與默契，各地海關的稅務司寧可起用洋人，也千萬不可再用華人。這難道不是中國人的悲哀？

當總理各國事務衙門召見李泰國時，李泰國以健康不佳為由，請假返回英國治病。他離去前建議以費士來及赫德分別掌理上海與廣州海關，並請以赫德為代表晉見恭親王，赫德欣然就道，這個轉折，恐怕是赫德畢生事業最大的機緣與關鍵！

> 赫德就有這本事，學起孟子比咱們還拿手，不幾年工夫就能引經據典像個飽讀詩書的學究。一個金髮碧眼的青年跟你開口閉口子曰子曰的，難道你能不對他另眼看待？恭親王奕訢第一次跟他見面就留下了特好的印象……

一八六一年六月十五日，赫德謁見恭親王奕訢。

一位是皇親貴胄權傾一時的王爺，一位是背井離鄉天賦異稟的外來謀士，第一次的相會，各給彼此留下什麼印象？恭親王接見赫德後，給皇上的奏摺有這樣的描述：「雖係外國人，察其性情，尚屬馴順，語言亦多近理，且貪戀總稅務司薪俸甚鉅，是以尚肯從中出力。」而赫德呢？在他的追憶中，恭親王起初是很拘束、矜持、少言語的，但不久之後態度變得容易親近，並詳細詢問了有關通商、稅收和海關方面的種種問題。他對初次會面的年輕王爺評價是：「……雖然魄力不足，才氣也不特別高明，但是胸襟開闊，為了國家社稷的福祉與和平，很想幹一番大事業，特別是在延續皇朝的國祚……」

咸豐十一年五月二十三日（一八六一年六月三十日）總理各國事務衙門給了赫德署總稅務司的派令。在正式委派的公文中，政府給予充分的授權，足見赫德已經得到奕訢全然的信任，從此以後，每提到赫德，還總以「咱們的赫德」來稱呼！

總理各國事務衙門名義上是以辦理對外交涉為主，實際上管的範圍很寬，舉凡一切涉外的洋務諸如鐵路、開礦、郵政、電報、船艦、軍火、稅收、財幣及興辦洋學堂無所不包。奕訢最需要的就是一個如赫德一般的人——具有淵博西學基礎的通才，又不拘囿於一方的興趣和才幹。在日後赫德所涉足的事務中，不難發現恭親王對赫德的賞識和充分的信任，而赫德也能不負所託。

鍥而不捨三十年 名垂郵史立豐碑

赫德自一八五四年抵華，至一八六一年晉見恭親王奕訢，已經在中國度過六個年頭。赫德不僅「食君俸祿，忠君之事」，更細心觀察、關懷這片他安身立命的土地和人民，他發現當時滿清政府所辦的驛站，每年僅為傳遞官式公文書就得耗費庫銀三百萬兩；五花八門的民信局是民間通訊的唯一救濟，卻所費不貲又欠缺安全性；外來客郵則仗著不平等條約的保護傘，在各大通商口岸擅設郵局，侵越中國郵權甚鉅。赫德實在不忍見中國長此以往陷入如此不堪的局面，於是在第一次晉見奕訢時就提出建議，認為中國應該仿照西方各國興辦國家郵政，不僅可以撙節國家辦理驛站的開支，還可以增益國庫收入，當然更保障人民通訊的權益。可惜當時未被採納，理由是「不合時宜」。

赫德沒有就此放棄，他繼續痛切陳言，百折不撓。同治五年（一八六六）赫德於返英度假前將《局外旁觀論》呈送總理各國事務衙門，全篇分二十四節四千餘言，以建議興辦新政和派遣駐外使節為主軸，綜論中外情勢，並對總理衙門提出切中時弊的建言，其中對於創辦新式郵政有具體的建議。

一八六六年冬天，《局外旁觀論》顯然奏效了！

總理各國事務衙門授權海關兼辦郵政，雖僅限於投遞各國駐華使節以及各口岸稅務司與總稅務司間的往來文件，但至少跨出了海關試辦國家郵政的第一步。

而這海關試辦郵政，竟然試辦了三十年。

光緒二年（一八七六）總稅務司擴充郵政機構，多處海關增設了郵務處，並開始准許人民交寄往來各通商口岸的信件，漸漸有了新郵的輪廓。光緒四年（一八七八）海關附設了海關撥駟達（Custom Post），發行了中國史上第一套郵票——海關一次雲龍郵票，是海關試辦郵務的新頁。但是那個時期，內有民信局牽扯不清，外有洋人書信館攪局，最不堪的則是驛站還在繼續大筆浪費白花花的庫銀，這一切都不是赫德創辦新式郵政的初衷，他期待的是一個新郵的理想世界。

光緒二十一年（一八九五），赫德親自擬具新式郵政章程（計四章、四十四條），呈送總理衙門。光緒二十二年二月七日（即陽曆三月二十日）總理各國事務衙門據以入奏，當日光緒皇帝硃批「依議」二字，只是舉手之勞，而力求維新變法的他，若知道這是赫德經過三十年苦心倡議奔走，才換得的成果，身為一國之君，究竟該沉重還是感佩？

一八九六年國家郵政正式開辦，經過三十餘年努力終於孵化的夢想，赫德已逾花甲之年。赫德以他在海關三十七年（自一八五九年任海關副稅務司起）來逐步建立起的良好制度和效率來辦理郵政。郵政組織及人事和海關一體，郵局就設在海關裡，連郵局人員的待遇也與海關人員相同。他考試用人的制度，人員進用以後專業的考核，與廉潔、效能、敬業的要求，為郵政事業奠下了穩固的基石。宣統三年（一九一一）當郵政正式脫離海關移至郵傳部管轄，全國郵政人員已經達一萬兩千多人（其中外籍郵員尚有九十九人），中華郵政的事業基礎已然建立。

恭親王「恨不得有一百個赫德！」　赫德「士為知己者死」

恭親王奕訢與英人赫德，相逢在中國內憂外患危急存亡之秋，在那個列強覬覦鯨吞蠶食的年代，王公大臣無心國家社稷，汲汲於個人身家保全，熱血之士苦於有志難伸。在國之重臣恭親王最感無力的時刻，遇上赫德這樣才學兼具切合國家需要的人才，奕訢惜才愛才，恨不得有一百個赫德來為朝廷出謀劃策！赫德以一介布衣來到中國，恭親王的知遇之恩讓他平地而起，在中國跨足海關、內政、外交、教育、交通、軍事各領域，縱橫數十年。

一八六三年二十八歲的赫德受命為海關總稅務司，躊躇滿志的他沒有被沖昏頭，立即告誡所屬各地海關稅務司，應深切體認中國的海關不是一個洋人的機關。他們食中國政府俸祿，應以忠誠於中國政府的委任為第一要事，身為中國的客卿，不得以中國的主人自居。這個分寸，來自於他對外來客卿身分不能逾越的認知，也源於他對恭親王知遇的感恩與圖報。

恭親王三十幾年宦海浮沉，數度遭慈禧罷黜，所謂「士為知己者死」，赫德少了伯樂的支持和掌聲，生涯規劃也跟著去留兩難。光緒十一年（一八八五）恭親王被黜居家養病，英國駐北京公使巴夏禮（Sir Harry Smith Parkes, 1828-1885）病逝，鑒於赫德二十五年來在中國海關的聲譽與為清廷運籌交涉外交事務所展現的肆應長才，英國政府屬意赫德為巴夏禮的繼任人選。原以「朝中無人」而感倦勤的赫德，本已決定接受新職，後因海關繼任人選的一波三折及諸多考量，而使他猶豫徘徊。最後令他懸崖勒馬的主要原因是，赫德極度擔心他一旦離開海關，海關將再回復到當初道台經辦海關，政府收不到稅銀的窘境，破壞經多年方才建立的體制與幾十年來經營的基業。赫德最終婉拒了英國駐華公使的任命，一轉身，繼續在海關服務二十五年，這也才有一八九六年郵政官局的建立。

尾聲

赫德七十大壽時，以感恩與謙遜的言詞向全國海關及郵政同仁答謝：「……我不僅要感謝總署的同仁，更要感謝在全國各通商口岸及偏遠地區的同仁，因為我們事業的成功全靠大家的合作和支持。……管理固然重要，如果沒有一群埋首苦幹的人在切實執行，勢必一事無成！」、「縱使前途充滿艱難，只要合於時勢與潮流，就不必畏懼失敗與不幸，要以忍耐為後盾，審慎作方針，可期事業的鞏固與發展。」赫德對郵政同仁的期勉，即使在一個世紀以後，依然如暮鼓晨鐘發人深省。

十九歲的春風少年赫德，踏上中國風雲變動的土地，經歷長長三十年的苦心孤詣，為中國建立了現代郵政。這一路，他看著繁華落盡帝國末路，光緒三十四年（一九〇八）返英時的赫德已是風燭殘年的七三老叟。對這位窮畢生歲月為中國盡瘁的異鄉人，他的煊赫事功，寧讓史家大椽之筆為其定奪！身為郵政人對這樣一位厥功甚偉的先進，我們必須感恩，因為沒有他鍥而不捨的進言、遊說和努力，這條郵驛路必定走得更漫長、坎坷和艱辛！

·光緒十五年（一八八九），賞加三代正一品封典（追封先人三代）。赫德為外來客卿獲此殊榮的第一人。

·光緒十九年（一八九三），英國封男爵勳位。

·一九一一年九月二十日赫德病逝於英國南部白金漢郡（Buckinghamshire）臨泰晤士河畔的瑪洛（Marlow）小鎮。

·一九一一年九月二十三日，清廷明令褒揚赫德，賞加太子太保銜，並賞加其子赫承先（E. B. Hart）二等第三雙龍寶星。

·一九一四年五月二十三日，赫德銅像在上海九江路外灘的海關大樓前正式落成。

①

③ ②

①光緒二十二年（1896）開辦國家郵政奏折。
②潘安生所著《從赫德書信探索中國近代史料》。
③潘安生所著《赫德史話》。

④

⑥

⑤

④赫德的母校——英國北愛爾蘭貝爾法斯特皇后學院。
⑤青年赫德。
⑥老年時期的赫德。

姑蘇古城 水鄉軟語

姑蘇古城 水鄉軟語

我家住在多貴橋，從甫橋西街右首轉彎，不過幾十步，再左轉就是定慧寺巷，而雙塔小學在定慧寺再走過去一小段路就到。這一帶，我小時候每天晨昏來回要走多少遍，熟悉到每一塊鋪路的石子都能一一指認。

每天到平江上學要改走桐橋濱，過甫橋，經濂溪坊，但這一條路上仍然一回首就看得見雙塔，朝去晚歸，晨曦夕暉中，看雙塔千百遍也不厭……

六十年來歸鄉路

民國九十六年，八十八歲的潘安生在中秋前夕，悄悄回到他闊別六十年的始生之地蘇州，做了一次尋根探親之旅。

北自瀋陽，南至汕頭，凡是潘安生在大陸的骨肉手足，姪兒甥輩幾代血親，一共三十餘人全到南京大會師。

潘安生回去看了魂縈夢繫一甲子的「多貴橋」、「十梓街」，昔日故居不知何時已經拆去，舊影蕩然無存，而「干將坊」、「臨頓路」這些老街坊，熟悉的也就只剩街名了。

他好想念「玄妙觀」廟會市攤的喧鬧景象，好想念小熱昏唱賣梨膏糖，還有那些好吃的小點心舖子！雖然稻香村、葉受和、采芝齋的老招牌都還在，潘安生隔著幾十年的天涯路，看滿街五彩繽紛的招牌，卻再也無法追覓昔日熟悉的光景，只剩整舊如新的雙塔、北寺塔、古剎還殘留著些許泛黃的童年記憶……

誰說「未老莫還鄉，還鄉須斷腸」？他是『近鄉情更怯，不敢問來人』！

溯源

講到潘家的祖先，首先要追溯到河南的滎陽，後來經過幾次不明原因的大遷徙，才輾轉到了南方的安徽落腳。好不容易才在安徽安家落戶，洪楊（洪秀全、楊秀清）之亂又從廣西一路打到倒楣的安徽，時局那麼不安定叫人怎麼活？只好再逃！

因而祖母對小潘安生說，因為怕長毛，當她還是小姑娘的時候，她就跟著家人逃難，一逃，就逃到了魚米之鄉的蘇州。

潘、彭、宋、周是蘇州的四大旺族。潘姓望族在蘇州可以分為兩派：「貴潘」和「富潘」。「貴潘」顧名思義就是科舉制度下出過進士、狀元，在朝廷當過官，是有過功名的。「富潘」則是有錢的商人富賈，不管做的是什麼買賣，總是會賺錢的生意人，不見得富可敵國，但至少可以在蘇州城裡撐起一片天。

像潘家這樣，既不「富」又不「貴」的，有人稱他們為徽潘，徽潘是逃難來的，不屬於土生土長的「貴潘」和「富潘」。徽潘當然在蘇州也有經商的，潘安生的祖父就是在蘇州城裡做蠶絲的買賣。

做蠶絲生意的祖父，在潘安生的父親八歲時就過世了，而潘安生的父親在他不滿八歲的時候，也撇下他們孤兒寡母撒手人寰，不久祖母跟著駕鶴西歸，那一年潘家辦了兩次喪事。幼年失怙，讓潘安生的人生充滿坎坷，更對於家族史的追索考證失去可資探詢的方向。

面對鴉片戰爭的失敗，滿清政府痛定思痛，於一八六一年發起「自強運動」（一八六一～一八九五），目的在興經濟、辦洋務、要船堅砲利、要師夷之長技以制夷，求富自強。

潘安生的父親趕上了這個風口浪尖，他首先跟外國來的傳教士修習英文，再到電報學堂學電報。十八歲為了奉養寡母，便早早出去謀生，正巧津浦鐵路招考電報員，他就去報考。那時黃河鐵橋還沒開通，鐵路還分南北兩段，他就在南段工作。

民國八年潘安生在蘇州出生，那時候他的父親遠在山東省濟南府南方一百五十六公里的兗州府車站任職。「上有天堂，下有蘇杭」，潘安生覺得自己能出生在十里荷香的魚米之鄉，是一種幸運。因為之後母親帶著襁褓中的潘安生到兗州府與父親相聚，母親所描述的山東，不見黃河之水天上來，倒是有鋪天蓋地的滾滾黃沙，生活苦不堪言。

當時的鐵路局屬於洋機關，是歸外國人管的。因而在鐵路局工作，懂英文是基本的要求。另外，鐵路行車的管理主要靠電報，火車行駛站與站的停靠，必須靠摩斯電報互相通報。因此，英文與電報，就成為火車站長必備的兩種本事，這些，潘安生的父親全都具備了。

潘安生在山東與黃河沾上邊的日子不過一兩年功夫，他們一家三口回到了南京浦口。浦口是津浦鐵路南端的總站，浦口對面是南京，所有旅客北上，一定要從南京下關渡江到北邊的浦口，火車一路北上可以通到天津。潘安生的父親就在南京下關當鐵路站長。

局勢又亂了！

那段中華歷史上的多事之秋，軍閥擁兵自重各霸一方，爭地盤、爭權力、爭一切和權力欲望有關的東西。江浙之戰（江是南京的齊燮元，浙是盧永祥）、直魯之戰（張宗昌對上吳佩孚），惡戰不休。直到潘安生在下關小學讀到一、二年級，革命軍和孫傳芳在龍潭掀起大戰，潘安生的母親只好帶著他和弟妹手足三人，從南京搭長江輪東渡到上海租界逃難。而他身為鐵路站長的父親，因職責所在不能離開，卻被蠻橫的軍隊強壓著運兵、運軍備，受盡了折磨，終於積勞成疾一病不起。

當時已經與家人在蘇州避難的潘安生，再看見的是被朋友送回家鄉養病的父親，實際上已經藥石罔效。年輕的生命只走到三十六歲，過不了年就吐血而終。

不到八歲的潘安生、四歲的妹妹、二歲的弟弟，從此跟著三十二歲的年輕寡母，走他清寒、艱辛、坎坷卻不曾放棄希望的人生路。

堅貞節孝的寡母雖然前途茫茫，但始終沒有失去盼望，尤其寄望於潘安生這個長男。家鄉裡有算命的盲人，一路上叮叮咚咚的敲著鑼鼓而來。艱苦中的母親，叫他來算命，仍期盼潘安生有好命，將來可以復興家業。

拿出了潘安生的生辰八字：民國八年出生，歲次己未，陰曆某月某日，呱呱墜地於夜半子時，那一年生肖屬羊，半夜出生就是隻「烏羊」，不壞！

鐵口直斷這麼說：這孩子命和相都不算十分亨通，命中屢交「磨苦運」，雖有「貴人相逢」，可以脫運交運，一路上蹭蹭蹬蹬，走過「九溪十八澗」般崎嶇坎坷的命途。

盲人算命是不是「瞎說」，只有自由心證。小小的潘安生沒有意想到的是，這大時代的浪潮，無視於個人命途的乖舛，正在風起雲湧；而國家的處境岌岌可危，覆巢大劫難下的芸芸眾生，已經沒有個人的命運和選擇！

潘安生一家四口靠著父親鐵路局一點撫卹金過活，家裡一貧如洗。幸好有父親的幾位金蘭之交，對於好友的遺孤念茲在茲，總是適時伸出援手，讓他能到學校裡去受教育。因而在九一八事變之前，潘安生有過一段在苦學中度過的太平歲月。

蘇州除了水道密布，還有很多座寶塔，潘安生家附近得天獨厚一舉擁有雙塔，巍然矗立在他小腳丫子所及的地界。他頭幾年上的就叫雙塔小學（初小），小小孩每天晨昏望著雙塔，走過甫橋西街，穿過定慧寺巷去學校，幾乎熟識每一塊鋪路的石板……雖然如此，他完全沒有機會一親雙塔芳澤！即使課堂、操場全都在塔基的周圍，學校與塔基間卻隔著高高的圍牆，自始至終潘安生從來不曾登臨寶塔俯視溫柔的水鄉，那是未及欣賞的故鄉全覽圖。

小學五年級，潘安生和他的桂榮哥（鄰居小伙伴，也是雙塔小學同學）考進了平江小學（高小），晨曦夕暉，仍舊一回首就有雙塔在其左右。每到暑假，潘安生愛到家附近的蘇州圖書館待著。對於這個最忠實的小讀者，當時的圖書館老館長楊詠裳，不吝表示他的激賞，曾在館中的大黑板上寫著：「**請大家要仿效平江小學的潘安生小朋友，好學不倦的模樣。**」一家鄉親友看到了，口耳相傳，無不引以為榮！

九十年後當潘安生回望他浪跡天涯前的始生原鄉，心頭有髫齡孩提的孺慕之情：彎彎的拱橋，綠油油的河濱地，河道裡的竹篷木船和小舢舨，河邊上的垂柳和桃樹，拂面不寒的楊柳風，河面上寶塔清晰的倒影，慈祥的老陶校長和新陶先生，級任老師「查白頭」手上的紅木戒尺，一起在操場上踢球、賽跑逞威風的水生（潘安生雙塔及平江小學同學）和桂榮哥，黃昏的鵝頸彎小巷，舊舊的路面上磨平的卵石……在暫時偏安的歲月中，留給小潘安生甜美的童年記憶，在日後輾轉流離的苦難時光中，像一點光，在他心中汩汩流著暖！

民國二十年九一八事變，日本展開覬覦已久的侵華行動，旋踵而來的一二八事變，已將戰火延燒到上海。蘇州瀕危，潘安生全家又下鄉逃難，住到無錫南門外的外婆家。

暫避戰端的日子，並不能豁免日本人瘋狂冷血的侵華行動。但凡在那段歷史裡走過的人，不能忘記在漫長的十五年（民國二十年九月十八日瀋陽事變至三十四年八月十五日日本投降）歲月中，被戰火蹂躪過的土地和血淚縱橫的苦路！

「沒有人願意做亡國奴！」距離民國二十六年的南京大屠殺只有兩週時，潘安生還是一個十八歲的大孩子，他從南京搭上一班幾乎是末班的江輪，以自由之名，徹底離開江南溫柔的水鄉，奔赴渺漠未知的將來！

潘爺爺講故事

人頭與龍頭

郵票自一八四〇年在英國誕生以來，除了作為「郵資已付」的憑證，還肩負著「國家名片」的重責大任。各國無不以最能代表國家的象徵作為郵票的圖像。世界第一枚郵票「黑便士」採用英國維多利亞女王的頭像，首開元首作為郵票圖像的先例，西方國家紛紛仿效，一時蔚為風尚。因而早年在上海常會看見郵商所做的廣告：「收買老人頭！」乍看之下頗為駭人！原來不過是收購外國的舊郵票罷了！

中國的國情不同，皇帝龍顏天威不可冒瀆，所以君王天子不上郵票，倒是象徵天子的龍，從一八七八年第一套大龍票，到小龍票，以至慈禧壽票莫不以龍為主題。所以人們一直管郵票叫「龍頭」，「龍頭」就變成郵票的代名詞。

①潘安生與父親及妹妹合影。

②潘安生與父親、母親及小他四歲的妹妹。

③潘安生六歲時偕胞妹（左）愛斯及胞弟瑞生（中）在南京下關站長宿舍前留影。

④潘安生十歲在故鄉蘇州留影，一年前，他已有喪父之痛。

第三篇・戰火無邊 投筆從戎

戰火無邊 投筆從戎

戰火無邊 投筆從戎

日軍入寇，凡是不願做亡國奴的人，無不告別家鄉，縱有千山萬水的阻隔，也要投奔自由。

那艘末班的江輪載著首次單獨離家遠行的潘安生，一路航到武漢。一到碼頭才知道船過蕪湖時他們險遭敵機轟炸。而尾隨在他們船後不遠處的美國兵艦潘納特（Panat）號就沒這個運氣，不幸被誤炸沉沒，成了替死冤魂，生死僅在一線間！

經漢口轉赴長沙的潘安生，看見碼頭、市街四處張貼著海報，各種報紙和號外充斥著軍事學校顯眼的招生公告。國難當頭兵荒馬亂，青年報國熱血沸騰，個個奮勇爭先，流浪天涯的潘安生，勇敢迎向這個浪頭，投筆從戎進入軍校，接受專科教育。

不久軍校奉命西移貴州，潘安生背起了軍毯展開首度的長征，他一路荷槍實彈，隨著學校徒步行軍逾千里。時局不靖，盜匪強梁四處流竄，他一步一凶險跋山涉水，終於到了雲貴高原。而雲貴高原古來就非等閒之地，是「天無三日晴，地無三里平，人無三分銀」的蠱毒瘴癘蠻荒之境。對潘安生來說，這些環境與境遇極度嚴酷的考驗，已經不是書本上的描述，更不是一種選擇，而是活生生的另一個戰場！

那一年，在雲貴高原完成了軍事教育，潘安生隨即奉派湖北宜昌、沙市前線參與作戰。那已經是抗戰的第三年，武漢已經失守，敵人正與我軍在雲夢大澤一帶對峙。潘安生由貴州啟程，取道川黔公路，行經陪都重慶，再搭「同德號」兵艦東下，第一次，他看見長江三峽的險峻與雄偉。

長江三峽是指長江上游，自湖北宜昌以上，至四川奉節（夔州）近二百公里峭壁東江的一段江水。自古以來騷人墨客不忘吟詠這鬼斧神工的天塹，而這天塹也正是敵人越不過的天險，在八年抗戰中儼然是上蒼對中華民族獨有的恩典，所謂「蜀道難，難於上青天」，它以它的險峻和雄偉嚇阻了日軍步步進逼的野心，成為拱衛半壁江山的最佳屏障。當我軍節節敗退至鄂西，若不是據長江三峽天險，日軍早已長驅直入，哪能止步宜昌？國軍又如何能堅守底線於宜昌對岸的三斗坪，直到抗戰勝利？

到了宜沙前線的潘安生，已由少尉見習官升到上尉。那時攻陷武漢的日軍，又傾全力往西猛攻。潘安生隨軍進駐監利和郝穴，駐防的地方就在長江大堤上。濁浪滔滔萬古不息，經年積澱的河床已經墊高，江面早已高於堤內的農田莊稼，農人在烈日下低頭，一抬頭看萬里江河從高處滾滾東流，好不壯闊！真可謂長江之水天上來！

民國二十九年夏天，日軍雖已攻占武漢並擴及大部分的精華區，中央政府仍不妥協於日本和談的條件，準備將日軍牽制於中國廣大的戰場。日軍痛恨與我周旋，為避免陷入持久戰的深淵，又開始蠢動！五月初，日軍從武漢開始大肆集結兵力，分鄂南、鄂中、豫南三路進犯，隨即展開慘烈的「棗宜會戰」。激戰月餘，敵軍付出了傷亡慘重的代價，依然未能擊潰第五戰區的主力。而我方也沒討到任何便宜，傷亡及失蹤將士逾十萬人、痛失宜昌，還折損了一名英烈千秋的大將。那是三十三集團軍總司令張自忠將軍（二次大戰中國陣亡的最高將領之一），在襄陽南瓜店督戰，負傷堅守不退，壯烈成仁。

那一撥進攻鄂中的日軍，憑藉精良的裝備和優勢的制空權，戰事無往不利！六月初進犯沙市和荊門（江陵），月中兩地已被攻陷。日軍挾著勝利的餘威，隨即揮軍直向宜昌以北，緊咬遠安和當陽一帶，宜昌幾無招架之力繼而失守。我軍節節退守，到了六月中旬，潘安生所屬的部隊已經不得不突圍向西「轉進」（撤退）。

轉進中，白天裡因有日機臨空追擊，當頭掃射和轟炸，只能晝伏夜出，人馬摸黑的「銜枚疾走」。潘安生形容，當時根本不知道如何繞道而行，只知道整個部隊必須保持聯繫。黑暗中在山溝裡曲折前進，沿著山壁拚了命的跋山涉水，直到抵達長江上游的秭歸，才總算鬆一口氣。

在秭歸駐紮待命，秣馬厲兵，營房暫借民居，自夏至秋，一住大約三個月。由於背山面水，朝夕目送江水東流，尤以夜半夢醒時，但聞耳邊驚濤拍岸，嘩嘩不絕的水聲，不禁有人生如逝水，又不知此身在何處的感慨。

秭歸古名歸州，扼川鄂咽喉，是愛國詩人屈原的故里。另外，那位被畫工毛延壽所貽誤，遠去匈奴和親的絕世美女王昭君也誕生於此。昭君出塞一去不返，不管琵琶幾疊終究回不了家鄉秭歸，只留青塚在黃沙大漠獨向黃昏。屈原英魂沉於江底，有人在依山傍水的古城上，為披髮行吟的屈子立有祠廟，讓《離騷》、《九歌》和《天問》，隔著不同的時空與世代，對著滔滔不息的長江水千古吟誦。

秭歸因為位於江濱，並非久留之地，大約三個月後，大軍再度奉命開拔。目的地是靠近湖北與四川交界的山區。這一回的行軍，所走的路是歷代先民逐步開鑿的羊腸小徑。羊腸有多寬？差不多一尺多，兩隻腳放下也就這麼大了。

路小不見得行不通，重點是那不是平地，是在波濤洶湧的大江峭壁邊上，上面是百尺懸崖，腳下是驚濤拍岸，要步步為營，不能有一點閃失。秭歸與巴東兩地，就是在地勢最險峻的巫峽之中，大軍屏氣凝神、大氣不敢多喘一下、步步驚魂地走著，行程一日就得趕到，沿途山腳江岸，的確見到人仰馬翻怵目驚心的場面，整個移防過程就是四個字——膽顫心驚！

從巴東渡江再向南走，從此進入崇山峻嶺、仰之彌高的「高山區」。最高處的綠蔥坡，名字美則美矣，卻不見一絲蔥蘢，高山終年苦寒積雪不化。兩百里路的行軍，堪稱這「轉進」過程的最後一哩路，走過了一山又一山，路愈來愈崎嶇，家越來越遠，遠到聽不清楚夜半的鐘聲、水鄉的低喃，終於落腳在建始縣境的貓兒坪。而宜沙戰役的「轉進」，飽經輾轉迂迴，險象環生，已經消耗了整整一年的光景！

潘安生奉派入山區擔任後方勤務，駐紮在建始（距離南邊的恩施不到百里），這已是抗戰的第四年。

潘安生在那段厲兵秣馬靜待的期間，讀報時看見湖北郵政管理局在恩施招考新人。潘安生回想自投筆從戎以來，他的「磨苦運」一關接著一關，槍林彈雨、出生入死，雖總能僥倖過關，難道就要宿命在軍旅終其一生？這興起了他轉業的念頭！

他記得小時候讀過一本很風行的書叫《新中國》（*New China*），其中有一個章節說的就是中國的郵政，書中聲稱中國郵政的現代化和制度化是世界一流的。而那時的就業市場最熱門的莫過於「四行」！所謂「四行」，是郵政、鐵路、海關及銀行。因為它們都是制度健全、福利好、有前景，足以託付終身的職業，所以當時青年趨之若鶩，成為最想從事的四個行業！

軍中的長官看潘安生平素表現優異，也鼓勵他棄武從文。潘安生離開學校已經很久，所幸當初在蘇州中學打下紮實的底子，於是他下定決心重拾書本準備考試，為自己的將來放手一搏！

應考的人並不算太多，不足一千人。潘安生幾乎科科考了滿分，一舉掄元！這個狀元讓那個八歲失怙的孩子，經過十幾年困頓流離的慘澹歲月後，憑著自己的實力和努力，證明了自己。也證明「磨苦運」不會永無止境，否極泰來的獎賞，終將留給努力的人！

潘安生從此走入人人艷羨的四行，和中華郵政結下一世因緣。

【郵識點點靈】英勇的步差長菲迪裴迪斯與馬拉松

在各類運動賽事裡，馬拉松是最考驗體力與耐力的競賽項目之一。馬拉松的起源很早，得追溯到西元前，為的是紀念一位忠勇的信差而命名。

希臘是文明古國，西元前五、六世紀，經濟已十分繁榮，進而發展出文學、藝術、建築、雕刻及哲學皆美不勝收的希臘文化，被視為西方文化的搖籃。

兩千多年前的希臘不僅文風鼎盛，人民還熱愛運動有尚武精神。二十一歲的青年菲迪裴迪斯（Philippides）是運動能手，在年度賽事裡連得數冠，被光榮的封為「步差長」，擔任傳遞最重要命令和文件的工作。

西元前四九〇年，波斯舉兵進犯雅典，雅典的行政長官眼見敵軍來勢洶洶，深怕寡不敵眾，因此想到跟鄰國斯巴達求援。

菲迪裴迪斯拿著行政長官的求救信，沒日沒夜地跑，兩天就跑了二百四十公里，因為他知道援兵到不到，關係著希臘的存亡。在他終於安全將信送達後，又飛速奔回雅典。

當波斯大軍開到雅典近郊的馬拉松平原，希臘人雖明知以寡擊眾還是英勇迎敵，菲迪裴迪斯也參戰了，在最前線奔跑傳送軍令。人數過於懸殊，戰事岌岌可危，在最緊要的關頭，鄰邦斯巴達的援軍即時趕到，希臘人士氣大振，旋而在馬拉松平原展開殊死的廝殺，波斯不敵，狼狽敗退下來。

戰爭勝利了，雅典軍隊司令卻陣亡了，臨死前要求菲迪裴迪斯務必將勝利的消息儘速傳回雅典。菲迪裴迪斯領了命令不顧自己的疲累，忍著肌肉的痠痛和飢渴，以生平最快的速度向雅典沒命地狂奔，當他在日落之前見到雅典的城垛，踉踉蹌蹌進了城門，高舉雙手，扯著喉嚨高喊：「我們打贏了！」，菲迪裴迪斯隨之倒地，力竭而亡！

為了紀念這位忠勇的信差長，於是有馬拉松賽的舉辦，而馬拉松賽的距離也就是當初菲迪裴迪斯從馬拉松平原跑到雅典的距離：四十二公里一百九十五公尺或二十六英里三百八十五碼。

①民國 28 年 6 月，剛從軍校畢業的潘安生，英姿煥發。

②民國 30 年同榜考入郵局的四位合影，右上為榜首潘安生、右下為方錫良（後任職會計股）、左上為周序德（與潘安生皆任職於內地業務股）、左下為董家福（後任職郵務工會）。四人中僅潘安生來臺。

③民國 32 年，潘安生的郵務佐委任狀。

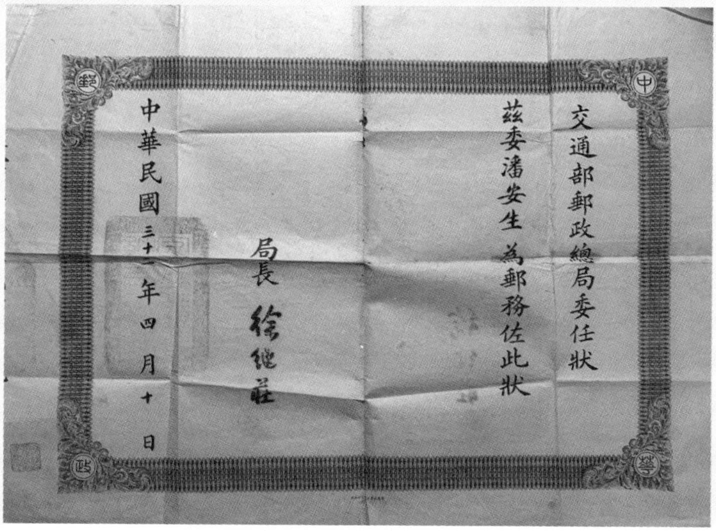

交通部郵政總局委任狀

茲委潘安生為郵務佐此狀

局長 徐繼莊

中華民國三十二年四月十日

恩施郵局初試啼聲
重披戰袍進入軍郵

恩施郵局初識啼聲
重披戰袍進入軍郵

山城恩施的郵局，只是個起碼的二等局，局舍就在城內的西後街上，雖然是棟不起眼的民房，卻是潘安生初入郵苑，新人生的開端……

月白風清的夜晚，傳來淒厲催魂的警報聲，大家就得倏然而起披衣竄入防空洞，「聞機起舞，入土為安」。

然而，警報聲沒有劃破清江的一水靈秀和鏡波下清晰可見的卵石。小小山城一條黃泥漫天的碎石路通向西後街，那裡有個弱冠青年在挑燈夜讀……

恩施（現為湖北土家族苗族自治州恩施市）小城位處湖北西南山麓，屬雲貴高原的東緣。一江曲水從西向東南蜿蜒，貫穿縣境，西接重慶，南鄰湖南。自上古夏朝以降，默默藏在青山翠嶺之間，不曾與誰爭鋒！明朝設「施州衛」，清朝雍正年間裁「施州衛」，改置「施南府」，轄恩施縣，總算是正了名。這樣一個低調的小城，在歷史上無足輕重。若不是八年抗戰的宜昌之役，國軍敗退入山，軍政人馬在小城駐紮，堅守苦戰直到最後勝利，它不會一躍而上政治舞台，風風火火扮演起了拱衛陪都與湘鄂前線的角色。

無疑的，恩施是當時的戰時重鎮，一個方圓不過數里的山城，不但是湖北省的戰時省會所在，也是第六戰區的長官司令部。那時的司令長官，身兼軍政重任，就是後來的中華民國第二、三任副總統——陳誠。

小小的山城，依山傍水，城牆依坡而築，高低蜿蜒。拾級而上北門，正對著一條黃泥碎石子大街，一路走貫穿城池，就到了南門外，不消一刻鐘，就可以城北城南全城走一回。這樣的格局，省府那麼多廳處、衙門、官署，再加上長官司令部轄有的武裝部隊，實在遠遠不夠用。於是就在城外市郊隔了一條清江對面的土橋壩（壩是指山與山之間的河谷地，川東、鄂西的高山峻嶺間穿插著為數不少的壩），開闢成一片新興的市區，而所謂的市區就是處處林立著竹籬茅舍的軍政各機關。有些甚至漫山遍野一直延伸到著名的「五峰山」，像「新湖北學院」和「新湖北日報」就都設在山中。

清江，顧名思義就是一清見底，彎彎地流過城南，是黛綠層峰間一抹溫柔的靈秀。河面不寬也有三、四十尺，人貨通行全憑擺渡。

以治軍嚴明著稱的陳長官到了恩施，一面抗戰，一面建設新湖北，大刀闊斧雷厲風行，有人稱這是「新湖北精神」。其中有幾件雖是小事，潘安生卻記憶猶深。

首先是整肅風氣，嚴格禁止官員閒來搓麻將、賭博敗壞社會風氣。不要以為三申五令可以朝令夕改，或是雷聲大雨點小，可以隨意敷衍，只要被逮到，方城之戰的四個人，就得抬著麻將桌子去遊街示眾，毫不寬貸。

其次是倡導節約，陳長官在恩施辦了「民享社餐廳」，規定宴客只准四菜一湯，連婚宴喜慶也不例外。陳長官律己甚嚴，身先士卒，一切按著規定走，絕不徇私破例。當時張恨水的《魍魎世界》坊間風行，筆下戰時重慶富豪窮奢極侈、紙醉金迷的生活繪聲繪影，市井上正有「前方吃緊，後方緊吃」的順口溜流行著。這與陳長官所倡聞名遠近的「四菜一湯」，形成極為強烈的對比。

另外，長官司令部在土橋壩，離恩施城雖就幾里路遠，進城還是得靠清江擺渡。平常擺渡就是一條木船，車輛、人馬、肩挑的、交通全都靠它，尖峰時刻難免大排長龍。陳長官過江當然也搭渡船，但是他沒有交通管制，沒有前導車，也沒有要隨從給他舉「肅靜迴避」的牌子。一天，陳長官也在渡口候船，船一靠攏，一個年輕學生不認識陳長官，拔腿就要爭先上船，隨從的副官實在看不下去，正想上前喝止，陳長官立刻揮手示意，讓學生先上船，不以為意。這事後來傳開了，贏得民間一致的好評！

潘安生所屬的恩施郵局，在戰前只是一處起碼的二等郵局。局舍在城內西後街，是一棟租用的民房，小小的門面，倘若沒有那塊木板招牌「郵局」表明它的身分，恐怕跟一般尋常人家沒什麼兩樣。

自從民國二十七年武漢失守以後，湖北郵區的管理局在長江上游的宜昌段設立辦事處，以指揮後方自由地區的郵務運行。到民國二十九年六月，沙市、宜昌相繼失守，郵區辦事處繼續西遷到巴東，十月就南遷到恩施小城。

西後街上那棟木造民房的命運，因日寇侵略，一個峰迴路轉，升格為一等乙郵局，門前的招牌又多了一塊：「湖北郵政管理局辦事處」。

郵務長的流風餘韻

潘安生褪下穿了四年的戎裝，走進西後街的老平房，見到他主考官許季珂。

許季珂（湖北郵政管理局辦事處主任），在恩施西後街時期，就已經是戰時湖北省會和第六戰區的黨政軍各界欽仰的知名人物。他的軒昂氣宇肆應長才為人所傾倒。恩施時期的許郵務長，以豪邁好客知名，家中經常嘉賓如雲、高朋滿座，來客包括有省政府各廳處長及地方知名人士。這為他贏得「小孟嘗」的名聲。

「禮尚往來」，本來就是知禮好禮的中國人尋常的禮數，許郵務長當然也常要出門作客，恩施城裡總共沒幾條街，倒是鋪了石板路面。除此之外，皆是山路崎嶇，黃泥碎石。抗戰時期，不再使用轎子，也沒有汽車，代步的交通工具就得用滑竿。滑竿雖然不如四人抬的綠呢大轎氣派，但光看那開道的大燈籠，氣勢和排場就很不一般，那一具大燈籠上面大大的寫著「許」字，另一面就是「湖北郵政管理局」齊整略帶官威的宋體字。許郵務長臨風顧盼坐上滑竿，只見一盞燈火在漆黑的山色中明亮，遠遠一個「許」字，就知道郵務長要出門拜客了。到了作客人家公館門前，這槓頭的大燈籠還可以撐開支腳直接「泊」在門前。這威風，誰會不知道郵務長就在此作客呢！

潘安生在恩施，算是見識到早年郵務長的流風餘韻了。

凡是郵政人員，不管職位高低，進局之後都須經過一段試用期間。這一段時間不能有一點過失，否則立即開革，沒有寬待。

在試用期間還得有兩個月的「基本郵務訓練」，包括郵件封發、窗口售票、收寄掛號和包裹、以及辦理儲金匯兌各項業務。基本訓練結束前，還要到附近的三等郵局當兩星期的實習局長，這才算完成了基礎職前訓練。這些郵務上的「基本功」，事實上也是每一個郵政人員必備的「吃飯的本領」。訓練合格後，才能視為郵政的通才，將來派任各項職務，甚至走馬上任三等郵局的局長也可以勝任愉快。新進人員通常在兩個月的基礎訓練後，就派到基層郵件部門去磨練，經過幾年表現優異的，再拔擢到寫字間充當管理部門的職務。

潘安生一開始就派到內地業務股，自覺是一種例外。他猜想這個例外可能跟他是榜首有關，其他的，就是他懂得英文打字、簿記及珠算。

民國三十年，郵政新生潘安生到湖北恩施小城的內地業務股（Inland Business Department，簡稱 IBD 或內地股）報到。為什麼叫「內地業務股」？那時的潘安生跟大家一樣一點都不清楚！

原來全國各郵區管理局，多設在對外通商口岸（Treaty Port）。例如漢口設有海關，業務非常繁忙，設了漢口「本地業務股」（Local Business Department），就不再另設漢口郵局。

本地業務股管的僅僅是漢口市區內的業務。漢口本地以外的其他郵局，則全都歸內地業務股管理。

戰時堅守不退的職業光榮與洋人把關的權宜之計

民國二十六年七月十八日《郵政大事記》九五九條：

通飭各地郵局，如遇地方情勢緊急，非至當地機關及民眾確已遷移不得撤退，撤退時亦應於可能範圍內在鄰近安全地點暫避，並相機回局恢復業務，以便民眾。

這短短不及百字的通令，宣示了中華郵政於戰爭的非常時期，地區淪陷而不撤退的指導原則。

民國二十六年八月二十四日，因八月二日日軍轟炸天津，河北郵政管理局被炸，郵政人員傷亡，郵政總局為貫徹原有的決策，做了補充規定：

凡較大郵局均應預先籌定支局一處或數處作為臨時辦公之用，俾便於交通斷絕或被炸後，仍可繼續辦公。遇有重要郵路阻斷時，則由相關局隨時設法繞道運寄。

在艱苦的八年抗戰中，中華郵政秉持利國便民的信念，維持淪陷區的郵務於不輟，實是不可思議的奇蹟，也是無上的職業榮光！

「不撤退」的原則是有配套措施的。那就是在淪陷區通常由外籍郵務長擔綱，藉洋人的特殊身分，以及日軍對洋人的忌憚，維持中華郵政的完整性。其中以下列四位為最典型的代表：

（一）上海郵區的法國籍郵務長乍配林（A. M. Chapelain）——是中華郵政在淪陷區布下的重要棋子，名義上是上海郵務長，事實上兼任江蘇、浙江和安徽幾省的「聯區總視察」，也是「郵政總局駐滬辦事處主任」，並給「郵政總局額外副局長」的榮銜。

（二）北平的義大利籍郵務長巴立地（Frank Poletti），奉派為平、晉及豫西之「聯區總視察」。其於九一八事變時，捍衛郵權，抗日不屈，誓死與偽滿政權周旋，並率領東北郵政員眷萬餘人安全撤入關內，名彪郵史。

（三）漢口郵區的英國籍郵務長史密斯（V. Smith）——坐鎮華中，兼當鄂、湘、贛地區的「聯區總視察」。

（四）在天津的義大利籍郵務長克立德（E. Caretti）——坐鎮河北省，兼山東與豫東「聯區總視察」。

由洋人把守郵政大門，與日敵周旋，無非是非常時期策略性的運用。那年代不管中國人還是日本人都是怕洋人的，讓洋人來把關，不僅可以嚇阻本國軍閥和暴民的無端騷擾，外來入侵者對洋人也還十分忌憚，不敢隨意侵犯。當日敵大軍開入，因有洋郵務長一夫當關，幾乎不敢對郵局滋擾，方能維持郵政業務正常運作的一線生機。而這些「聯總」，不管身居何方，都直轄於大後方的郵政總局，一切以重慶中央政府馬首是瞻。

民國三十年，已經失陷的漢口，由英籍的史密斯郵務長原地鎮守。名義上管著湖北省全區的郵務，而派到恩施去設湖北郵政管理局辦事處的許季珂，表面上只管自由地區的鄂西部分（北起襄樊的老河口，南至恩施和咸豐一帶），所轄的郵局約有七十幾處。在辦事處之下，除許季珂自兼的內地業務股外，還設有稽核、出納、儲匯三股。內地業務股雖然用「股」這個字，其實管得很寬，凡是跟內地事務有關的人事升遷罷黜、郵務、郵路、視察（包括軍郵視察及普郵視察），可以說包山包海無一不管，而且還兼轄湖北境內的兩個軍郵視察總段（第五和十二總段）。

內地業務股下則設有綜合組、經劃組和運輸組。

潘安生分派到經劃組，首要擔綱的工作是核定內地各郵局的「米貼」，「米貼」就是食米津貼（Rice allowance）。

民國初年，郵政和海關這樣的洋機關，因為自給自足的緣故，待遇一直比一般公務員高。曾經有這樣一段黃金時代讓人緬懷：一位鄉下小學校長德高望重，一個月薪俸不過區區二十幾塊銀元。換成一名郵差（遞信員），少說有三、四十塊薪工，員佐級可以月薪一、二百元過上美美的日子，高級的郵務長官月薪更高，尤其是外籍客卿，月薪高達千元也不稀奇。現在說來都好像是天方夜譚，更何況是二十世紀初葉那個國困民窮的年代。有沒有人想搖旗吶喊上街抗議不知道，唯一肯定的是，當時郵政這個行業真是人人想端的金飯碗！

潘安生沒趕上那時代，趕上的是另外一個。抗戰中期，郵政的經濟漸走下坡，面臨入不敷出的窘境，自給自足慣了的郵局，郵政員工薪水是加不了了，而物價卻相對漲個不停，越來越不經用的一點薪資，只能維持起碼的溫飽而已。單身的還好，攜家帶眷的就太拮据了，難以度日。郵務工會向當局極力爭取，才終於有「食米津貼」的發放。每個月單身的發放五斗米，有眷的食指浩繁可以有一石。所以潘安生趕上的是為五斗米折腰的艱苦年代。

「米貼」是戰時郵政人員薪俸內，維持基本生活的要項。米貼依米價而定，各地米價不一樣，必須每月調查。各地郵局局長在當地的米店找兩家來比價，用的是六百公克的老秤。資料報上來，要經郵務視察員逐一複查簽證，再報內地業務股審定，送交稽核股（會計股）核辦，這才能作為補助的標準。雖然計算過程相當繁瑣，潘安生算盤打得飛快，沒有難倒他！

潘安生還有一項任務，就是 IBD 所屬各局的人事升黜、調遣、獎懲，都統一由 IBD 發布命令，潘安生每個月要彙整來自各單位的資料，用英文繕擬再打字，頒布一道人事命令，分送各單位。其中還有副本要寄送漢口的史密斯郵務長。

若有餘裕還要抄寫公文。那時候還沒有中文打字機，中文公文也不能用毛筆，就用德國（J. S. Staedtler）的不脫色鉛筆，這種不脫色鉛筆是由上海供應處統一招標採購的，硬度很高，墊個複寫紙就透過去了。它不但不褪色，和空氣中的濕氣結合，顏色還會越來越濃。在那個物力維艱的年代，使用這神奇的不脫色鉛筆，有一個極度節約的流程：鉛筆用到很短握不住了，給它戴個高帽子繼續使用，再短到不能寫了，劈開取出蕊芯磨成粉，用瓶子裝起來化成墨水，可以開匯票。

經劃組負責各項郵政業務的規劃與開展，屬於研究性質的工作皆在經劃組轄下完成。比如，對於設立一個新的局所，總是謹而慎之。事先必須經過仔細的調查，科學的丈量和評估。先透過地方士紳、鄉長的訪問，對當地風土民情及通信的習慣有所了解，以至預設郵政機構附近的機關分布、人口結構、地形、地貌、人文、河流、橋梁、交通、運輸，及郵局跟各機關間的相對距離、郵路的配置、經轉、走向和長短距離，早年無一不是經由外籍的郵政巡員（Inspector，即今之視察員）帶著碼錶一絲不苟地實地丈量出來的。因而郵局所繪的地圖是極精確而具有公信力的。

經劃組還管內地郵局局舍的租約，戰時所有郵局房舍的租金都壓得很低。因為時局不靖，屋主十分樂意把房舍租給郵局，只要掛上郵局的招牌，就是一張「虎頭牌」，不肖之徒沒人敢越雷池一步，也沒有軍人來騷擾。因此所定的契約也出了奇的優惠，完全是租方契約：「……物價下跌時，房租應隨之調降；物價上漲時，房租不隨之調漲。」

洋機關的洋腔洋調洋作風

我國郵政自始就是一個「洋機關」，從一八七八年總稅務司赫德（Sir Robert Hart）以海關試行兼辦郵務，至一八九六年奉准正式創建現代郵政，到民國三十八年郵務長巴立地埋骨於上海，洋人涉足郵政事業至少七十年。放眼郵政體系頗多洋人遺風，人事制度是，辦事方法也是。即使是到了潘安生進郵局的民國三十年代，早已有許多中國人位居要津，仍然是個洋腔洋調的洋機關。比如在辦公室裡交談，即使是中國人跟中國人打照面，也習慣講英語。再比如稱呼，現代人在職場上多以職位代替稱謂：組長、主任、處長、經理、董事長，只要在職位上加個姓氏就是稱呼，客套一點的再加個座，就很得體了。外國人不時興這一套，女士就稱 Miss、男士叫 Mr.，沒有職銜高低，也不必分長幼。

潘安生回憶，當時郵務長許季珂批閱公文還是用英文，與郵政總局的機要文書往來，也還用英文的 S/O（Semi-official），就是所謂的「密半公函」。IBD 江鴻恩主任所擬的英文稿件尤其令人難忘，總是用鉛筆寫得龍飛鳳舞，不但字跡潦草還一改再改，幾乎難以辨識。苦了隨後清稿的潘安生，他總在打字機上邊打、邊琢磨、邊猜測，好不容易完成交件，主任還稱讚他英文程度不差！

古意老聽差（Ting chai）

那時在IBD裡有一名老聽差，進局很早，平時幫忙打打雜役、送送茶水。對坐辦公室寫字樓的先生們總是畢恭畢敬，還給大家一個非常古意的稱呼「師爺」！潘安生一聽不習慣，卻覺得很新鮮，原來這是前清時代的規矩。聽差這個名稱也是沿自從前的衙門，也就是「當差的」的意思。郵局用的英文稱呼是Ting chai（簡稱TC），專指辦公室裡打雜的差工。據說以前上海郵局還僱用一批「郵僮」（Office Boy，簡稱OB），專在辦公室之間傳送公文。「郵僮」也是考試進來的，其中也出過許多人才，日後被擢升重用。

零式戰鬥機霸占了戰地的天際線，以絕對優勢拿下制空權。恩施轟炸頻頻，地動山搖，家園禾田瞬成焦土，軍民捍衛的心依然壯懷激烈！

初入郵苑的潘安生，趕上恩施這小地方千百年來難逢的「機遇」，恩施小城拱衛陪都的使命異常神聖，它除了因為是戰區司令長官的駐節地而得到敵人垂青，忍不住經常來轟炸外，敵機回程還會將在重慶未投完的餘彈，一股腦兒在恩施投完。因而，小小山城被敵機轟炸起來真是不捨晝夜！

用來警示敵機來犯的黑球，就高高的懸在山城城頭上，隨著敵機距離的靠近，球數逐漸增加，第三顆黑球一旦懸起，警報器就會對空放聲狂作，居民早已經驗老到，扶老攜幼、大包小包的隨身家當，全帶上身往防空洞裡逃。幸好山城裡多的是可以挖築防空洞的山坡地，家家藏身的防空洞不虞匱乏。只要天氣放晴的日子，大家心裡就開始戰戰兢兢地犯嘀咕。白天轟炸還沒完，月白風清的夜晚，能見度佳不是給你賞夜景的，日軍三更半夜也不放過，想來場驚天動地的轟炸，根本不必看時辰，一聲警報滿山人群，從酣夢中回到人間，披衣狂奔只求「入土為安」。

郵局的局屋就靠在山邊，重要的檔案要件，早就移入山洞深處。平日為了查檔卷，經常要提著昏黃的桐油燈進出土洞，在潮濕、霉味四溢的洞裡翻查資料舊檔。潘安生和幾位同樣單身的同事，在恩施夜間被轟炸得最頻繁時，索性以局為家，拎著鋪蓋在局裡辦公桌上、地上隨遇而安。一旦夜半警報聲響，翻身、披衣、開門、大步轉進局舍後的防空洞躲藏……行動迅捷而流暢！

郵差跑班　翻山越嶺晝夜兼程

湖北在戰前原有一百多處的內地郵局，抗戰中期，已經剩下七十幾處，在殘山剩水間勉力維持郵路的暢通。這時火車、汽車已經無法運郵，主要的幾條郵路，如恩施到巴東（在長江三峽江邊），巴東到老河口（襄陽附近），以及由恩施入川到萬縣，郵運全靠徒步肩負的跑班郵差。

這些「晝夜兼程」的苦力郵差，不論天候，即使刮風下大雪，背起郵包跋山涉水，帶著機關衙門的緊急文書和百姓「可抵萬金」的平安家報，一站一站奮力向前跑，沿途蛇虺猛獸還有土匪強盜，備極辛苦且驚險萬狀。這個神聖的職業贏得「幫老二」（湖北人對強盜的俗稱）的敬重，他們一看見跑得大汗淋漓的郵差來，就毫不干擾的一律平安放行！這在高山峻嶺、艱難的蜀道上，不眠不休奮力傳郵的形象，是千百年來置郵傳命的精神圖譜，也是郵驛道上使命必達的職業榮光。潘安生以凜然的心情領受了這一課。

那時戰地物資缺乏，沒有消遣和娛樂，每隔幾天郵差從重慶一步一險翻越蜀道背來的《大公報》成為唯一的精神食糧。舉凡國際、國家大事及各地戰報，無一不在那唯一的消息來源裡。潘安生回想，每回報紙一送到，人人搶讀，每當主筆張季鸞的社論出現激勵人心的佳句，大家總是爭相傳誦！

敵人攻城掠地，山河破碎，香港這南中國海僅存的國外郵路也在三十年十二月給封死了，身為郵人的潘安生，深感切膚之痛，又燃起了請纓報國的熱情！

民國三十年日本成功偷襲珍珠港，志得意滿的日本挾勢南進，緊接著就拿下了香港。港九淪陷後，後方與香港交通阻斷，各地寄往香港的郵件均暫停收寄，從香港經轉航空郵件的通路也被迫喪失。《郵政大事記》第一三四〇條，有如下記載：

香港被日軍占領後，廣州郵局駐港分信處、郵政儲金匯業局駐港辦事處及郵政總局駐港監印郵票處均被敵封閉；分信處檔卷郵件多遭劫失，公物二萬餘袋亦被封存。

在進郵局服務之前，潘安生不知道郵政人員也有從軍報國的機會。四年軍旅生涯，潘安生從最前線的烽火裡走來，見識過屍橫遍野的當陽長坂坡，九死一生的在崖壁狂濤中轉進，這些他全沒忘記。他自忖，若這是國家民族不能迴避的劫難，到了這個山窮水盡的接榫點上，他不願意缺席！

於是他自動上書請纓，重上戰場。不久就奉准調到第十二軍郵總段，總段的總視察辦公處，就設在距恩施約二十里之遙的霽廟。

潘爺爺講故事

郵務長的綠呢大轎

「郵務長」是一省郵政業務的最高領導人。早在前清時期，各大商埠、大都市的郵務長，在地方上可是大有名望，極為風光！論官階在四品以上，直屬於中央政府管轄，可以跟地方上的府台大人平起平坐。在早年沒有雙B黑頭車代步的年代，各省郵務長出門就用綠呢大轎，而且至少四名轎夫，前呼後擁！

臺灣郵政管理局首任局長傅德衛，在抗戰後期，於貴陽擔任郵政管理局局長時，在郵局官舍裡還有「轎廳」，裡面就高拱著一頂綠呢大轎。

可以懷想當年「郵務長」出門拜客，乘著綠呢大轎前呼後擁，還有人持著「肅靜」、「迴避」的牌子在前開道，真是好不威風！

②恩施於戰時是湖北省會及第六戰區長官司令部。

④遭日軍炸毀的河南郵政管理局，斷垣殘壁滿目瘡痍。

①鄂西恩施的北門。山城雖小，當年也曾是「府治」。抗日戰爭期間，此地曾為臨時的省會和戰區司令長官部駐節之處。城建在山坡上，進城須拾級而上。

③湖北郵政管理局可能就在這一條小街上。

典型在夙昔——忠心耿耿郵務長巴立地

典型在夙昔——忠心耿耿郵務長巴立地

「我是中國政府的官吏，我只能接受中國政府的命令。」

巴立地（F. Poletti, 1887-1949），原籍義大利米蘭，父親老巴立地（P. Poletti）早在一八七〇年代就進入中國海關任職，結識了廣東女子並結為連理，也就是巴立地的母親。一八八七年在廈門出生的巴立地，幼年隨父親在廈門住過一些時日，所以能說一口流利的閩南語。具有一半中國血統的巴立地，生於中國，長於中國，熱愛中國，不但窮其一生奉獻給中華郵政，最終亦埋骨於斯土。

巴立地在民國前六年進上海郵局任職，沒有例外的，先擔任「試用郵政副司事」，半年試用期滿，才正式派任「三等郵政副司事」。因而他是道道地地科班出身，且從基層做起的郵政人員。

巴立地在郵政服務四十餘年，隨著勢不可擋的時代浪濤，浮沉於中國百年來最動盪的時刻，歷經朝代興革的流血與蛻變，內亂外侮齊發的圍困與衝擊。他藉客卿及外交領事身分之便，抵抗日帝強權，與日敵周旋捍衛郵權，效忠中華。最為人稱道的是，九一八事變時，傾力維持東北郵政及協助一萬多名東北郵政人員及眷屬安全撤入關內的事蹟。在郵政博物館裡有一段文字，揭示了中華郵人身處動亂年代的節操與悲壯而光榮的史實：

民國二十年九月十八日，日本軍閥突襲遼寧省會瀋陽，揭露其武力侵華之猙獰面目，史稱九一八事變。……我中華郵政同仁服務於東北遼寧吉黑兩郵局者，先則秉承中樞命令留守陷區，維持通信，仍受我郵政總局指揮，行使職權，忍辱負重達十月之久。嗣以偽滿洲國組織成立，積極進行掠奪，復秉漢賊不兩立之義，偕同眷屬萬餘人，全體撤退入關。……凜然氣節……慷慨忠貞……而倡斯議並主其事者，則為當時遼寧郵政管理局義籍局長巴立地氏。

瀋陽事變時的東北郵政，分為遼寧及吉黑兩郵區，遼寧管理局在瀋陽，局長為義籍郵務長巴立地，吉黑管理局在哈爾濱，局長為英籍郵務長史密斯（F. L. Smith）。事變之初，中央政府基於東三省同胞通信的權利、財產物資的保全及對外郵路暢通，訓令繼續郵政業務：

一、東北三省的三千七百餘萬人民，均屬我中華民國同胞，維持其與關內親友的通信權利，實為政府的職責。
二、遺留在東北的金錢物資，必須陸續設法運送入關，這也是我郵政機構應該承負的工作。
三、東北是歐亞陸上的交通孔道，國際郵件主要的運輸線，當時航空運輸尚未發展，越洋的海運也較遲緩，所以經由東北的陸路郵運如能繼續維持，國際上可收良好的觀感。

那時在東北的政府機關已全部瓦解，公務人員逃避一空，只剩遼寧、吉黑兩郵區的郵政局仍舊堅守崗位，不僅維持國內郵路暢通，國際郵運更賴以不斷。從民國二十年九月十八日到二十一年七月二十三日撤離停辦為止，長長的十個月，郵政業務之所以不曾一日停頓，是郵政人員遭受日寇凶殘迫害斑斑血淚換來的代價！日本軍人殘暴無度，郵政人員忍辱負重，受盡敵人恐嚇威迫，輕則遭日本憲兵隊逮捕嚴刑拷打，重則命喪黃泉。郵政人員動輒得咎，受盡折磨。巴立地隨時鼓勵員工堅守崗位，竭心盡力解救員工於危難。

巴立地雖是外來客卿，仍不免遭受侮辱與威脅。當日軍威逼他聽命，他義正辭嚴：「我是中國政府的官吏，我只能接受中國政府的命令。」起初與日軍交涉時，因言語不通被吃裡扒外的日籍郵務官田中勘吾出賣，巴立地便發奮學日文，一年不到便能以日語溝通，自行與敵方談判。

巴立地一口流利的北京話，再加上外交領事的身分（當時巴立地還受義大利政府委託，代理義大利駐瀋陽的領事），與外交團熟識，瀋陽事變後的許多消息，都是由他透過密半公函（Confidential Semi-official）向南京郵政總局報告。

另外，國際聯盟派遣的李頓調查團，於九一八事變半年後由顧維鈞陪同進入東三省調查（民國二十一年四月二十一日抵瀋陽），日本關東軍布下嚴密崗哨，不准東北百姓接近調查團下榻的大和飯店（Yamato Hotel）。李頓調查團在瀋陽足足待了幾個星期，這段期間身為瀋陽外交團一員的巴立地十分活躍，常有機會與調查團晤面。適巧李頓調查團裡又有一名義大利籍的團員，因而即使在嚴密的郵檢之下，有巴立地挺身相助，由他手交調查團的民眾請願信就有幾千封。這是巴立地以其義大利領事的身分，為中華民國的利益所做的地下工作，沒有人要求他這麼做，是維護正義的道德勇氣，讓他甘冒生命危險，驅使他勇往直前！（民國二十一年十月二日李頓調查團於日內瓦提出調查報告，否定日本聲稱九一八事變是自衛之說，並指出成立的偽滿政權是侵華舉動，舉世盡知日本殘酷侵華的真相。在國際的輿論下，日本惱羞成怒，宣布退出國際聯盟。）

民國二十一年三月九日，日本扶植的偽滿洲國在長春宣告成立。偽滿交通部旋即成立郵務司，日本人藤原保明任郵務司長，開始對我國郵政步步進逼。先是要郵局在日戳上用偽滿的年號，巴立地採取拖延戰術，逼不得已以西元公曆勉強蒙混過關。緊接著要我郵局出售偽滿郵票，巴立地只能虛與委蛇、敷衍應付。藤原漸漸失去耐性，礙於巴立地的身分，又不能拘捕關押嚴刑拷打逼他就範。於是處心積慮製造事端，日本憲兵頻頻以各種藉口逮捕我郵政同仁刑訊，強逼巴立地面對「不合作就決裂」的局面。不耐等候的藤原下了最後通牒，要求我郵局八月一日必須出售偽滿郵票，否則他們將直接接管東三省郵政。至此，盡暴劫奪我郵權的企圖。

自瀋陽事變以來，巴立地幾乎每天都有發給南京郵政總局的密半公函，郵總對於瀋陽局勢瞭若指掌，早有最壞的打算。不久南京下了正式指示：

偽滿郵票絕對不能接受，應嚴予拒絕，必要時我可宣布停辦郵政，重要票款文件迅即秘密寄往天津保管，遼吉二區員工儘量撤入關內調往其他郵區服務，所有停辦郵政及撤退員工事務，吉黑區受遼寧區巴立地郵務長節制指揮。

前郵政總局長王叔朋在他的回憶錄中，描述了當時緊急應變的情況：

「巴立地郵務長在接到指示後迅即暗中展開部署，重要的文件及票款運往天津郵政管理局保管，一面派高級人員以視察局務為由，分赴各地傳達口頭命令，同時與哈爾濱史密斯郵務長密切聯繫，要他同步採取措施。文書方面張潤生專管翻電報，進口的要由密碼翻成明碼，出口的需由明碼翻成密碼，而且按照日期密碼每天不同，忙得頭昏眼花。我（王叔朋）則成天離不開打字機，加上校對封發忙個不停。吳仰高主任總其成，大家養成守口如瓶的習慣，離開辦公室絕口不提公務……」。

於是準備停辦郵政及撤退員工的計畫秘密進行，沒有走漏一點風聲！

民國二十一年七月二十三日一切準備就緒，巴立地正式向藤原告知南京郵政總局的指示：「絕不接受偽滿郵票，國民政府已決定停辦東北三省郵政，員工全數撤入關內，請日方做接管郵政的準備，所有財產將做清楚交代。」巴立地並提出讓郵政人員安全撤退不要為難的要求。藤原被這記迅雷打得措手不及，萬萬想不到中華郵政竟如此硬頸不屈！但答應郵政員工撤退時不會為難。

七月二十四日中午巴立地召集全局員工訓話，他以流利的中文簡述九一八事變以來郵政所受的壓力及忍辱為郵的過程，申明停辦郵政及撤退員工皆為不得已的決定，他期望員工服從命令，而他一定負責將大家安全撤入關內。

巴立地將事先擬好的對外公告請郵務高員蕭祖蔭宣讀，蕭員讀到一半已泣不成聲，王叔朋記得在場人員無不涕淚縱橫，斯情斯景四十年難以忘懷。

郵政員工安全撤離東北是藤原同意的，過程卻不順利。警憲單位還是處處為難，或不許出境，或無端拘捕，甚至內地局長前來瀋陽途中橫遭逮捕盤查……巴立地忍無可忍向藤原嚴正抗議，聲明倘若日方不履行諾言，讓郵政員工安全撤入關內，他將拒絕移交郵政財產。

協議結果是發給每一個撤退員工一紙護照作為證明。當郵政員工順利領到護照，一批一批人員啟程，等他們安全撤進山海關的消息傳到，巴立地才開始把郵局財產和一大把辦公室的鑰匙交給前來接收的偽滿官員。

二千六百多名郵政員工攜家帶眷，形成一支一萬多人在烽火線上大遷徙的長龍，在巴立地的努力奔走交涉下，奇蹟似的安全過關。撤退的員工和眷屬大多是東北人，一半以上是基層員工，他們揮淚遠離家園不是沒有痛，是什麼讓他們服從命令、不顧前程的艱險？是不願臣服於敵人的愛國情操，還有對郵政事業不二的忠貞！

忠心耿耿的郵務長巴立地，不辱使命將郵政員眷安全送抵關內後，十一月離開瀋陽，十二月一日發表為北平郵政管理局局長。抗戰後因中、義正式宣戰，巴立地曾遭停職。民國三十三年他橫遭日本軍閥拘捕，身陷山東濰縣集中營。令人費解的是，二戰期間日本與義大利為同一戰線的軸心國，日本以什麼理由將他囚於集中營？倘若是因瀋陽期間抗日護郵種下禍根，那麼中華郵政欠了巴立地一份還不起的情！

勝利獲釋後的巴立地一文不名，帶著集中營受虐落下的病體回到北平，靠舊日同僚濟助度日。復職後，奉派上海擔任供應處處長。

民國三十七年，巴立地屆滿六十歲奉准退休，仍受聘為顧問為供應處服務。一直到三十八年一月去世前的幾個月，還致力於廢物利用的實驗，他將各地郵局淘汰的破舊帆布袋和呢大衣，改作油墨盤的墊芯，推動克難精神，積極進行節省公物、化無用為有用的計劃！

潘爺爺講故事

蔣夫人的郵票外交

民國三十一年蔣夫人以治療民國二十六年車禍舊傷的名義，應羅斯福總統夫人（Anna Eleanor Roosevelt, 1884-1962）之邀，赴美訪問。

同年十一月十八日飛離多霧的重慶，二十六日抵達已入深秋的美國。旋即由總統羅斯福（Franklin Delano Roosevelt, 1882-1945）陪同至醫院就醫。

經過七十幾天的療養，蔣夫人逐漸康復，於翌年二月十二日，移入海德公園的總統別墅，羅斯福總統夫婦將蔣夫人奉為上賓。

自民國二十六年七月七日蘆溝橋事變，中日正式宣戰以來，國民政府指望美國這個民主陣營的龍頭出面調解，這個期待始終沒有實現，美國甚至一直隔山觀虎鬥，直到日本偷襲珍珠港才被迫捲入太平洋戰場。蔣夫人的訪美，療傷不假，其實還肩負著更重要的使命，亟待開展中美關係，爭取美國更多的援助與支持。

蔣夫人在訪美之前即已絞盡腦汁，想著該送什麼禮物給羅斯福總統這個關鍵人物，才能打動他。最終她想到郵票，因為羅斯福總統是個標準的集郵迷。蔣夫人想方設法從日偽占領的上海郵政總局取出珍貴郵冊，想以國郵珍寶捂熱中美邦誼。

蔣夫人於民國三十二年二月十七日訪問白宮，那一巨冊包含一八七八年中國第一套大龍票的國郵珍寶，果然讓羅斯福眼睛為之一亮！識貨的羅斯福欣喜異常：「敬愛的夫人，這郵票可是稀世的國寶啊！教我怎麼感謝您呢？」。

蔣夫人訪問白宮次日，應美國參眾兩院之邀赴國會演說，流利優美的語彙，優雅動人的氣質和為國家慷慨陳詞的果敢形象，無一不風靡美國朝野。二月十九日羅斯福總統親自為蔣夫人主持了有一百七十二位記者參加的白宮記者招待會。其中有一經典的問答，令與會記者對蔣夫人的機智和便給辯才傾倒。

記者問：「中國何時能收到所需要的物資？」

蔣夫人巧妙的回答：「這個問題請總統先生回答更好！」羅斯福還在虛與委蛇：「把飛機和供應品運往中國存在巨大的困難，但是美國正在努力把東西運進去。……作為美國的一個成員，我必須回答：上帝願意我多快就多快！」

記者隨即又追問蔣夫人，「如何加快美國對華援助的速度？」

蔣夫人打蛇隨棍上：「總統先生說過，上帝願意多快就有多快，但是我記得，上帝是幫助那些自助的人的。」

美國媒體大肆報導這個來自中國的第一夫人，她顛覆了人們對中國女性「裹小腳」、「三從四德」、「女子無才便是德」的刻板印象，美國人見識了中國現代女性，不僅可以相夫教子，還可以與各國領袖平起平坐，站在世界的舞台為自己的國家發聲！

蔣夫人在白宮停留至二月二十八日，離開華府前往紐約，應市長之邀在麥迪遜廣場（Madison Square）演說，然後旋風式地席捲波士頓衛斯理母校、芝加哥、舊金山、洛杉磯、好萊塢、聖地牙哥，所到之處皆發表演說，當五月一日蔣夫人重返紐約，她已是全美的熱點人物。她真正達成「以美國公眾的力量，推動羅斯福的輪椅」的期望。

蔣夫人訪美的成果豐碩，她促使羅斯福在支持中國對日抗戰上明確表態：「美國將用全部智慧，以上帝所允許的最快速度來做這件事。」還包括建議羅斯福開國際會議，解決棘手的國際問題，等於間接催生了開羅會議。

一本郵冊拉近了蔣夫人和羅斯福總統的距離，郵票像一個推心置腹的知交，在同好之間無須贅言，直接搭起心靈的橋梁，即使在風雲詭譎的外交場上，它仍舊有不可擋的魅力！

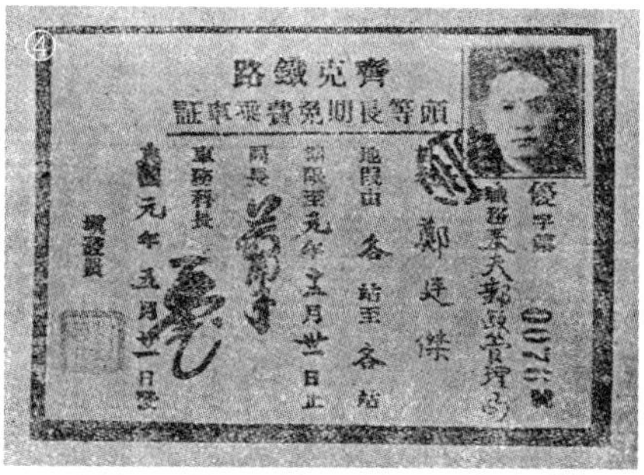

①郵務長巴立地先生。
②吉林郵局外景。
③哈爾濱郵局門景。
④九一八事變後，東北郵政高級職員所領之齊克鐵路長期免費乘車證。

軍郵戎裝的使命與光榮

軍郵戎裝的使命與光榮

源起

通信的起源就是為了保國衛民，古代用烽火傳遞訊息，千里烽煙發布軍令以啟動軍隊抵禦外侮，就是遠古郵驛最早的雛形。遠溯我國歷朝各代郵驛制度的演進和實行，雖各有差異，唯一不變的是始終與軍政系統密不可分，足以證明自古郵政就是隸屬於國防系統的一環：周朝掌理軍政的是大司馬，步傳、馬傳之屬就歸其掌理；漢朝改郵為驛，改以太尉掌兵權，還下設法曹，專辦郵驛科程事務；宋朝更有急腳遞的設置，日行四百里，傳遞緊急軍令及軍情，就是典型的軍事專設機構。

現代軍郵最早的溯源是德國一七一六年的波美拉尼亞戰役，普魯士國王腓特烈威廉一世（Frederick William I, 1688-1740），在軍隊中創設野戰郵局隨軍工作，軍郵騎兵往來馳走於軍隊和後方傳遞消息，頗具成效。普國軍郵在之後國家不斷的爭戰中日益活躍，組織亦更具規模。在一次大戰時，德國郵政員工參加軍郵工作的已達八千餘人，再加上軍隊增援的一萬三千餘人，規模之宏大可見一斑。

我國現代軍郵的建立並不算早，先是民國二年蒙古發生叛變，北京政府派遣軍隊在蒙古邊境布下重兵平亂，為了便利軍訊交通的需要，經參謀本部與交通部議定「軍事郵遞章程」，繼而有軍郵的設立。民國三年二月叛亂弭平，部隊次第撤回，軍郵也就隨之撤銷。

民國二十年九一八事變，日寇侵華手段變本加厲，與日戰爭已一觸即發。為了積極強化國防實力抵禦外侮，政府開始籌建軍事交通，而軍郵就是其中重要的一環。

政府一方面組織軍事交通考察團，到歐美各國考察蒐集軍郵資料；另一方面於民國二十三年在南京創立交通研究所郵政系，以培植軍郵幹部。後來併入江西星子海會寺中央陸軍軍官學校特別訓練班交通隊繼續受訓，共有兩期一百多名，所訓練的人員均成為抗戰時辦理軍郵的基本幹部。

不論中外，軍郵人員的徵召方式不外乎兩種：一是以郵政人員加以基礎軍事訓練，以適應軍隊生活方式；另一種就是以現職軍人，施以基本郵務知識技能的訓練，成為軍郵人員。

我國在軍郵籌建初期，對於軍郵的組織與管理即把握一個原則：中央以郵政總局為軍郵最高管理機關，地方設有軍郵總視察段，下轄各軍郵視察分段，並以軍委會後勤部作為軍郵最高督導機關。軍郵人員皆以現職郵政人員委以軍階派充。

中國幅員廣闊，戰事一旦全面爆發，一百多名軍郵幹部遠遠不及實際的需要。因此郵政總局未雨綢繆，下令徵召郵政人員，參加江西九江以南星子縣的軍郵特訓班，結訓後作為軍郵的儲備幹部，一旦需要，隨時可以勇赴戰場！

我國軍郵正式運作前曾有兩次演習：

民國二十四年南京政府舉辦了「保衛南京計畫」的實戰演習，由德國駐華軍事顧問團總顧問塞克特上將（Hans von Seeckt, 1866-1936）率領一軍事代表團到南京指揮部署，以日本為假想敵。國軍在京杭國道上演習攻防，並呈准藉此演習軍郵。軍事交通研究所第一期尚未畢業的學員四十五人，與來自京、滬、杭軍郵人員二十餘人共同參與演習。郵政總局於東、西兩軍配設軍郵局四所，當時稱之為「臨時郵局」，負責辦理部隊投遞業務，隨部隊移防，並以附近普通郵局為承轉局。演習期間雖只有一星期，但足以建立部隊官兵對於軍隊設置軍郵的基本概念，而軍郵人員亦藉此得知軍郵於戰時實際作業的形式。

民國二十五年春天，開始正式籌辦軍郵，軍事委員會與郵政總局商議擬定《軍郵規則》。同年夏天爆發兩廣事件，中央與地方勢力一度劍拔弩張，中央在湘、贛、粵三省軍事地區舉辦軍郵演習，不但便利各部隊官兵通信，試行新訂的《軍郵規則》，並可增益軍郵人員的經驗。演習歷時三個月，於兩廣事件和平落幕後，才告結束。

一頁軍郵史 抗戰話滄桑

民國二十六年七月七日蘆溝橋事變，舉國上下同仇敵愾，一致奮起！郵政人員也不例外，軍郵前輩張人鑑，於同年八月奉總局電令，就地參加浙江軍郵，主持嘉興及其附近各郵局業務，維護郵務人員和票款安全，保持郵件運輸路線的暢通，以及督導郵政機關疏散、撤退等事宜。

浙江省是首辦軍郵的地區，編制上屬第一軍郵總視察段。張人鑑官居上校軍郵視察，配有道奇大卡車一輛，司機一人。十月間日軍在金山衛登陸，因浙江北部沒有軍隊戍守，日軍長驅直入，由金山經乍浦、平湖直搗嘉興。張人鑑將乍浦及平湖兩郵局撤退後，再經桐鄉、石門到杭州。當他撤退到杭州時，日軍已由嘉興挺進蘇州，切斷了滬寧鐵路。張人鑑緊接著協助杭州郵政管理局撤退，過錢塘江到浙東麗水地區，當時管理局留守的是英籍局長科登及少數郵政人員。撤離的車剛過錢江大橋抵達江東，張人鑑眼見我軍把才剛興建通行三個月的錢江大橋炸毀，以阻斷日寇南侵，通天的火光中，心緒澎湃！

浙東偏安，同年十二月浙江地區成立了第一隨軍軍郵局，地點在蕭山臨浦鎮。民國二十七年杭州失守後，張人鑑奉調至第八軍郵總視察段廣西鬱林，後又轉往柳州。民國二十八年日軍在越南與廣東交界登陸，強渡「十萬大山」，進占南寧。張人鑑協助了位於南寧的廣西郵政管理局撤退的工作。

同年十一月，張人鑑派駐廣西賓陽的軍郵分段視察，配有卡車及三輪摩托車各一輛，那時杜聿明軍長率領的全國唯一機械化部隊正會同其他部隊，共五個軍、十五個師參與作戰，由徐廷瑤任總司令，蓄勢血戰崑崙關。五個軍都配有軍郵局，郵局幾乎全都駐紮在崑崙山腳下。白天因敵機飛行偵察，國軍只能在夜間作戰。軍郵局也只能趁夜摸黑用摩托車遞送郵件。張人鑑親眼目睹我英勇國軍以排為單位，悄聲候於山下田岸間，哨音一響，一排往上衝鋒，應聲被敵人機槍掃光。哨音又起，第二排再衝上去，前仆後繼視死如歸！張人鑑也曾與軍郵同事在返回分段的途中，暮色裡突遇日本騎兵襲擊，日軍在馬背上架著機槍一路瘋狂掃射，他們三人急急分散翻落田岸低窪處，幸而逃過一劫。

從民國二十八年底到翌年初，屈居劣勢的日軍再度增援，從十萬大山登陸直至賓陽，我軍雖被包圍，仍分頭奮力突圍，重新集結後，再對甫將崑崙關受困軍隊解救出來的日軍，來一個反包圍，逼迫日軍退回南寧。

崑崙關血戰，敵軍的潰敗，與許為浴血殺敵的將士帶來淺淺的安慰，然而這場看不到終點的鏖戰，卻遠比想像中殘酷而頑強，人們沒有權利選擇悲觀，也不得以僥倖的心態迎敵，所有的挑戰雖遠遠超過能力所及，卻無可迴避！

張人鑑在遷江縣南岸遇上杜聿明將軍，邀他同車前往賓陽。沿途看見一〇七傷兵收容所裡的傷兵全被反綁、殺害，慘烈無以名狀。而日軍陣營也不遑多讓，他們將陣亡者合葬在公路旁，樹以木牌、點上油燈，在路旁作為兵房的空屋裡，有一片牆面寫著正氣歌全文，不知詩文是否曾為萬千馬革裹屍的魂魄找到犧牲的理由？

一九四一年十二月七日珍珠港事變，太平洋戰事急轉直下，美國一方面繼續提供援華物資，一方面敦促中國出兵緬甸，以確保滇緬公路這條生命線並協防英軍。英國一方面不願意中國插手緬甸事務，卻又渴望中國軍隊能伸出援手牽制日軍，掩護英軍撤出。民國三十年十二月二十三日中英在重慶簽署「中英共同防禦滇緬路協定」。翌年二月二十五日蔣介石命令第五、六、六十六軍組建中國遠征軍第一路，跨出國門遠征異域。

中國遠征軍第一次出國征戰，便有計畫的建構了軍郵組織系統，從軍郵總視察段、軍郵視察分段、軍郵局、軍郵派出所、軍郵連絡站一以貫之。民國三十一年十二月七日國民黨軍事委員會依據對日抗戰的需要，進一步明確指示：「凡是前方作戰的各部隊，不管駐地附近是否設有郵政局所，凡是移防頻繁者，及師以上各級司令，皆應設置軍郵局，隨軍行動。」

在《抗戰軍郵史》中有一段記載：

我軍郵局所隨軍入緬情形

第五軍總部配設軍郵第一五三局，先到緬甸他希。

第九六師師部配設軍郵局第二四三局，先到緬甸曼德勒。

第六軍總部配設軍郵第五〇四局，先到緬甸雷列姆。

第九三師師部配設軍郵第二四二局，先到緬甸溫莎拉。

第六六軍總部配設軍郵三五一局，到達仁安羌。

新編第二十八師師部配設軍郵第一三一〇所，到達地不詳。

新編三十八師師部配設軍郵第三二五局，到達緬甸曼德勒。

入緬作戰的十萬英勇遠征軍，是我國最精銳的部隊（史迪威將軍曾讚揚：中國遠征軍是世界上最好的士兵！），民國三十一年四月中旬新編三十八師第一一三團在孫立人將軍指揮下馳援仁安羌，當時英緬軍第一師及戰車營被日軍團團圍住，彈盡糧絕危急存亡，四月十四日英緬軍亞歷山大（Harold Alexander）總司令要求我軍迅速援助。中國遠征軍十六日及十七日先後抵達目的地，十八日拂曉展開攻擊，激戰兩晝夜，解救被困英軍七千餘人，美國傳教士及新聞記者五百餘人……仁安羌大捷舉世轟傳！

拚殺了三個月之後，因敵情不明，指揮失當，中國遠征軍腹背受敵，被迫撤退。民國三十一年八月，當最後一名遠征軍戰士走出野人山時，十萬大軍傷亡人數已達六萬一千人，千千萬萬將士客死異域，沒有墓碑、沒有名字、沒有親人布奠傾觴，甚至在短暫數月的激烈戰鬥中，來不及寫一封信給掛念的人，就滴盡最後一滴血愴然倒下！

因緬甸戰事失利，部隊轉入印度。軍郵局最初隨軍入緬甸，繼又隨軍入印度，各軍郵局於三十二年二月進入印度，為便於管理在印度各軍郵局，郵政總局派軍郵視察李夢華在印度藍伽（Ramgarh）成立「直屬駐印軍郵視察段」，三十二年九月派視察劉學仁前往接替，三十三年八月十五日升格為「印緬軍郵總視察段」，派張人鑑擔任總視察，三十三年十月一日改名為第二十軍郵總視察段，仍以張人鑑為總視察，直到三十四年七月因我國軍回國，第二十軍郵總段的任務才告結束。

從民國二十六年七月七日抗戰軍興，軍郵設立因應戰事擴大而隨之增加，至抗戰勝利前夕，共設有軍郵總視察段十三處，軍郵視察分段九十處，軍郵局二百九十二局，軍郵派出所一百七十三所，軍郵收集所十一處，軍郵聯絡站二百餘處，普郵兼辦軍郵業務的二千餘所。動用軍郵總視察十三人，軍郵視察一百四十三人，軍郵員五百一十二人，軍郵差工一千三百八十四人。這二千零五十二人所組成的軍郵團隊，自民國二十六年八月至三十四年八月底，在烽火線上出生入死，努力搶救郵件，組織秘密郵路，不畏艱難險阻和犧牲，為維護軍民訊息安全與暢達，一共收寄了軍事郵件三億一千七百五十三萬餘件，包裹二十八萬四千六百餘件，開發匯票二百六十六萬五千餘張……，對於鼓舞士氣、穩定民心做出了非凡的貢獻，在抗戰史上寫下神聖而光輝的一頁。

抗戰勝利後，國軍開始復員，部分軍郵局亦隨軍推進淪陷區辦理受降及接收，先後開赴平津、東北及臺灣。除東北地區內戰方熾，仍以軍郵名義配屬各部隊（改稱臨時郵局）外，其他地區隨軍郵業務逐漸緊縮，軍政部電令軍郵機構均限於三十五年三月底結束。

三十八年政府遷臺後，全國仍處於戰時狀態，民國四十五年「戰區軍郵設置辦法」核定公布並於二月一日起實施，四十五年十二月二十五日及四十六年一月二十二日第一及第二軍郵局，分別於金門山外與馬祖南竿成立，至六十三年軍郵局所已遍及南沙太平島及東沙島。

隨著兩岸關係趨緩，外島駐軍人數自最高時期的十萬大軍（含自衛隊）縮減至數千人，立法院決議自民國九十六年一月一日起臺灣地區各軍郵局所全面撤銷，軍郵在國家百年動盪中所扮演的特殊角色就此劃上休止符。

回顧我國軍郵歷史，歷經八年抗戰、國共內戰與海峽對峙，與設無不與國家關鍵時刻緊密相連，軍郵在戰火中不計安危摒除萬難，秉持「置郵傳命」的信念與使命——始終與軍民同在。

軍郵生涯

潘安生請纓從戎，分發到軍郵第十二總段，就在離湖北恩施小城約莫二十公里遠的黌廟。黌廟是山坳間的小鄉村，物質生活十分匱乏。

抗戰初期，上海和南京首當其衝，響應徵召的郵政人員也就當仁不讓，投筆從戎的為數最多。潘安生是抗戰後期才進入軍郵處，這個後生晚輩得到同是來自「下江」各省的前輩很多照拂。對潘安生來說，他在第十二總段的長官應國慶（民國二十二年首屆郵政高考及第，那一榜二十名高員，抗戰後幾乎全部投入軍郵），是繼許季珂郵務長之後的「貴人相逢」。

戰時全國軍郵的編制，依戰區分成十三總段，每一戰區司令官所在地皆設有軍郵總視察處，每軍郵總段轄下有軍郵局和軍郵派出所，軍郵局都配設在「軍」與「師」的層級，

「團」級則配設軍郵派出所，「營」級就由軍方自行指派軍郵聯絡員，從上而下在戰區形成一個軍郵聯絡網。除少數重要基地有從地軍郵局外，軍郵皆隨軍隊移防，出入戰場。

戰區軍郵業務不像一般普郵，為保持軍事機密，部隊番號不能形諸書面，都用信箱號碼取代。包裹的重量限制低於一般包裹，以減少戰地運輸的困難。沒有儲金業務，但能開具滙票方便官兵滙款到大後方。又由於軍隊派遣移防行蹤不定，特別於各總段設置「軍郵收集所」，凡有轉遞疑難的郵件，全部集中收集所重新批示投送。

恩施雖然地處偏僻，因為對日抗戰而將星雲集，軍郵第十二總段設於此，陳誠為戰區司令長官，而在鄂北老河口第五總段的辦事處，戰區長官則是李宗仁。潘安生記得一次由陳長官召集的軍郵會議中，各段軍郵總視察（掛少將軍階）與戰區長官一起出現在恩施小城，眾「星」相會，盛極一時。

響應號召投身軍郵，依例要派到軍中擔任軍郵局長，隨著軍隊移防，潘安生早有心理準備。可是軍郵總視察的一句話，改變了這個成規：「小潘啊！你就不用下放到軍郵局去當局長了，就留在總視察辦公室幫我做行政工作吧！」。

甕廟的山中時光，沒有因為戰事而日月悠長，工作之餘的小潘沒閒著，在竹籬茅舍的克難局舍，除努力自修學習，還參加上海著名「立信會計學院」的函授課程，學習會計專業。他與年齡相仿的同事們彼此激勵，奮發向上努力進修，經常挑燈夜讀到天色微明，點的是恩施特產的桐油燈，桐油燈一燈如豆，煙倒不小，隔日起來鼻孔一抹全是黑灰！不到兩年時間，他以優等的成績畢業，拿到會計學分。征戰歲月匆匆如流，他僅將些許學習的喜悅收在兵荒馬亂的背囊中！

在軍郵的兩年時光中，除了每天單張的《新湖北日報》提供消息來源，還有隔三差五從重慶由郵差翻越蜀道背來的《大公報》。偶有軍中文工隊到恩施來勞軍演出，潘安生不錯過這唯一的文化娛樂。在沒有火車、汽車行駛的山城，山路陡峭崎嶇，連騎自行車都很吃力，潘安生一趟來回得走上幾小時。沒有電燈的恩施，風風火火搭起克難的戲臺，幾盞桐油燈在夜風裡閃爍，鑼鼓聲起，粉墨登場，現實裡一日數驚的空襲警報暫且放下，什麼事等過了這場再說！

潘安生自十八歲開始的流亡，經過戎馬歲月的洗禮，多年背離鄉井的流浪，他不知道即將在這個小小的山城結束……

潘爺爺講故事

軍郵郵票與軍郵優待官兵交寄家書

《中國郵票目錄》把郵票分為七大類：常用、紀念、航空、專題、慈善、軍郵及欠資郵票。軍郵郵票雖位列七大，卻勢單力孤，僅有三套，數量敬陪末座。

僅有的三組軍郵郵票，除民國三十四年一月一日發行的「中信版軍郵郵票」（軍二），圖案經過特別設計，是正式印製的軍郵郵票外，其餘兩種都是以現有庫存郵票加蓋軍郵字樣權充使用。

軍一國父像「軍郵」郵票：

民國二十六年對日抗戰，郵政為迅速傳遞軍情，便利戰士通訊，遂有軍郵局的設置。起初沒有特印的軍郵票發行，僅在郵件上加蓋軍郵局特有戳記以資區別。直到民國三十年，郵政經濟極度困難，國內平信郵資每重二十公克，已由八分調整為一角六分，但為體恤前方將士辛勞，擬維持軍中郵資為八分，才以國父像各版八分面值郵票加蓋「軍郵」二字使用。軍一票前後十二種分別在浙、粵、湘、鄂、贛、渝各郵區，就地利用庫存的普通郵票加蓋，隨即分發各軍郵局及軍郵派出所備售，並沒有確定公布的「發行首日」。

當時所有軍事郵件及戰士家書（信封左角加蓋「軍人家書」紅色圓形戳記），納足普通信函郵資後，由郵局斟酌路線遠近及飛機噸位，仍儘量發交航空郵遞，藉以符合「軍事第一」的要旨。

軍二中信版軍郵郵票：

民國三十四年元旦發行「中信版軍郵郵票」，由重慶中央信託局印製處承印。值得注意的是，這組唯一經過設計、正式發行的軍郵郵票沒有面值。原因是民國三十三年以後，因幣值波動甚劇，國內平信郵資自民國三十年十一月一日至三十三年三月一日，經過四次調漲，從原來的一角五分漲到二元，軍郵優待也從最初的八分酌升到二角，於是印行此無面值軍郵郵票，仍按當時「軍郵優待」（抗戰期間前線作戰官兵交寄家書優待辦法）辦法出售，專供抗戰官兵交寄家書。

這一組軍郵郵票主圖中間偏左堆滿了沙包掩體，邊緣圍著鐵絲網，右下方荷槍實彈的戰士在深深的戰壕裡，正有一位軍郵差從鐵絲網外向戰士投遞信件，下端長圓框內嵌著軍郵二字。這一圖案一般認為頗有名畫家豐子愷的風格。由於郵政總局從大陸攜來的軍郵檔案，中間獨缺三十一年三月至三十四年一月這一期間的文獻資料，以致這組郵票的身世撲朔迷離。

軍郵前輩張人鑑，年逾九秩與潘安生談起軍郵往事，卻證實了一件郵票史上亟待發掘的秘辛。張人鑑證實豐子愷是軍二郵票圖案的原始設計者，而請豐子愷設計郵票圖案的就是張人鑑本人！

民國二十七年張人鑑在廣西桂林郵局協助清理積件，因人手短缺，就近請在桂林郊區的兩江師範學校師生到桂林郵局幫忙郵件分揀、封發的工作，因而有緣結識在兩江師範執教的著名學者兼畫家豐子愷。當時豐子愷已是上海名聞遐邇的畫家，張人鑑特別商請豐子愷代為設計一組軍郵專屬郵票，設計圖完成後，張人鑑將圖稿寄至貴陽的軍郵督察處。之後，張人鑑曾收到若干枚票面未印面值的軍郵郵票，後續是否發給全國各軍郵總段使用，他就不得而知。

軍東北一「限東北貼用」軍郵郵票：

抗戰勝利後，軍郵機構陸續撤銷，內戰方興，蘇俄驅使中共強行占領東北部分地區，國軍部隊陸續出關進剿，軍郵局亦隨軍行動，軍郵郵票有繼續使用的需要，於是戰後東北地區有軍東北一郵票誕生。

東北專用的軍郵郵票有兩種：一為國父像北平中央版限東北貼用伍角郵票（軍東北一點一），另一式為中信版加蓋「限東北貼用」軍郵郵票（軍東北一點二）。

抗戰勝利後的軍郵郵資，已經不適用「抗戰期間前線作戰官兵交寄家書優待辦法」，對於「軍人家書」唯一的優待是只收取普通信函的資費，一律以航空運送，免收航空郵資。而且這項優待全國適用，並不限於東北四省。

因此，在東北的軍人，只消買上普通郵票，蓋上「軍人家書」的戳印，就可以輕易享受免納航空郵資的優惠，不必特別購買「限東北貼用」的軍郵郵票使用，這也進而造成「限東北貼用」軍郵郵票實寄封極為稀罕了。

① 

② 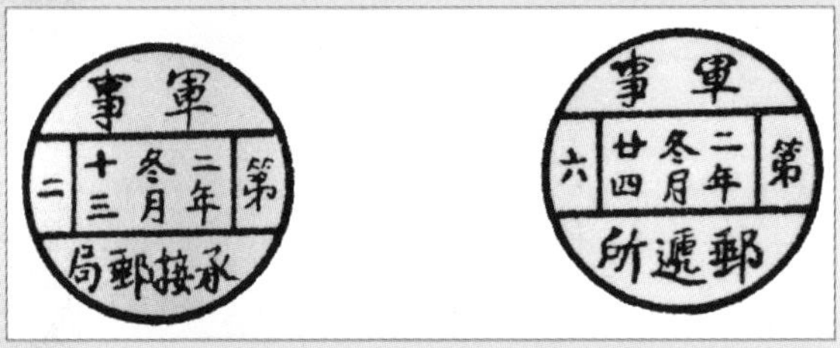

③ 

①大陸西北地區烽火臺遺跡。
②民國 2 年蒙古叛變設置軍郵局所時使用的郵戳。
③民國 27 年中央軍校特別訓練班郵政系官生合影。

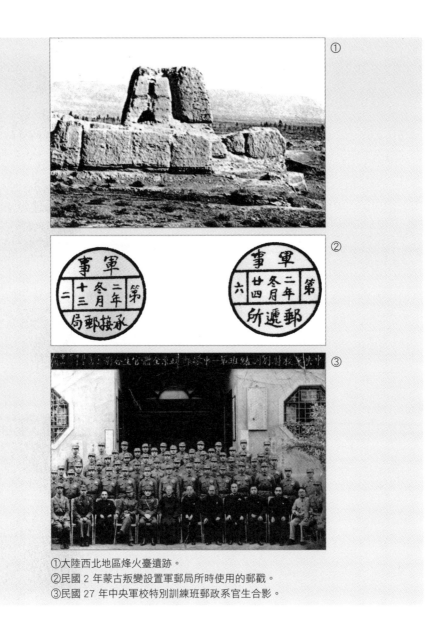

④

⑦

⑤

⑥
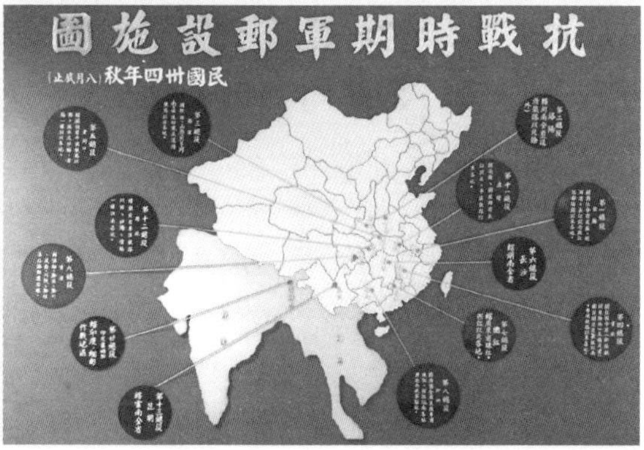

④隨遠征軍入印度藍伽的軍郵人員。
⑤民國 26 年 9 月張家口失陷，軍郵同仁撤至大同雲岡。
⑥抗戰時期軍郵設置圖。
⑦「抗戰期間前線作戰官兵交寄家書優待辦法」專用戳記。

勝利凱歌響起
青春作伴好還鄉

勝利凱歌響起
青春作伴好還鄉

民國三十年十二月陳納德將軍帶領的中國空軍美國志願大隊，升空與日軍分庭抗禮，瓦解了零式戰鬥機長久雄霸的天際線。飛虎隊的 P-40 取代了零式戰機的制空權，靠的不是新式精良的武器，而是飛虎將軍令人激賞的驅逐機戰術。

民國三十四年春天，盟軍自歐亞戰場傳來捷報，五月間盟軍完全占領柏林，稍後麥克阿瑟也終於實現他重返（I should return）的願望，拿回了菲律賓，勝利的曙光逐漸展露。一九四五年八月六日及九日美國在日本廣島和長崎投下原子彈，一舉粉碎日本軍國主義意圖稱霸的美夢，也終結致使千千萬萬生靈塗炭、家園破碎的八年對日抗戰。

潘安生永遠記得三十四年八月十五日那天，廣播裡傳來日本宣布無條件投降的消息，所有人欣喜若狂的場面。他們一時找不到鞭炮，索性拿起軍郵總段的步槍對空劈哩啪啦大放一陣！勝利的滋味如此甜美，卻是多少血淚和犧牲換得的代價！前方已成焦土，後方的桑梓家園生死茫茫，還有誰在等待？

郵政人員一向以效率著稱，軍郵的行動尤其快速敏捷。那時湖北郵政管理局辦事處主任（也是軍郵總視察的上司）許季珂，接到郵政總局（重慶）的電令：「即行部署率員前進漢口接收全省郵務。」當時在老河口的軍郵第五總段林維欽總視察，及潘安生所屬恩施鸒廟的軍郵第十二總段，也同時奉命迅速推進。

從土橋壩到恩施到處都是束裝返鄉的人潮，見面的第一句話不是慣常的寒暄，而是「哪一天走？」

當時復員東下的各機關中，郵政機關肯定是最領先的。兩部大型美國道奇郵政卡車，平常保養良好，隨時可以升火待發。八月下旬準備好了材料，和恩施辦事處聯絡就緒，同一天就整裝出發直指巴東。

兩百多公里的路程，山路黃泥碎石九拐十八彎，崇山峻嶺崎嶇難行。過了晌午，翻過還有積雪未化的綠蔥坡，才到達長江邊上的巴東。巴東已經有一條郵船「鴻逵號」在碼頭上等候。像這樣的郵船在漢口有「鴻逵號」、上海有「鴻飛號」都是專責運郵的。「鴻逵號」之前因為戰事先從漢口撤到宜昌，再從宜昌退守恩施、巴東一帶，已經停在巴東好幾年。勝利號角一響，船老大好不容易等到這一天，迫不及待把船準備好熱起身來，就等著歸航久別的家鄉！

「鴻逵號」可以搭載三、四十人，因為不是客輪沒有客艙和臥舖，所有人員一個挨一個排排坐，從巴東順流而下，歸心似箭直趨漢口！

然而，三峽何止三峽，是幾十處要命的險峽急流構成的天險！行船於三峽的船老大即使對水文瞭若指掌，還是不能對瞬息萬變的激湍暗流掉以輕心。「鴻逵號」的船老大過去航行三峽雖有經驗，但「鴻逵號」已經泊在江濱休養生息六年多，漢口到巴東一路水底暗礁、水文變遷很大，對於江水航程的瞭解已今非昔比。潘安生一行數十人的生命捏在船老大手裡，行在險象環生隨時可能被吞噬的激流深澗中，他戰戰兢兢臨深履薄，好不容易宜昌在望，大家才終於鬆了一口氣！

誰想到竟在這時遇上盜匪！不知是哪兒來的散兵綠林，見孤輪行來竟起歹念，突來一陣槍響準備打劫！幸好船老大十分機警，往江心一拐加速逃逸，未被擊中，否則後果不堪設想。

驚魂甫定的「鴻逵號」在宜昌停靠兩天補給，船兩側還特別加了鋼板保護起來。自宜昌以下江面變寬可以行駛大型江輪，「鴻逵號」這樣的小船就找來當地的水手領航，才再啟下一段的航程。

那一年長江大水氾濫，沙市以下的堤壩已被沖垮，雲夢大澤、滔滔江岸，全都淹沒在放眼無際的一片汪洋。尤其到了夜幕時分，只見海天一色方向莫辨，船舶漂泊在無邊無際的大水中提心吊膽，最怕碰到淺灘擱淺。

說時遲那時快，真的有船擱淺了！

「鴻逵號」聽到不遠處一艘大輪船發出嗚嗚的求救聲！原來是從四川下來的兵艦「同德號」（「同心」、「同德」名義上屬於軍政部的運輸艦，實際上充作電雷學校的練習艦）緊跟在「鴻逵號」後面，幾百噸的兵艦吃水太深，擱淺了進退維谷。「同德號」請求「鴻逵號」伸出援手，郵船只好往回開，小小「鴻逵號」明知力不從心，還是開足馬力使勁拉著巨大的兵艦，耗了大半夜依舊徒勞無功。

隔天早晨，小郵船來了數位「同德號」的大員，央求改搭「鴻逵號」到漢口，而可憐的「同德號」只能等上游開來的大船來搭救了。

九月上旬「鴻逵號」到達漢口時，大聲鳴起了勝利凱歌（氣笛），昭告天下得來不易的勝利。江岸邊夾道湧進了大批人群，迎上前來歡迎這從上游開來的第一艘輪船。江邊的日本兵依然守著崗哨，還對著郵船上青天白日滿地紅的國旗敬禮。

經過多年生死離亂的戰火，漢口郵局的舊日袍澤全奔到江邊來迎接，許（季珂）局長每每憶起他在船頭與前來相迎的同事見面悲喜交集那一幕，仍不免激動得熱淚盈眶！

國軍的入城式，在「鴻逵號」抵達後三日才舉行，可見郵政人員的效率，凡事奮勇向前，做急先鋒，其他機關單位實難以望其項背。

日軍在漢口的野戰郵便基地局，相當於我方的軍郵總段，規模多大不得而知，但深信他們的人員、器材、機要文檔已提前處理及銷毀。基地局的位址在江漢路的一家璇宮飯店內，一到漢口，第十二總段就負責把這基地局接收了。

國軍尚未進城，穿著戎裝抵達漢口的軍郵人員，為防尚有殘留日本不良分子對他們不利，進城後就找了前進先鋒隊接受軍事保護。接收的工作尚稱順利，但漢口的衛生條件極為惡劣，要不了幾天人員紛紛染上登革熱，經過好一段時間才慢慢痊癒。

日軍從民國二十七年進攻大武漢地區，直到敗降，占領武漢長達七年之久，雖不見大肆破壞，也不見有何積極性的建設，倒是把一座大好的郵政大樓炸成廢墟，令人痛心！勝利後前去憑弔遺址，雖斷垣殘壁一片淒涼，在僅餘的幾間可用的屋舍中，猶見郵政人員正埋首處理郵件，七年來他們在敵人槍砲下堅不撤退、努力為郵，怎不令人動容、肅然起敬！

漢口郵局既然已經不堪使用，許局長發揮他協調的長才，在江漢關大樓附近，爭取到一棟日本洋行留下的樓房，充作漢口郵局的局所。這棟四層樓的磚造建築，屋齡恐怕至少有幾十年，走起路來樓板吱吱作響。自此掛起郵政的光輝令譽，臨著滔滔江岸，聽著長江水經年累月的私語，和海關大樓頂上報時的鐘聲，相濡以沫！

民國二十六年那個搭上南京到漢口末班江輪的流亡學生，舉目無親前途茫茫，完全不知道這昔日列強所占的租界是什麼面貌。勝利後潘安生再度踏上漢口這個城市，只見舉目的殘破，一條從江漢關北去的柏油幹道，因年久失修再加上兵車往來頻仍，路面起伏不平已呈波浪狀。四處頹垣殘壁，除了租界內林立的西式樓宇，證明它曾是重要的通商港埠，就剩在漢口隔水而望的漢陽兵工廠和憑珞珈山麓築起的漢中名校——武漢大學，記憶了張之洞這位自強運動的領袖人物昔日的豐碑。曾在武漢三鎮與詩人吟詠古往今來的黃鶴樓，早已焚燬，僅有一座修得不中不西的紅磚小洋房，徒留惆悵！

八年抗戰讓那一代人命如蜉蝣、身不由己，經歷過殘酷的戰火、無情的流離，如今潘安生已是一名郵務員，漢口郵局的老長官，期待這個年輕的兩榜狀元，在漢口郵局頭角崢嶸！而潘安生對於人生卻有更積極的想法。

卸除軍裝的潘安生沒有再回他的「娘家」內地業務股報到，而是在機要組和人事室分別待了一段時間。那時，軍郵第五總段的總視察林維欽，也率領部眾到了漢口。不久第五總段與第十二總段合併，第十二總段總視察應國慶退讓賢路，又因精通日文，自動請纓東調臺灣，擔任光復後的臺郵接收工作。年輕的潘安生志在千里，已經打算追隨應老總到臺灣！

東渡臺灣之前，八年未能返家的潘安生，有一個月的特別假，可以回蘇州老家探望日日倚閭盼望的慈母。

歸心似箭的潘安生和所有望鄉的遊子一樣，只要買張船票泛舟東下，就可以達成朝思暮想的願望。然而，初嚐勝利果實的漢口，還沒有固定班次的輪船，偶有江輪東下，往往一票難求，難以應付如潮似湧的歸鄉人潮。還有軍籍的中校軍官潘安生，比別人幸運一點，拿到船票擠上了歸鄉的船。

僅能容納一、二百人搭載的小船，大船拖小船的要一路經九江，而蕪湖，再直放南京。夜裡為躲避在江面下密布的水雷，不得已在九江停了一夜。晝行夜停走了三天才到南京。潘安生在南京下關轉搭火車直奔二百二十五公里外的蘇州，一站一站近鄉情怯，那童年的歡顏、水鄉的溫柔、那離亂的場景、流浪的悲愁，都在車過無錫，逐漸接近蘇州時一一從腦海閃過。北寺塔依然巍巍立在城牆邊，遠遠的看見姑蘇的古城垣依舊老態龍鍾……烽火歸來的天涯遊子，興奮不可名狀！

在十月十日國慶之前，潘安生就已經回到家鄉。潘安生回到家，見到一別八年的慈母，雙膝落地跟母親磕頭，感謝寡母守著家園和弟妹，讓他任憑天涯海角還有溫暖的家可以想，給他出生入死的勇氣！弟弟妹妹在母親的羽翼下已經拔高長大，八年來吃苦、受罪不是一枕黃粱，幸好劫難之後，一家人還能執手相看淚眼，連床夜話到天明。

淪陷區把抗日勝利說成「天亮了！」，因為日本人和汪偽在蘇州盤據了八年，苦日子有如漫漫長夜看不見黎明。「天亮了！」，是在那段暗無天日的歲月裡，人們對勝利的引頸期盼。潘安生也在殘留慶賀爆竹餘燼的街面，拾掇久未嚐到的安定滋味！

趁著特別假到上海走走的潘安生，體會到戰前戰後上海人對軍人的差別待遇。戰前著軍裝的人是不准進入上海租界的，勝利了，軍人揚眉吐氣處處受禮遇，坐車、上電影院全部免費招待，連牙醫都加入敬軍的行列，替潘安生免費看牙和修補！

湖北是潘安生的第二故鄉——進入郵苑初試啼聲的地方。漢口因位居四通八達的水陸交通中樞，養成湖北人廣納百川的開闊胸襟，因而潘安生的湖北郵涯備受照顧如沐春風。

惜別會上離情依依，同事叮嚀：「小潘啊！不要忘了你是湖北的人啊！」哪能相忘？恩施小城是他生命轉捩的地方，在那兒際遇了一生的貴人，也開啟了他一路平川的郵政之門。

當潘安生順著長江水，一路渡海到臺灣，他不知道這冥冥中注定的南遷路徑，並不屬於少數的個人，而是屬於數百萬人國破家亡的遷徙途徑。那些跟他依依送別的湖北同事們，有的不旋踵也到臺灣相會，但絕大多數則是雲山遙阻——此生不曾再見！

這一支首批來臺接收臺郵的郵人，主要來自福建、浙江、江蘇和上海郵區，潘安生是湖北郵區隻身赴任的孤軍。

杭州來了十二人，都是單身的年輕小夥子，偏偏派來一位年近花甲的老先生姚天造當領隊，就像爺爺帶著孫兒們出遠門。南京的領隊是王端禮，帶了近三十人。加上上海、杭州來的，總數約百人。應國慶早於三十四年十二月間已啟程赴臺，上海領隊徐公荷和杭州領隊姚天造也搭了飛機當先遣部隊，僅剩王端禮變成整個海宿輪的領隊，帶著一群娃娃兵浩浩蕩蕩，渡過昔日先人橫越的黑水溝，要為臺郵篳路藍縷以啟山林。

所有赴臺的人都集中到上海等輪船，大戰剛結束，海上水雷尚未清除，民間航運不敢冒險，並沒有固定的海輪行駛。一大群候船的郵政同仁，天天跑到北四川路的上海郵局去打探船期。潘安生起先投宿在郵局附近的新亞飯店，新式星級旅館，價格昂貴設備陽春連熱水都沒有。等著等著住宿費實在吃不消，上海郵政管理局對他們抱以無限同情，於是建議大家若不嫌棄，就到郵局四樓辦公室打地鋪。

民國三年中華郵政加入國際郵政聯盟（UPU），國際郵盟指定上海郵局為國際郵件互換所，上海郵局遂晉身為全國最大國際郵件進出口中心。為因應業務量的增加，民國十三年上海郵局大樓誕生，四層樓折衷主義建築擁有號稱「遠東第一大廳」的郵政營業廳，英國古典建築風格，融合大型柯林式列柱與巴洛克式的鐘樓，氣勢宏偉傲立上海十里洋場！

潘安生對它並不陌生！當時內地鄉下郵局郵政業務並不發達，許多便是靠上海郵局接濟的。抗戰時期戰區物資極度匱乏，包括文具、單式、用品、郵差制服、不脫色鉛筆，無一不是上海供應處透過秘密郵路，由郵差一袋一袋跋山涉水背過去補給的。

在上海郵局打了近半個月地鋪，終於等來了海宿輪。

海宿輪是抗戰時期運軍火的補給輪，貨輪的規格沒有客艙，所有乘客都得住在甲板或庫房裡頭。等船等那麼久，客輪貨輪已不在意，民國三十五年五月初的某一天，海宿輪在上海鳴起了響亮的汽笛，載著潘安生輕快的夢想快樂地出帆！

深圳市龍崗區葵涌河入海口，藏著一個沒沒無聞的小漁村——沙魚涌。

沙魚涌這個安分守己的小村落，在對日抗戰期間，由於沿海口岸逐一被日寇占領，國內外郵件幾乎走到無路可通的絕境，我郵政人員在百般艱難中，仍竭盡所能突破敵人封鎖線，尋覓、組織、建構秘密郵路，不僅力圖大後方與淪陷區軍民書信得以通達，也扮演「國際郵件互換局」的角色，與聯郵各國互換郵件轉運。沙魚涌這樣一個小地方，就這樣因緣際會成為當年秘密郵路的樞紐之一。

民國二十六年抗戰軍興，郵政當局未雨綢繆在香港布了一著棋。首先，北平財政部印刷廠白紙坊無法供應郵票，因而郵政總局在香港部署印製郵票，並派高級郵務員到港監印，致使港版中華民國郵票，能於抗戰時期供應大後方所需不虞匱乏。另外，郵政總局派監督儲金匯業局帳務的英籍客卿慕雷（W. D. Murray）郵務長，至香港擔任郵政儲金匯業局專員的職務。英國籍的慕雷，與香港郵政當局公私皆有交誼，因而在民國二十七年十月二十一日廣州被敵軍占領後，與香港郵政當局取得默契，在香港設置秘密郵政機構稱「廣州郵局分信處」。

起初的半年相安無事，半年之後香港郵政總局突然提出異議，不准「廣州郵局分信處」擔當「互換局」的角色。於是二十八年六月一日不得不將互換局遷至邊境外的深圳，不旋踵深圳也告陷落，再遷至鄰近澳門的前山郵局。

然而前山郵局的地理位置近海，日軍隨時可能進犯，地位依然岌岌可危。另一方面進出口國際郵件總包，需經澳門再轉香港出海，要經過兩國以上的郵政轉手，無論時間運費上都不經濟。

民國二十八年十月初，第七軍郵總視察段第四分段視察張新瑤奉命「探組出海郵路」，經過半個月的奔走探查，將所見所聞及建議，以電報請示獲准，於十月十八日在沙魚涌成立了郵件轉運局。沙漁涌頓時成為南中國出海郵件的唯一門戶，對全球主要國際大港及重要城市直封國際郵件總包。躍身與倫敦、巴黎、紐約、雪梨、馬賽這些世界著名的互換局相提並論。一個僅幾十戶人家蹇居的小漁村，依山傍海道路崎嶇，變成亂世英雄，全是時局的造化。

從沙魚涌運遞北去的郵件，有幾處必經之地：一是淡水（墟），二是惠陽（惠州），三是經東江涉水而上的河源。「河、惠、淡、沙」是整個運遞過程缺一不可的樞紐點，張新瑤在呈文中曾有預言，一旦有任何一點不保，沙魚涌將武功盡廢！

張新瑤的預言不幸一語成讖，民國二十九年六月下旬，日軍攻占淡水墟，隨後沙魚涌也被日軍所占，村落遭摧毀，郵局人員被迫遷離暫避，在附近村落待命。內陸郵運因此中斷。郵政總局建議保留沙魚涌為「聯郵組」，並針對此事對慕雷有所訓令：儘量維持沙局至最後一分鐘，以轉運外洋進出口郵件。

數日後日軍退去，沙魚涌郵局人員幸無大礙，回到崗位，繼續提心吊膽、朝不保夕地勉力維持郵運。日軍沒有放棄，伺機而動，民國三十年二月七日總局接獲慕雷的快電，聲稱沙魚涌郵路已告斷絕！

沙魚涌郵局局長丁錫培於是率領員工在香港待命，待命期間仍在廣州分信處，繼續以沙魚涌互換局的名義與郵聯各國直封郵件總包。據「沙魚涌郵局收到國內韶港航空線轉來寄往外洋各地郵件袋數及重量」，從二月到八月一共封發郵件八十九袋／四千一百二十一點六三公斤。

等了漫長一個夏季，沙漁涌郵局的員工沒有等到重返沙魚涌復局的機會。這個小漁村在抗戰期間，以一年三個月的時間，挑起了南中國出海郵件轉運的重任。它在歷史中湮沒了四十五年，從沒沒無聞到蜚聲國際，只在一夕之間！而這位讓沙魚涌在郵史上聲名鵲起的推手，就是退休後依然潛心研究郵史郵學不輟的郵學家潘安生。他著有《沙漁涌郵路秘史》一書出版問世。

① 1934 年漢口洞庭湖街的湖北郵政管理局。

②上海郵局。

③小漁村沙漁涌位置圖。

劉銘傳與臺灣郵驛之路

劉銘傳與台灣郵驛之路

洪荒初啟

清康熙二十二年（一六八三），清朝水師提督施琅大敗鄭軍艦隊，同年八月十八日鄭克塽降清，當時清廷有人建議，臺灣地處荒僻、海上孤懸，不如棄守。唯施琅力排眾議，上疏主張：「棄之必釀大禍，留之永固邊疆。」清廷准奏，於康熙二十三年四月正式將臺灣納入版圖，設一府三縣隸屬福建省。所謂一府是臺灣府，三縣則是臺灣（現臺南）、鳳山和諸羅（現嘉義）。

一六八三年起清廷駐臺兵房，開始依照大陸舊制創辦鋪遞傳送軍書，在三縣（臺灣、鳳山、諸羅）置鋪，再擴及彰化縣、淡水廳及噶瑪蘭廳（宜蘭）。依照大陸郵驛制度有驛遞、鋪遞之分，驛遞以馬代步，鋪遞則是徒步遞送，因臺灣地區不產馬匹，只設鋪遞。

當時的鋪遞，是專為傳遞縣治間的官式文書而設的，每一縣治設一鋪，鋪設鋪司一人和鋪兵數人，全島約有鋪兵兩百人。鋪司專責收發文書及登記循環簿，鋪兵則負責跑遞傳送文書，各司其職。鋪兵尋常每天上下午各發一班，有急件時則不捨晝夜、不論風雨，兼程送達。

與鋪遞並存的，有汛塘。汛和塘是軍事機關的基層單位，駐紮在全臺各地，除維持地方治安、稽查不軌、護送行旅外，還兼管公文傳遞。鋪遞多在縣治地帶，傳遞官署文書；汛塘則在邊疆沿海，傳遞軍營文書，可說是狹義的軍郵，兩者各有範圍。全島設有汛塘一百餘處，相當普遍。

同治十三年三月二十二日（一八七四年五月七日）日本陸軍由西鄉從道率兵侵襲琅橋牡丹社，清廷派福建船政大臣沈葆楨為欽差大臣督辦軍務。牡丹社事件最終以中日簽訂北京專約，日軍撤離臺灣作結。沈葆楨在臺時間雖短，卻對臺灣頗多具體建樹，如分中、南、北三路開拓原住民族部落和交通線路；改革行政區域，將臺灣分設臺北、臺灣兩府等。另外在郵遞方面也有興革之舉，改鋪為站書館（又稱民站），站書館共分總站、腰站、尖站、宿站。每縣廳所在地設一總站，直接向各縣廳衙門辦理郵件交接。以縣廳為單位分設腰站、尖站、宿站，作為交接文書和跑兵投宿進食的處所。將「鋪司」改稱「驛書」或「站書」，「鋪兵」改為「跑勇」或「跑兵」。最特別的是人事制度的化暗為明，將驛書和跑勇改為僱用，但必須經人推薦介紹，登記備僱。各站的跑勇名額，需經過事先核定不得超額。

沈葆楨對鋪遞方面的變革，立意雖佳但成效不彰，原因錯綜複雜，最主要的癥結，或可歸咎於清廷對郵驛所持的態度。清廷認為郵傳是國家大政，怎可一方一地輕易改弦更張，其中所涉與民信局「官爭民利」的部分，恐怕就是清廷興辦新式郵政最大的心理障礙。

劉銘傳：「大丈夫當生有爵，死有諡」

劉銘傳，字省三，安徽合肥人（一八三六～九六），出身寒微，十八歲英雄出少年手刃土豪，被地方推舉為堡寨長，自此棄文從武，辦理團練，多次勝太平軍、捻軍並克復六安。咸豐九年（一八五九）安徽巡撫福濟將他收編，他才以武人步入仕途。同治元年（一八六二）李鴻章募集淮軍，劉銘傳依身投靠，所率「銘字營」屢建戰功，同治三年（一八六四），二十九歲的劉銘傳帶兵收復廣德等城，八月十三日奉上諭晉升直隸提督。二十九歲就官拜提督的劉銘傳，不但李鴻章視他為左右手，曾國藩也曾以「特表歎奇之」表示對他的賞識。

光緒九年（一八八三）冬爆發中法戰爭，臺灣情勢危急，清廷鑒於劉銘傳統兵多年，素有威望及戰功，派他以福建巡撫銜督辦臺灣事務。「巡撫銜督辦臺灣事務」這個頭銜，比較接近特殊任務編制的「欽差大臣」，並不是實授的巡撫。在清代的官制中，總督和巡撫，才算是獨當一面的封疆大吏。

劉銘傳抗法之戰，親率英勇的淮軍子弟兵，雨夜渡臺，突破法軍重重封鎖和海上截擊，不旋踵便在基隆和淡水傳出捷報。基於劉銘傳保臺督戰有功，清廷於光緒十年九月十一日（一八八四年十月二十九日），為激勵士氣頒發上諭，補授了劉銘傳「福建巡撫」的官銜。

中法戰後，清廷開始重視東南海疆，光緒十一年九月五日宣布臺灣建省，劉銘傳為首任巡撫。

劉銘傳看似一介武夫而拜封疆大吏，雖未曾有過科舉功名，事實上卻是一名自學不懈的儒將，他刻苦自勵胸襟開闊，少了傳統科舉入仕的包袱，出之以西學的宏觀視野，不辱「同光中興」期間銳意革新人物的名銜。在主臺六年（一八八五～九一）期間，「以臺灣一隅之設施為全國之範，以一島基國之富強」為目標，戮力建設臺灣、多方興革：

建置方面：丈量土地，增加郡縣規劃，設置三府、一州、四廳、十一縣，奠定了臺灣行政區劃分的基礎。

原民政策：改善原住民族生活，劃明漢人、原住民族地界，不准軍民侵凌。於臺北設立學堂，教算學、漢文、官話、臺語及起居禮儀。

交通方面：修築鐵路、鋪設臺灣境內電報線（從基隆、滬尾、臺北、臺南至安平），及滬尾到福州、安平到澎湖的海底電纜。購置輪船發展海運及對外貿易（航行於臺灣、澎湖、上海、香港、新加坡、西貢、呂宋），更開全國風氣之先創辦現代化郵政。

財經方面：清理賦稅、設官銀局、整頓財政，使臺省足以自給自足。開採基隆煤礦，設商務局、煤務局、樟腦總局，推廣農業，獎勵種茶、棉、桑等經濟作物。

教育方面：一八八七年於大稻埕六館街創辦臺灣第一所新式學堂——「西學堂」、一八八八年創「電報學堂」。

劉銘傳一生的亮點在臺灣，為臺灣建設奠基，開啟近代化先河。連橫在所著的《臺灣通史》中，就曾讚譽劉銘傳「溯其功業，足與臺灣不朽」、「為臺灣三百年未有之創局」。

劉銘傳的現代化郵政

我國郵驛制度自古官辦官享，臺灣巡撫劉銘傳，於清光緒十四年二月十日（一八八八年三月二十二日），在臺灣創辦新制郵政，發行郵票，收寄民間郵件，是官辦民享郵政的雛形，不僅是臺灣通信史的新頁，也是我國數千年郵驛路上的創舉。

清朝臺灣郵區的郵傳系統，包括鋪遞和汛塘，到了同光年間已呈廢弛之態，雖沈葆楨曾就鋪遞制度加以改進，並未收到良好成效。劉銘傳則不一樣，他善用臺灣地理環境的特殊性，大刀闊斧的創辦現代化郵政，改革鋪遞和汛塘，節省鋪遞的經費開支。

據《光緒朝東華續錄》卷九十七記載，光緒十五年冬十二月丁丑初六日劉銘傳奏：「臺灣舊設驛站五十處，辦理廢弛，文報往往遲延貽誤。經臣督飭司道量加整頓，將原設正腰各站覈實裁減，並於旁通暨新設各線分添旁站，仍不過原設站數。所有原用站夫，一律撤去，由各營汛分撥兵丁，酌給津貼……自光緒十四年二月初十日起試辦，已過一年，南北文報，毫無稽遲，所在稱便。統計一年需用經費約在一萬兩上下，比較臺防舊章全年需用一萬五、六千兩，實可撙節銀五、六千兩。」

劉銘傳頒布《郵政條目》十二條及《郵政票章程》九條（嗣經修正核定，合併為《臺灣郵政條款》十六條），將原設的驛站改為郵站，傳遞官署公文及商民信件。

劉銘傳建構的現代化郵政組織系統：

郵政總局：郵政總局設於臺北，與電報總局一樣，直轄於臺灣巡撫。蓋用的關防全銜是「辦理全臺郵政總局關防」，正式名銜是「臺灣郵政總局」，簡稱「郵政總局」。是辦理全臺郵政業務的總理機構。

總站：總站就是「文報局」，直屬於郵政總局。臺灣境內原已在臺北及臺南設有文報局，在劉銘傳的新制郵政中，分別改稱為臺北總站及臺南總站，是臺灣和大陸各地互寄軍公文件的互換局。因此有人稱劉銘傳的新制郵政為「文報局郵局」、「特別文報局」或「郵站」。

總站的負責人稱為「委員」，由知縣級官員擔任。除委員外尚有司事、書識和幕賓等職員。接遞郵件的跑兵，則是由當地駐軍派來擔任的，編制仍在軍方。總站為一完整的郵政機構，其任務是辦理發行郵票，收寄及投遞郵件等。

正站：正站的業務性質，除互換局的任務外與總站相同。兩個正站間的距離，除宜蘭、頂溪間為九十二里，枋寮、楓港間三十里外，一般都在五十里左右。正站由頭目一名擔任主管，原則上配置跑兵八名，但在通衢大道交通繁忙的正站則有例外，可酌情增派兵丁一、二名。

腰站：兩個正站間在中途設置腰站，作用主要在接遞郵件「以恤兵力」。兩個正站間寄遞的郵件，正站的跑兵和腰站交接，再由腰站跑兵接續傳遞至下一正站。這種接力賽的遞送方式，目的在快捷。腰站專辦郵件接遞工作，並不收寄郵件。

傍站：傍站的性質和正站相同，包括發售郵票及收寄郵件等。只不過傍站是設在幹道以外的支線地區而已。寄遞郵件方面，則和幹線上的正站聯絡，構成一個郵遞網。由於重要性較低，所以員額的配置相對較少，只有正站的一半。

劉銘傳所辦的新制郵政，人事薪給方面，郵政總局總辦及南北兩總站的委員，由巡撫委派，總局和總站的職員，有功名的，依照原有功名官階，支給原薪，沒有功名的聘僱人員如幕賓、書識等，則依當時習慣個別另議。

劉銘傳的新制臺灣郵政，發行兩種郵票，一種是供應臺灣省各署局營所等軍公機關公務使用的「臺灣郵票」。另一種是由郵站人員黏貼在商民交寄的郵件上，作為納資標誌的「郵政商票」。

由於當時的郵政機關，仍舊維持以往的名稱「站」，所以後人將劉銘傳郵政供軍公機關公務使用的「臺灣郵票」稱為「站票」。更因「站」為商民寄遞郵件的計費標準之一（郵資的計算：商民信件每封重一兩，每站收費二十文，交寄時郵資一次付足。如臺北至臺南共計十三站，收費二百六十文；若寄往主要幹線以外的，加收額外郵資。），而有進一步將「臺灣郵票」和「郵政商票」，並稱為「臺灣郵票」或簡稱為「站票」。

劉銘傳創辦現代化郵政後，曾向英國訂製一批龍馬郵票，但當時臺灣郵政並未發行及使用，一八八九年臺北至錫口鐵路通車，即以龍馬郵票加蓋改作臺北、錫口、水轉角等地鐵路代用車票。無獨有偶，同一時期一組加蓋「臺灣郵票」字樣的小龍票，俗稱「小龍加蓋臺灣郵票」，亦不曾發行。因而兩組郵票的來源、印製和使用經過，不約而同成為劉銘傳時期留給愛郵人士研究探索的題材。

新制郵政郵件的遞送每天從黎明卯時起到傍晚酉時結束，一共六個時辰。每一個時辰限定遞送十九里。以中午為界分為兩班，每班行進五十七里，一天兩班共一百一十四里。不過實際上各站不按新制跑班，還是依照鋪遞時代的老方法，晝夜不停的由跑兵「飛遞」。

值得注意的是郵務的稽核制度非常嚴厲。軍旅出身的劉銘傳，來臺後大力革新、整頓吏治，對於新創郵政的要求也是一絲不苟。各站如有意外事故，不必等郵政總局啟動調查，各站的頭目或站書就會主動報告上級（駐軍營汛），並照會縣廳衙門處理。按情節輕重予以監禁、責打，甚至斬首示眾。

劉銘傳在臺灣創辦新制郵政，有時代背景的驅使，也有個人卓越的識見。他為改進臺灣的郵傳制度，充裕財政加強建設，兼利民眾寄遞郵件，於光緒十四年創辦了新制郵政、設立郵政總局及派道員擔任郵政總局總辦。一切都是自己擅做主張的區域性興革，事先並未向中央報准，事後也沒有正式補陳，劉銘傳這一創舉，讓臺灣現代化郵政的開辦，比清廷郵政官局整整早了八年。

曲終的歸隱之念：「莫如歸去好，詩酒任疏狂」

劉銘傳在臺灣主政直到光緒十七年三月二十七日（一八九一年五月五日），奉准「因病開缺」而離臺，告老返回安徽原籍。他留下的諸多新政和事業，持續運作直到甲午戰敗。他六年在臺灣開創的軌跡、奠下的基礎，直到一百三十年後的今天，後人仍舊深深感念與懷想。一八八九年基隆獅球嶺隧道開通，面對豁然開朗的瞬間，臺灣近代化之父劉銘傳豪情萬丈的題額：「曠宇天開」、「十五年生面獨開羽轂飆輪從此康莊通海嶼」、「三百丈巖腰新闢天梯石棧居然人力勝神工」，至今仍巍立青嶺撫今追昔。臺灣的歷史倘若沒有劉銘傳開天闢地的智慧和勇氣，沒有這樣大宏觀、大氣魄的政治家情懷，披荊斬棘走過一遭，臺灣的精彩度必定不同！

【郵識點點靈】臺灣民主國與獨虎郵票

光緒二十年（一八九四）七月甲午戰敗，清廷全權大臣李鴻章與日本首相伊藤博文展開艱苦的談判，光緒二十一年三月二十三日（一八九五年四月十七日）雙方代表在春帆樓簽訂馬關條約：清廷承認朝鮮為獨立國，並撤出朝鮮半島；割讓臺灣、澎湖及其附屬島嶼予日本。

消息傳來，朝野群情悲憤，反對割讓。三百萬臺灣人民更不願做刀下魚肉，旋於光緒二十一年五月二日（一八九五年五月二十五日）成立臺灣民主國（為亞洲第一個共和國），擁戴原任巡撫唐景崧為第一任總統。以藍地黃虎旗為民主國國旗。四日後，日本近衛師團從澳底登陸，唐景崧倉皇出逃，留下群龍無首、孤立無援的臺灣同胞和強大的日軍周旋。一八九五年六月十七日臺北陷落，日本在臺灣的殖民政府正式在臺北成立。

臺北淪陷後，日軍乘勢南進，各府縣廳主管相率逃往中國大陸，臺南的黑旗軍名將劉永福，是清廷正規軍，仍以清廷命官身分戍守臺南地區。眼見臺北情勢急轉直下，在南部仕紳的極力推舉下，劉永福於臺南重新部署，自一八九五年六月二十六日起，重新舉起臺灣民主國的大旗。

因抗日戰爭爆發後，遍地烽火，臺灣各地民信局、郵站業務陷於停頓，致使商民及外地僑民無法與大陸及境內各地聯絡，深感不便和焦慮。此時安平海關稅務司麥加林（C. A.

McAllum，在《海關題名錄》中稱作「阿郎」，原為安平海關三等鈐字手，因原稅務司 W. F. Spinney 內渡，劉永福權委麥加林為安平關稅務司）向劉永福建議開辦郵政，一方面便民利民，一方面劉永福為布置抵抗日軍南下，官兵、義勇軍的軍事補給及餉銀，缺口很大，湖廣總督張之洞及兩廣總督譚鍾麟雖慨允濟助，卻遠水救不了近火，發行郵票可有籌募軍餉、增益收入之功。

光緒二十一年六月十日（一八九五年七月三十一日）「獨虎郵政」正式開辦，在安平關內設置郵政局，由麥加林兼理，發行郵票、收寄商民郵件。

劉永福在臺南辦的郵政，發行一款郵票，票面中央是一隻老虎，從山巔上俯視狂奔的山谷溪流，作勢吼嘯，其姿威猛。這款郵票就叫「獨虎郵票」，簡稱「獨虎票」。

隨著劉永福敗逃內渡，成立不及五個月（一八九五年五月二十五日至十月二十一日）的臺灣民主國走入歷史，獨虎郵票也結束它八十一天（一八九五年七月三十一日至十月十九日）的使命，小小方寸卻凝縮著臺灣五十年殖民歲月的歷史創傷，並成為臺灣民主國的見證。

③ 1887 年劉銘傳於大稻埕開辦的西學堂。

④光緒十四年（1888）劉銘傳開辦臺灣現代化郵政郵政總局公告（部份）。

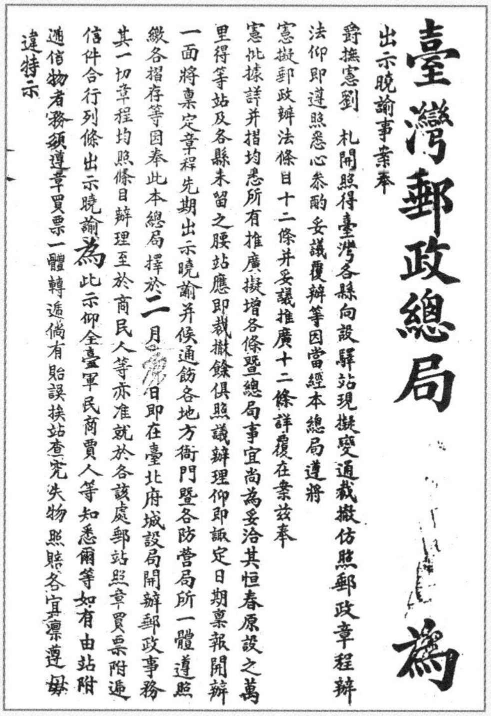

臺灣郵政總局 為

出示曉諭事案奉

爵撫憲劉 札開照得臺灣各縣向設驛站現擬變通裁撤仿照郵政章程辦
法仰即遵照悉心參酌妥議覆辦等因當經本總局遵將
憲擬郵政辦法條目十二條并妥議推廣十二條詳覆在案茲奉
憲批據詳并措均悉所有推廣擬增各條暨總局事宜尚為妥洽其恒春原設之萬
里得等站及各縣未留之腰站應即裁撤餘俱照議辦理仰即諏定日期稟報開辦
一面將稟定章程先期出示曉諭并候通飭各地方衙門暨各防營局所一體遵照
繳各摺存等因奉此本總局擇於二月[illegible]日即在臺北府城設局開辦郵政事務
其一切章程均照條目辦理至於商民人等亦准就於各該處郵站照章買票附遞
信件合行列條出示曉諭為此示仰全臺軍民商賈人等知悉爾等如有由站附
遞信物者務須遵章買票一體轉遞倘有貽誤挨站查究失物照賠各宜凜遵毋
違特示

①臺灣首任巡撫劉銘傳。

②劉銘傳現代化郵政開辦當時機構及郵路圖。

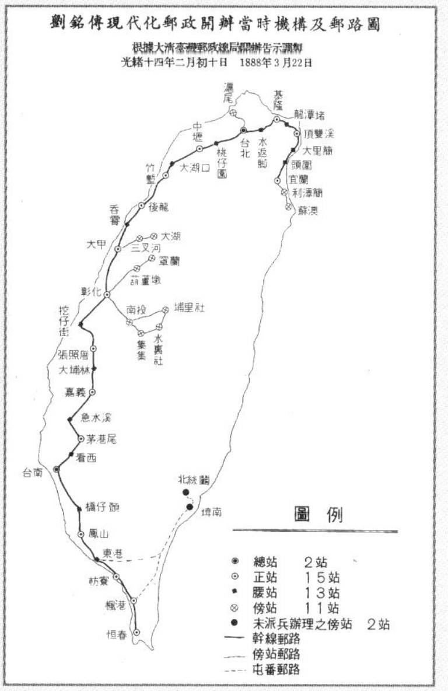

南國風光 東瀛風情

南國風光　東瀛風情

經過兩天兩夜晝行夜伏的航行，海宿輪從上海一路閃躲密布在海上的水雷，終於停靠在基隆碼頭。這是民國三十五年的五月上旬。

潘安生背起軍用包、提起箱子，拉稱身上微皺的戎裝，隨著領隊王端禮與其他一百多名自福建、江蘇、上海、浙江奉調來臺接收臺灣郵政的人員輕快地走下碼頭。

這批首先抵臺的郵政人員，初見的臺灣，是一幅薰風煦暖、蔥蘢翠綠的南國景象。碼頭邊小攤上黃橙橙的香蕉又香又甜，立刻攫住眾人的目光，那在大陸得一根一根買的名貴水果，在臺灣搖身一變，竟便宜到可以任人飽餐！

碼頭上已經有先遣的同仁鵠候多時，一大群人浩浩蕩蕩，人手一串香蕉，便魚貫地上了火車。火車穿過了竹仔嶺隧道，天光豁然開朗，眼前展開一野平疇，緩緩推進大片大片綠意的平原。就這樣，吐著濃濃黑煙的火車，慢悠悠的搖了幾個鐘頭，才把一群吃香蕉吃飽的郵政同仁，送進濃濃東洋風情的臺北市。

一到臺北，潘安生一行被安置在東門町三條通（在目前信義路、臨沂街一帶）的日本宿舍暫棲。原來日本人在東門町本就設有郵政講習所，所裡面備有宿舍，一小間一小間就在小講堂裡頭。不睡床也不睡炕，大夥兒第一次住日本人的榻榻米房間，真是既新鮮又好奇。日本人的洗澡間也很特別，叫風呂（敷）。煤炭爐子在木桶裡，把水燒熱了，人再到裡頭泡，小小的木桶不比澡缸，只能容下一個人，泡完了再上來沖洗。那是一種異國情調，也是他們新的生活方式。

要到臺灣接收郵政，同仁有志一同，都有「放洋」的心理準備。事實上潘安生覺得那時候的臺灣就是半個日本，住的是日本房子，地方叫東門町，聽的是日語和唱腔老練滄桑的日本演歌。像他那樣的單身漢天天得上館子，竟找不到一家道地的中華料理，滿街居酒屋、和洋料理、定食、蛋包飯，就是不合胃口。街上到處是穿著木屐的人，每到夜裡巷弄裡響起一片淒淒切切的木屐聲，還伴隨按摩人吹的悠悠笛聲。寂寞的異鄉人，荒城之月，真不知身在何處。

臺北的晚春時節，仍有甜美的醉意！夾道怒放的杜鵑，滿山遍野的蔥綠，夜風下筆直修長的椰影，那氛圍，有那麼一時半刻是令人忘情陶醉的。幾條貫通東西南北的大幹道，車行甚少，閒來騎著自行車放輪徜徉，頗有幾分愜意。

但是，只要轉個彎，進了仁愛路，就會立刻把人拉回現實。兩側椰樹幹上累累的彈痕幾乎無一倖免，可以想見當時美軍轟炸的慘烈。總督府受創最重，已成危樓（接收時總督府不堪使用，陳儀的長官公署只能設於現在的行政院，陳誠任臺灣第二任省主席時，長官公署就變成了省政府），潘安生親眼目睹郵電管理局對面的臺灣總督府圖書館，雖不是軍政機關，竟也被炸得只剩幾根歪斜的梁柱，狀似古羅馬久經時光風霜的遺址，卻偏偏訴說的是比歲月流逝更殘酷千萬倍的人禍戰端。

戰爭的殘酷顯而易見 漫長的重建之路才要開始

那時的臺灣，為數眾多的日本人，還在等待被遣返，四處可見典賣家當的地攤。五十年殖民的高壓與懷柔，國仇家恨沒齒難忘，放眼所及還殘留著太多日人的流風餘緒，社會制度與民情風俗的差異，政治生態的不變與轉型，臺灣這片被美軍炸得支離破碎的土地，已經過於疲憊，需要休養生息方能回神思索定位和去路。

偏偏潘安生他們一行人，在這個時候到了首善之都臺北，要收回郵權，讓中華郵政在此紮根，這是多麼浩大的工程！

從「無為監管」到「一局三制」

民國三十四年十一月一日，臺灣省行政長官公署交通處下，附設了「臺灣郵電管理委員會」辦理郵電接收工作。就日據時期「遞信部」原有的組織加以指揮監督，其餘日本人所制訂的舊規章和一應設施都繼續沿用。

因為勝利來得突然，接收工作準備倉促，幾乎措手不及。因此，從三十四年十月到三十五年間這一段過渡時期，還不得不把一部分日本人留下來，暫時維持殘局。當時遞信部部長也繼續留任，照常由他處理郵政事務。過渡時期的臺灣郵政，並未大肆改弦更張，名稱由「郵便局」改成郵局、信箱郵筒由紅色改漆綠色、日本人原來使用的「大日本帝國」郵票，加蓋了「中華民國臺灣省」字樣暫時使用，唯這三項與日據時代的郵政有所區別。

經過半年「無為而治」的監督，終於在交通部據理力爭下，於三十五年五月五日成立了「臺灣郵電管理局」，正本清源地將郵電事業的經營權歸屬中央，卻還是沿襲日本舊制郵電合營。當時接管全局人員有六千六百九十一人，郵政專辦二千一百六十八人、電信專辦一千九百一十一人、郵電兼辦二千六百一十二人。

難度最高的部分來了！日據時代，臺灣地區郵政人員的職稱、職掌、待遇本來就與中華郵政不同，日據時代的郵政三等局叫「特等局」，經營採包辦方式，由郵局局長自行僱用人手，人員不必經過正規考試入局，素質自然良莠不齊，實在難以直接納入正班員工。而自大陸調臺服務的郵政人員，則仍依照中華郵政原有的規章制度辦理；另外，必須斟酌當時情形訂立臺省單行人事規章，以因應實際需要，與既有的日制郵電規章一體併用。一個局裡具有三種不同身分的人員，各自適用不同的人事規章，可以想見這個過渡時期管理上的極度困難。

日本人的臨去秋波

五十年的殖民統治，日本人沒有在郵局給臺灣人留一個高階管理階層的位置，最起碼的郵政事務官（奏任官）全省只有十三人。日本人僱用臺灣人，做的都是最低階層的勞務工作，「囑托」、「郵便手」、「小廝」、「下女」、「集配手」（郵差）、雜役之流，領著微薄的工資，供殖民者差遣。所以一旦日本人遣返，整個郵區就群龍無首找不到一個主管人員。更有甚者，日本敗降後，日本人自知朝不保夕，遣返前夕，竟不為事業著想，臨去秋波，將日本人離臺後的遺缺拿來濫施人情，以介紹的方式大批錄用本地人員，以致人浮於事，為日後管理工作製造了莫大的難題！

過渡時期共體時艱 循序漸進納入正軌

臺籍郵政人員在日據期間，僅能從事低階的勞務工作，源於日本統治者褊狹的心態，而臺灣人受教育的權利，長期受到不合理的限制與剝奪，是日本人對臺灣知識分子思想的箝制和人格的矮化。在光復初期，這群終於得到自由的郵人，開始惕勵自勉努力進修，做接班的準備。最初，幾個重要的大郵局局長，都是由大陸派來的資深高級郵務員擔綱。直到民國三十八年局方第一次舉辦基本測驗考試，經過測驗及格的，將他們納入中華郵政的正式員工，稱之為「歸班」，為臺籍人員納入中華郵政員工的濫觴。民國四十年郵政開始對外招考，但未辦高級郵務員考試。四十二年第一次高考，可惜內部員工要到二等六級才具應考資格，臺籍員工進局及歸班的都未滿四年所以不達標準，本省籍又沒有大學畢業生應考，因而那一榜沒有錄取本省籍高級郵務員。隨後因為高級郵務員的職缺很多尚未補實，因而舉辦了內部升等考試。在這次考試中臺籍員工雖已具應試資格，卻依然沒有人達到錄取標準，那時交通部亟欲拔擢本省籍人士，所以特別放了恩科，破格錄取數位臺籍員工如謝德風、陳再傳及蔡清趕等。這幾位臺籍員工是臺灣人晉身高級郵務員的先驅，而他們也不負所望，敬業精進，出類拔萃！

經過近十年的重建與磨合，中華郵政傳統考試用人取才的制度，重新在臺灣這塊土地生根茁壯，這也是郵政維繫這塊金字招牌最重要的因素。

「蕭歸曹隨」的首任行政長官

光復後臺灣的首任行政長官是陳儀，陳儀畢業於日本陸軍學校，是個「東洋通」。加上太太是日本人，他日文便給，接收臺灣語言溝通上自是不成問題，陳儀帶來了他擔任福建省主席時的大部班底，轄下的臺灣起初一切『日規陳隨』。使用的貨幣還是沿用日據時代的臺幣——臺灣銀行券，保持獨立的系統，與法幣脫勾。貨幣如此，郵票當然也不例外，直接在「大日本帝國」郵票，加蓋了「中華民國臺灣省」字樣（一共九種面值）使用，郵票上的面值還是舊臺幣的「錢」，而不是「角、分」。這套郵票一直沿用到上海新郵運抵臺灣（民國三十五年六至九月以先烈像香港版一套六枚加蓋「限臺灣貼用」改值陸續發行，十月日郵停售）為止。

兩套幣制並存的光復初期，國幣與臺幣的貶升互有消長，增加郵資計算的困難。民國三十八年六月臺灣施行新臺幣，時局極度動盪，國幣與新臺幣競相貶值，通貨膨脹物價一日數漲，郵資漲，臺幣與法幣匯率也時時在變動。潘安生在民國三十五至三十八年間的郵電管理局時代，主管包裹業務的郵資計算，就經過了這一段國幣劇烈貶值、幣制改革、新舊臺幣轉換、物價飛漲……迫使郵資不斷上漲的時間。他負責的業務之一就是這極其複雜的郵資計算。據統計，臺灣光復的最初三年半（三十四年十一月到三十八年三月）間，臺灣郵資曾經十度調整（從一角調升到四百元），其中又以三十六年一年調整四次最為異常。

民國三十四年十一月一日，臺灣省行政長官陳儀，指派了嚴家淦為「臺灣省郵電管理委員會」的主任委員，直接把日本「遞信部」的業務接管下來。這時陳儀已經在鐵路局和公路局的名稱之前都冠上了「臺灣省」的字樣。接著，更意圖將臺灣的所有公營事業，也一概納入省營，郵電當然沒有例外。然而，郵電依法規定為國營事業，中央政府基本政策豈容輕易更改。於是交通部發文嚴正批駁，申明「郵電皆應由中央統轄」的基本原則，宣示郵電經營權的歸屬。

民國三十五年五月五日「臺灣郵電管理局」成立，回歸正軌直屬於南京交通部郵電兩總局，在長沙街一段二號正式掛牌運作，潘安生他們一行人卻因為船期所誤，錯過了「臺灣郵電管理局」成立的大典。

民國三十五年到三十八年間，郵電在名義上是平等合辦的，但陳壽年充任郵電管理局長，卻是電信方面的人。副局長有兩位，一位來自電信方，另一位是郵政方——來自福建的林步瀛。在總督府旁的「遞信部」專用辦公樓裡，陳壽年高踞三樓的主管辦公室，電信各單位則占用右側大部分的樓層，而郵政方面的副局長和郵務科室則偏處二樓的一側。電信不僅在氣勢上占了上風，在房屋宿舍、各項資源的分配上，電信也總是捷足先登、處處優先，讓郵政人員頗感屈居下僚。

這樣的情勢當然難以久遠，於是郵政總局在南京向中樞力爭，郵電因業務性質不同，既然全國各省區都分開辦理，臺灣實在沒有理由特立獨行。

民國三十八年四月一日，臺北長沙街一段二號的正門，左右掛起了嶄新的招牌：左邊是臺灣郵政管理局，右邊是臺灣電信管理局，正式宣告不合時宜的郵電合營時代結束。

光復之初，中樞本屬意廣東軍郵總視察陳虛舟出任臺灣郵區郵務長。這個臺灣出生、抗戰前回大陸受教育、在上海考上郵局的客家子弟，因為通日文又是臺灣人，被認為是接收臺灣郵政的不二人選，而他也欣然接受並招兵買馬準備走馬上任，誰想到會郵電合營、郵電局長由陳儀指派的陳壽年捷足先登？陳虛舟堅請改調新疆郵政管理局局長，但廣東軍郵一些準備追隨來臺的老部下，卻已箭在弦上，不得不發。

第十二軍郵總視察應國慶做了郵政處業務科長。當時管理局的組織編制是：置局長、副局長二人（郵電各一），下設置三處、四室、十五科及一會。應國慶的業務科照理說是很重要的，只是，初到業務科，日本人的業務科長外加三名郵員都還沒遣返日本，他還得費心溝通應付。所幸應國慶的日文流利，跟日本人打交道不成問題。

這時就發生了一件事：日本人在臺灣五十年的殖民期間，視臺灣為日本的一部分，日本與臺灣之間所交寄的郵件，一向視為「國內郵件」，付的當然就是國內郵資。甚至跟大陸也有特別的規定：「中日特殊郵資」。因此，大陸、臺灣與日本間互寄的郵件，日本都享有優惠的資費。依應國慶的業務科所制訂國際郵件資費的標準，日本與臺灣互寄郵件理所當然適用國際資費。日本人當然不同意，引經據典來踢館，認為過去約定俗成中日郵資就是有特殊優惠，彼此互寄怎麼能算是國際郵資？應國慶操著流利的日語，不疾不徐義正詞嚴的駁斥：「此一時彼一時也！當初臺灣是日本的殖民地，現在日本是投降的戰敗國，我們是同等的國與國，國與國之間就是國際，國際就得納用國際資費，沒有什麼特殊優惠。」日本人的氣勢立馬被壓下去，啞口無言。這是應國慶中日大戰的光榮勝利！

日本人在臺灣半世紀，已經把臺灣變成日本的縮影。日本的市街命名規則與我國不同，是以面積來劃分區域的，一大片的區域叫町，町裡分目，町間的巷道是「幾條通」，以數字為序。市中心商業繁盛地區稱為「銀座」，就是現在的衡陽路一帶。郵差一旦弄不清楚這規則就很難找得到。潘安生他們開始著手，要把臺灣納回中華郵政的版圖。那時是由警察機關來訂街道名稱，他們按照街道的方向，依序中山、中正、忠孝、仁愛、信義、和平、民族、民權、民生作為幾條主幹道的名稱，單號在左邊，雙號在右邊，太長的再分段，很有條理。街路則多用大陸的省名縣名，東北是山東，西南是雲廣，牯嶺是江西的牯嶺，旁邊就靠著省會南昌。福州街那一帶也就跟寧波緊鄰。這樣的邏輯好認好記，是中國人的智慧，連日本人和韓國人都很激賞。

潘安生事後發現，大概那時候替街道命名的警察老爺，多來自江浙和福州的老鄉，對這些地名特別熟悉，所以有了徐州街，還要有銅山街；既有金華街，又有一個青田街！

住在東門町的日子不算太久，那些大大小小人去樓空的日本房子，就依照需要陸陸續續分配給郵人們充作宿舍。潘安生和幾個單身同事分配到牯嶺街二號。放眼望去一整片日式宿舍，前面是郵政宿舍，後頭是電信宿舍，靠在南海路邊上有一片花園的就是局長的官邸，一群人聚居在一起雞犬相聞，頗有承平時代安家落戶的感覺。昔日舊舍如今寸土寸金，已成集歷史博物館、臺北當代工藝設計分館、郵政博物館、南海學園、二二八國家紀念館的人文薈萃之地。而就在那一年（民國三十五年）潘安生在那兒度過了來臺的第一次颱風和地震。後來潘安生和他的單身室友們，自行請來燒飯的歐巴桑打理三餐，總算不必再在東洋食物間皺眉，生活也就慢慢安定了。甚至偶有閒情還可以到牯嶺街上的湯屋去體驗一下道地東洋澡堂的味兒！

接收的工作，在民國三十八年四月一日臺灣郵政管理局成立後，回歸到郵政自己當家作主的局面，中華郵政在臺灣進入了另一段里程。此時，大陸的局勢已經風聲鶴唳，在劉承漢《從郵談往》中有一段文字：「最感困難者，臺灣郵區甫與電信分離數月，基礎未固，經濟情形，極為惡劣。在職員工人浮於事，每月尚須籌款發薪，而大陸來臺郵政人員，又復紛紛請求報到，大有焦頭爛額之勢。其時政府已停止補貼，所賴以挹注臺區者，僅恃由廣州攜來一筆美金現款……」

不旋踵山河變色，民國三十八年十二月一日中樞播遷，數百萬人隨政府越過海峽，來到海上孤懸的臺灣。誰也沒想到這小小的臺灣郵區，終有一日要扛起中華郵政存亡續絕的大旗，延續中華郵政的一息命脈。

潘爺爺講故事

長沙街一段二號的交通部郵電大樓

日據時代的「遞信部」原在總督府內辦公，後於一九二五年在總督府後面空地上，隔著博愛路，另外興建一座西式的三層樓房專供「遞信部」使用。

光復後「遞信部」順理成章成為臺灣郵、電兩業的辦公處所。經歷了「郵電管理委員會」到「臺灣郵電管理局」郵電合辦的過渡時期。交通部的頭銜正式出現，是在民國三十五年五月五日「臺灣郵電管理局」成立時，為正本清源，有別於陳儀視郵電兩業為省屬機關的時代，在「臺灣郵電管理局」上冠上「交通部」，以示郵電兩業經營轄屬中央。

長沙街一段二號的交通部大樓，有一段三代同堂的輝煌時期，最初是臺灣郵政管理局和臺灣電信管理局均分天下，民國三十八年政局驟變，南京中央政府各機關紛紛播遷來臺，交通部及所轄郵政總局及電信總局一併遷臺，並以長沙街一段二號為駐蹕之所，形成合署辦公的局面，是人丁興旺的三代同堂。

識時務者為俊傑，郵電兩局明白這個道理，分頭張羅遷地為良，逐漸把空間騰出，當郵電兩塊左右護法的招牌卸下來，才還交通部一個單純開闊的辦公空間。

交通部一直到民國九十五年十一月十日喬遷仁愛路一段五十號新址辦公，前後在長沙街一段二號度過了五十七（一九四二～二〇〇六）個年頭，交通部遷出後的建築現為國史館使用。

①戰爭中為砲火所毀的基隆郵局。
②民國 37 年臺北火車站郵電營業處。

③臺灣省行政長官公署郵電管理委員會關防。
④交通部臺灣郵電管理局關防。

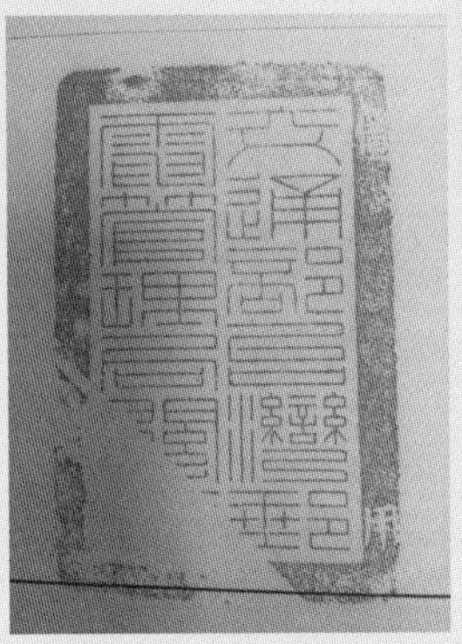

⑤民國 38 年的臺北第七支局。
⑥民國 38 年交通部及所轄郵政總局、電信總局與臺灣郵政管理局、電信管理局於長沙街郵電大樓合署辦公。

第十篇·金榜題名與洞房花燭

金榜題名與洞房花燭

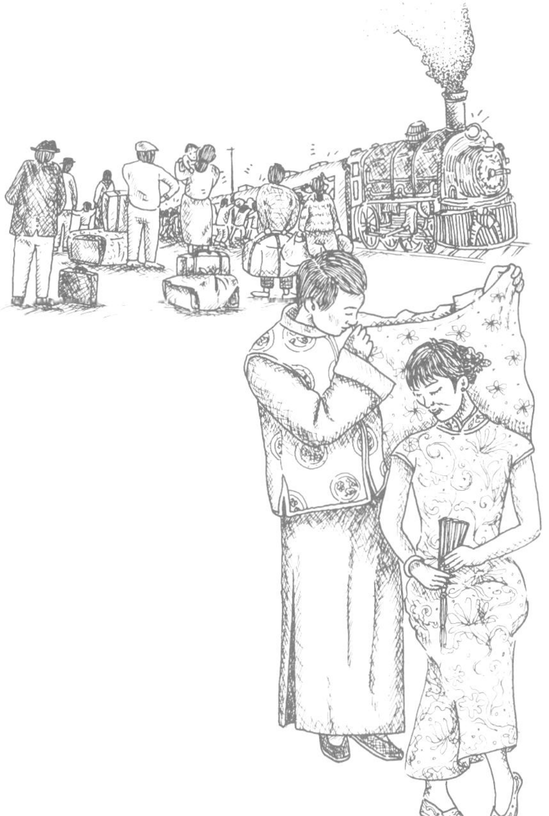

金榜題名與洞房花燭

潘安生於民國三十年參加湖北郵區考試，以榜首錄取，初入郵局時的資位是四等四級郵務佐。第一年試用期，期滿實授晉升為四等三級。依規定，現任郵務佐即有資格報名參加對外招考的初級郵務員考試（起初郵局考試用人，只有對外公開招考，沒有所謂的「內部升等」考試）。潘安生依例報考，並再度掄元。郵政考試制度向以公開、公正、公平著稱，而它「外招內升」、「考用合一」的掄才制度，更是當時青年學子趨之若鶩的職業追求。對於年幼失怙、家境清寒、無力上大學的潘安生而言，郵政不憑學歷高下，全憑真才實學的任用方式，提供沒有輝煌學歷的潘安生，一個展現自我的絕佳舞臺，這也正是他想託付終身、一展抱負的地方。

從初級郵務員晉升到二等六級，需要經過三至四年時間。民國三十五年潘安生雖已具備報考高級郵務員的資格，但因抗戰後經濟尚未復原，並沒有舉辦高考。民國三十六年春天南京傳來消息，說那一年是抗戰勝利後的第一個「大比之年」。

那一年高考，最初盛傳「高級業務員」的類科將在那次考試「缺席」，因為聽聞當時郵政當局人事緊縮，極有可能不擴增高級郵務員的名額。後來獲悉依例招考，讓許多有志於郵政事業的青年士子，有機會在國家難得的掄才大典一試身手。那年，全國三十幾個行省依交通情形分為十七個考區，特別的是，被日本殖民統治半世紀的臺灣，是第一次設置考區。

那年，潘安生還是個二十幾歲的單身漢，住在牯嶺街二號的郵政單身宿舍裡。臺管局二等六級以上的郵務員，應考的不下數十名，與他一起去應考的卻只有來自湖北的室友柴德貴。考場設在重慶南路的省立女子師範學校，走路過去也就約莫十分鐘。一連三天考下來，雖然一天只考三門學科，卻已相當疲累。因為除了外國文以外，全都規定要用毛筆書寫作答，真是不容易！

那一年郵政當局是勉強參加高考的，因而風聞，郵政當局請考試委員命題從難、評分從嚴，即使沒人及格，也要寧缺勿濫。

那時的高考除外交領事人員外，只有高級郵務員需要考外國文。考題、閱卷、評分，不論英、法、日、德、義或西班牙文，都與外領人員相同。考題除了外國文翻中文、中文翻外國文各一篇，還要有一篇三百字的論文，可見標準很高。

高級郵務員必考的「郵政法」及「郵政公約」，被認為是現職郵務員的得分之鑰，沒想到在「命題從難」的最高指導原則下，那一年的「郵政公約」考題果然超級冷僻艱澀，光一題「英衡制與米突制之比率如何？」就考倒一堆考生！

民國三十六年十月二十日至二十三日的高考，到隔年三月二十日才在南京放榜，這抗戰勝利後的第一次郵政高考，創下了歷年最低的錄取紀錄。十七個考區共有二千二百多名考生報考，只錄取十一名。十一位金榜題名的幸運兒，又分屬於八個考區，竟然有過半數的考區全是名落孫山的陪考生。

潘安生金榜題名，他實現了三考出身的宏願！

還有什麼比金榜題名衣錦還鄉更讓人快樂的事？民國三十六年潘安生回到蘇州老家去跟慈母報喜訊，十八歲以來的流亡離索，戰場上的命如蜉蝣，那些挑燈夜讀的夜晚，全都化為喜悅的淚水，全都得到補償。

母親問起潘安生老大不小了，怎麼還不成家？其實她心裡有數！孝順的潘安生知道母親希望他跟自己家鄉的、知根知底的對象結婚，不要他娶外地人，所以他在外地一直沒有找對象。於是母親把她心裡早已屬意的，知交老友的女兒介紹給潘安生。父母之命、媒妁之言是另一種形式的緣定三生，他們第一次見面就等於雙方默許了婚約，經過一年多的魚雁往返，潘安生在民國三十七年秋天，返回蘇州完成終身大事。

依照慣例，凡是考上高級郵務員的郵人，郵政總局都會調回薰陶養成，以備重用。潘安生也希望能調回蘇州或南京！不是安土重遷，而是流浪已經太久，他想回到家鄉：一個有童年回憶、有髫齡足跡、有手足情分、有母親可以承歡膝下的地方。

潘安生趁著請婚假，順便呈報了自費調遣回家鄉的意願。誰知道當時的副局長林步瀛在請調單上加批了兩句話：「該員若蒙准調江蘇郵區，則其遺缺請予派員抵補。」郵政總局順理成章的答覆是：「潘員調動後，既須派員抵補，現因無員可派，應從緩議。」好一個「應從緩議」，其實就是「著無庸議」，不准了！

林步瀛加註的兩句話，決定了潘安生的去留，也決定了潘安生的命運。潘安生每當回顧那段往事總不免慶幸，命運背後那雙貴人的手！倘若當時如願回了家鄉，山河旋即變色，他是國民黨員、中校軍官、辦過軍郵，豈不是標準的黑五類？一定是頭號要被整肅、清算的對象，「三反五反」，熬不到「文化大革命」就徹底完蛋了。

潘安生感謝上蒼沒有薄待他，抗戰時，他逃到大後方去投筆從戎，自始至終不曾當過一天亡國奴；戰火中屢遭槍林彈雨，幸都能死裡逃生。即使戰敗撤退吃盡了苦頭，一切為了國家他都甘心願意。當大陸淪陷，他慶幸自已在自由臺灣，他始終是個自由的人！

潘安生終究在臺灣待了下來，對於他內心深深惦記的江南水鄉和桑梓家園，畢竟注定是情深緣淺，只能在夢裡重溫和想念。

潘安生與新婚妻子在蜜月中，歷時二月餘的徐蚌會戰正打得如火如荼。新婚燕爾要銷假返臺時，局勢已經非常緊張。火車總是人滿為患一票難求，潘安生和妻子雖然買到車票，卻怎麼也擠不進車門，還是朋友扛著硬從窗子給塞進去的。

三十八年年初新婚夫婦有了蜜月寶寶的消息。局勢那麼亂，潘安生的母親不但關心長媳，同時擔心著也身懷六甲的女兒。思前想後，想到一個兩全其美的辦法，決定先來臺灣抱抱孫子，再返回蘇州照顧外孫。

民國三十八年的上海已經處處是逃難等船的人，一張船票是黎民百姓身家性命唯一的救贖！在潘安生母親這次艱險的探親旅程中，郵局對調遣員工的眷屬，提供了無微不至的協助（郵政人事規章規定：郵政人員直系親屬可以公費資助接至任所）。首先由蘇州郵局為潘安生的母親準備了旅費，並準備了介紹信等一干必要的文件。從蘇州到上海，沿途每一站都有人接應照料。在那樣兵荒馬亂的情況下，還想方設法買到一張中興輪貳等艙的船票。最後，上海郵局還有老同事親自送她平安的上了中興輪。

那是民國三十八年三月的某一天，潘安生懷裡揣著接眷旅行證明書（B-50），站在基隆碼頭，焦急的等待著孤身來臺的母親。當他在依然料峭的春風中，等到熟悉的慈顏，他心中沉重的巨石才終於落了地！因為就在一月二十七日，與中興輪走同一航線的太平輪，才在舟山群島海域的白節山與建元輪相撞，雙雙沉沒，近千人罹難。

潘安生畢生感謝郵政局對員工的好，讓母親平安到了臺灣。因為帶著簡單行囊渡臺的母親，終其一生再沒有機會回到她的家鄉，沒有機會再見其他的兒女，卻幸運地避過一劫。她在這個孤懸的小島上，在兒子為她安置的小小的佛堂裡，找到心靈的寄託，安安心心的看潘家瓜瓞綿綿，健健康康地活到九十三歲。

【郵識點點靈】國父親自籌劃民國新郵

國父畢生為革命奔走，為國盡瘁，十次革命百折不撓，備極艱辛，終有亞洲第一個民主共和國的建立。所著《三民主義》、《孫文學說》、《建國方略》、《建國大綱》、《民權初步》、《五權憲法》……部部嘔心瀝血，皇皇巨著，是中華民國立國、建國的依歸。

一代偉人如國父，眾人皆知他學貫中西、博古通今，成就推翻滿清建立民國的千秋大業，豈知國家社稷，事無大小，只要關乎國家尊嚴，他心思縝密事必躬親。就連一枚小小的郵票，作為「國家名片」的意義和重要性他都有深刻認知，並把它排進了日理萬機的日程表裡。

國父民國元年元旦就任中華民國臨時大總統後，隨即召集交通部有關主管（包括交通部秘書唐文啟及郵電司科長陳廷驥等），會商籌印民國新郵。國父親自主持規劃，決定發行紀念郵票及常用郵票各一組。

國父在手稿上親筆寫下當日會議的要點，他於紙頁的最上端以法文橫寫中華民國的國名「Republique Chinoise」。第二行用毛筆橫寫的是「中華民國元年」，後面接著是「光復紀念」字樣。接下來兩行是：「特別用總統像」、「平常用飛船」。

國父所展現的郵識及國際觀令人嘆服！開宗明義以國際通用的法文書寫國名「Republique Chinoise」，足以證明國父對於郵票作為「國家名片」的意義有深刻的理解，知道必須清楚標示國號以正視聽，才能讓中華民國郵票行諸四海皆準。而以法文不以英文，則反映當時法文在國際事務上更具權威性的時代背景。第二行的中文國名，值得注意的是國父所寫的國字，國字中心的「或」字被「民」字所取代，這麼有創意的一個字，是否代表國父認為國家以民為本，民國既是民主國家，民才是國的主人？可惜已經無從探詢！至於「特別用總統像」，開國元首舉世共欽，印在郵票上不但理所當然，還十分得體。「平常用飛船」，平常就是指常用郵票，以飛船（即日後的飛機）象徵郵遞的快捷。一九〇三年萊特兄弟發明了可操控的動力飛機，民國初年距離美國正式辦航空郵務尚有六、七年功夫（一九一八年），國父以飛船作為郵票的圖案，似乎是對往後的航郵時代作了精準的預言。

特種考試及格證書

潘安生年叁拾歲男性江蘇省吳縣人應叁拾陸年特種考試高級郵務員考試經典試委員會評定中等及格依考試法第十六條之規定合行發給及格證書此證

考試院院長 張伯苓
考選部部長 田炯錦
典試委員長 竺可楨

中華民國叁拾柒年捌月 日

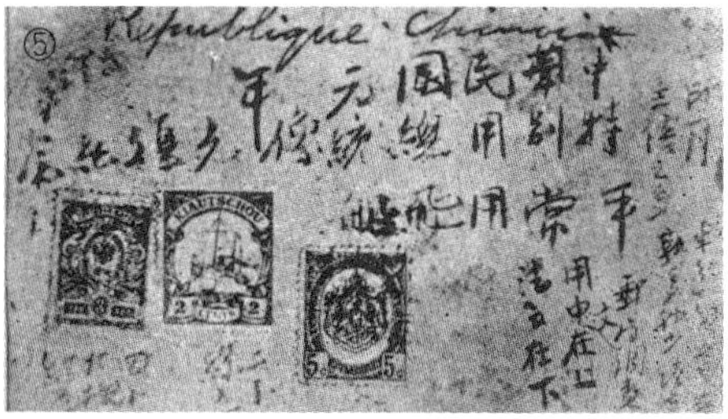

①民國 37 年 特種考試及格證書 特郵字第五號。
②民國 37 年底潘安生回蘇州與景儀敏小姐完婚。
③民國 38 年蜜月寶寶誕生於臺灣。
④潘安生全家福。
⑤國父設計民初郵票的手澤。

第十一篇・人事制度話說從頭

人事制度話說從頭

從頭說話制度人事

我國新式郵政的創辦，是由掌管中國海關總稅務司的英籍客卿赫德所倡議，初期的郵政由海關兼辦，隸屬海關管理。清光緒二十二年（一八九六年）大清郵政官局奉准開辦，當時郵政所有人員的選用、訓練、定薪、考績等人事制度無不比照海關規章。而海關的人事制度實脫胎於英國的文官制度，考用合一、公平、公正、公開是制度講求的精神所在。所以從海關郵政開始，郵政各級員工任用皆奉行此一原則不悖。

中國海關進用洋人辦事，源於中英天津條約附訂通商規則第十條的規定：「**中國政府可自行選用適當之洋人，協助管理海關事務。**」

一八六三年赫德接任海關總稅務司時，中國海關的人事制度尚未確立。赫德一上台，深知人事制度的建立，是辦理海關事務的當務之急。

起初，洋職員的來源大多由各國駐北京的領事館推薦而來，赫德自然無法拒絕。對於一般人士推薦而來的洋人，赫德則有幾項原則性的要求：著重良好教育、富主動進取心、且其所屬國家必須與中國有通商往來的事實。

赫德為借重實務經驗，還曾不惜遠道借調英國海關人員到華襄助。一八七四年赫德找來英國人金登幹（James Duncan Campbell, 1833-1907）於倫敦設立中國海關辦事處，公開在倫敦招考關員，正式開啟考試用人的制度。金登幹制訂了考試科目定期舉辦考試，考卷還寄到中國讓赫德核定，可見十分慎重。

赫德有心將海關的人事制度建立起來，遇到的阻力不是別人，是唯恐少占中國一點便宜的其他國家。他們大多直接找上總理各國事務衙門，要一官半職，要分一杯羹，而總理各國事務衙門也只能委屈求全、敷衍和聽命。

當時所謂的考用制度，其實是因人設事，中國人只能從最基層做起，擔任最多的職務是關員（clerks）、書辦（shupan）和錄事（writers）。其中以關員最受重視，因為這一職級的人員是洋人的左輔右弼，不但薪水低廉還得兼責翻譯工作。因為職務需要，關員的考試特別重視英文，致使錄取者多為教會學堂出身，但教會學堂所學課程不夠廣泛，幾度試用之後，仍不符赫德培植他們作為領導階層的期待。於是一九〇八年赫德在北京開辦了一所稅務學堂，專門培訓高級稅務人才。立意甚好，但英國人把持中國海關數十年，始終沒有培養出一個中國人做到幫辦等級以上的職務，這一點讓人感到遺憾！

不僅考試不公平，任用待遇也是土洋不平等，外國人的待遇是中國人的兩倍！給的理由大言不慚：「我們外國人的水平跟你們是不一樣的，我們吃的是西餐，住的是洋房，生活的方式也不一樣，你們中國人那樣過也已經習慣了啊……」這一點就更應該好好道歉！

赫德在用人方面雖免不了有些私心，晉用了他的大舅子裴式楷、兄弟赫政，甚至兒子赫承先，以及一干親戚、同鄉和同學……但就長遠來說，他對中國海關人事制度建立的用心與著力，功勞簿上還是得好好記上一筆。

郵政開辦之初，郵政人員完全按照海關的待遇。因內地人才短缺多從上海、廣東招募，之後為遷就中國人「安土重遷」的觀念，漸漸放手讓各地郵局直接向當地教會學校徵才。

到了民國三年終於頒布考試規則，那是個時局動亂，軍閥割據，亂匪群起的年代。各機關的人事制度紊亂不堪，官人隨便一張手令，權貴任意一紙八行書，就能派官任職，中國人見面三分情的人情關說，更是人事制度的最大殺手。像郵政這樣一本正經「考試及格，其餘免談」的用人哲學，在中國社會裡是不近情理的。不近情理、不給人方便顯然不討人喜歡，但這樣公平、公正、公開的考試掄才制度，直到今天仍是中華郵政之所以維持企業優質形象與良好服務品質的至要關鍵。

從民國三年郵政所制定的考試規則及內容，可以輕易窺見郵政事業考試用人的輪廓，以及它一以貫之的特有精神：考用合一、用人唯才、鼓勵同仁進修拔擢優秀。這種外招與內升雙軌並行的掄才方式一直沿用至今。

民國三年的郵務官（相當於高級郵務員）應考科目包括：漢文論說、漢文翻英文、英文譯漢文、洋文論說、國內郵務（包括帳務）、國際郵務、撰擬關於郵務之公牘、算術（准用代數方程式解答）、世界地理（以海洋江河鐵路暨交通方法及其程途以及所需之時日得為特要）、本國歷史、國際公法及本國法律、普通知識共十二考科。

考試科目上赫然發現有漢文譯英文、英文譯漢文及洋文論說三門與「洋文」相關的科目，在在彰顯郵政自一八九六年肇建以來洋人所扮演的角色，當時除中文論說以外幾乎全部應考科目都以洋文出題、並須以洋文作答。筆試分為二試，第一試考國文、英文共同科目，英文不及四十分門檻的，先淘汰出局，不能參加專業科目的第二試。第二試及格後還有口試，英文又上來把最後一關。

這種外商公司選才的考試標準，一直到民國十七年奠都南京後，考試院先後頒布特種考試法，數十年來由郵政機關自行辦理的郵政人員考試，開始納入國家特種考試的系統內，考試科目及方式才有不同的面貌。

女性郵人任用話滄桑

自古女性角色即備受貶抑與不平等對待，中外皆然。近代女權運動者在爭取女性解放和性別平等上努力不懈，走過一段漫長的征途。從反纏足、爭取受教權、工作權、參政權、財產繼承權及婚姻自主等，林林總總不一而足的訴求，在在彰顯女性在過往歷史中走過的不平等道路。

一八五七年三月八日紐約製衣和紡織女工走上街頭，抗議非人道的工作環境和低薪，後來雖以當局出動警察攻擊並驅離抗議群眾作終，卻促成了兩年後第一個工會組織的建立，應是西方女權運動的濫觴。

民國成立以來，中華婦女在國父主張「男女平等」的號召下，女權意識逐漸抬頭，有了新的思維和自覺。中華婦女為爭取參政權而有「中華女子競進會」及「女子參政同盟會」等婦女團體相繼成立。

《中國婦運史略》有這樣一段記載：

民元前後的婦運——民國十三年，廣東婦女為爭取婦女就業機會，曾不斷向當局要求鐵路局、郵政局、電報局、電話局及銀行五種機構，開放起用女職員，結果終於達成了部分的目的。

以目前中華郵政女性員工的比例來看，很難想像民國初年沒有女性員工的情況，讓女性員工更難想像的，恐怕不是招考時有名額限制，而是一旦結婚就得離開職場失去工作。

現代郵政考試用人的制度，從一八九六年新式郵政成立以來就奉行不悖。在考試章程上雖然從來沒有性別的限制，但在習俗和人情上卻是一條潛規則，不說「男女兼收」，就是「只限男性」。所以，一直到民國二十年五月為止，郵局的大門未曾為廣大的婦女同胞開過。

民國二十年五月，郵政總局核准上海郵區招考的一批郵務員中，產生了中華郵政史上第一位女性員工：陳曼英女士，從此開啟了女性從事郵政行業的新頁。這不但是郵政史也是婦運史上一件值得大書特書的事。

爭取平等的工作權，也意味著必須承擔相同的責任，那一年考進郵局的女性同仁，被要求與男性一視同仁，無論訓練和派職都與男性同仁一致，女性照樣要在郵件部門擔任分揀和封發等粗重的工作。一方面也在考驗女性，能否勝任艱苦的郵務工作。

因為上海郵局首開招收女性同仁的先例，之後各地郵局也紛紛仿效跟進，直到民國二十八年因為抗日戰事燎原，基於女性生理和心理上的特殊因素，各郵區已感到公務執行上的困難，迫於無奈，才又限制女性職員的錄用。

民國二十八年九月十八日郵政總局第七三五號通代電：

「……查郵局事務，如收寄包裹運輸郵件等工作，多不適於女性，且人員調遣頻繁，對於女性職員亦有不便，在此非常時期，郵政業務益形繁劇，各局支配女職員之工作，頗感困難，茲奉大部核准，暫訂辦法四項如下：

一、各郵區錄用女性職員以管理局及一等局為限。

二、各管理局與所屬各一等局女性職員名額，至多不得超過該局全數人員百分之五。

三、如女性職員已達上項規定名額，則於招考人員時即以男性為限，倘女性職員出有缺額時，可予兼收。

四、已嫁之女性不得報考，其入局後結婚者，則於將屆結婚時予以裁退。」

其中第四點規定，把女性進郵局的機會先裁掉一半，再陷已經進局的女性職員於兩難的處境，必須在婚姻與工作間作一選擇。這以後的數年間，郵局的未婚女性員工，也只能是仰慕者望之興嘆的對象了。

畢竟，新時代女性也非等閒之輩！哪甘於被不合理的規範束縛，經過婦女團體多方呼籲奔走及努力抗爭，再加上一位有膽識的女英雄（湖北郵區管理局局長秘書莊有禮的千金）勇敢出頭向蔣夫人陳情，終於驚動了最高當局。但待字閨中的女郵人並沒有立即得到赦免令，直到民國三十一年春天才等到解除禁令的好消息，讓多少苦苦等待的有情人終能成為眷屬。潘安生猶記當年第一批入局的李彩英女士，便是在這樣不合理的規定下耽誤了年華，一直到三十歲才得以與良人攜手共組家庭。

雖然為女性郵人結婚開了大門，卻又恢復女性職員錄用比例的限制，規定不得高於男性員、佐百分之二十的額度。這對女性員額不平等的限制，直到民國三十七年行憲後，依據憲法第七條規定：「**中華民國人民，無論男女、宗教、種族、階級、黨派，在法律上一律平等。**」才於同年十二月二日取消了所有限制。

從一八六三年赫德接任海關總稅務司，開始致力於海關人事制度的建立，經歷過瓶頸和關卡，由完全洋人主政，到漸有中國人輔弼行事；由教會學校學生從事為主，到全國公開招考；由洋機關的全洋文式會考，到民國二十年考試院頒布特種考試法，轉型為切合時代需要的各類考科。歷經數十年，一步一階循序漸進，一套健全的人事制度終告大成。

經過一個多世紀的演進與蛻變，中華郵政秉持去私、去偽、共信、共守、守法、負責、勤儉的郵政精神，維繫著始終如一「用人唯才」、「考用合一」的嚴謹人事制度。這一令人驕傲的掄才制度，為郵政事業甄選最優秀的人才，前仆後繼投入悠長的郵驛之路，傳承置郵使命，繼續擦亮中華郵政這塊閃亮的招牌！

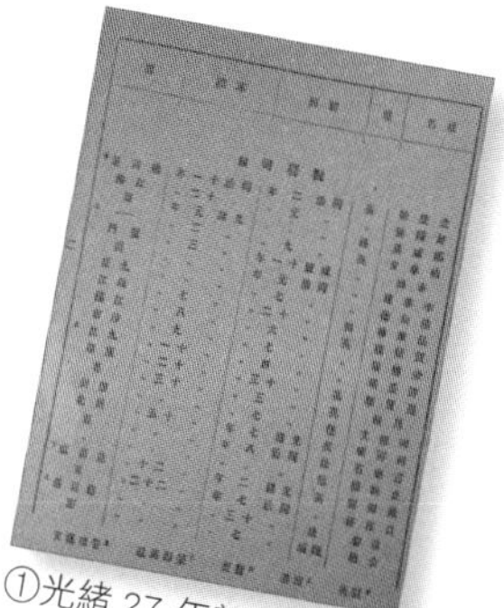

①光緒 27 年新（海）關題名錄，海關造冊處稅務司兼領「郵政總辦」。

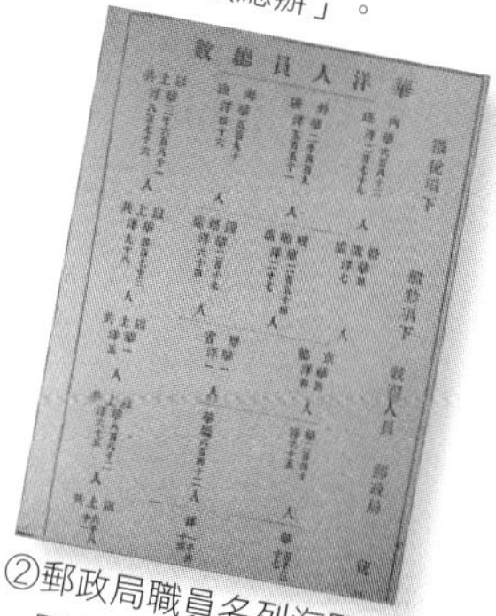

②郵政局職員名列海關題名錄職員項下。

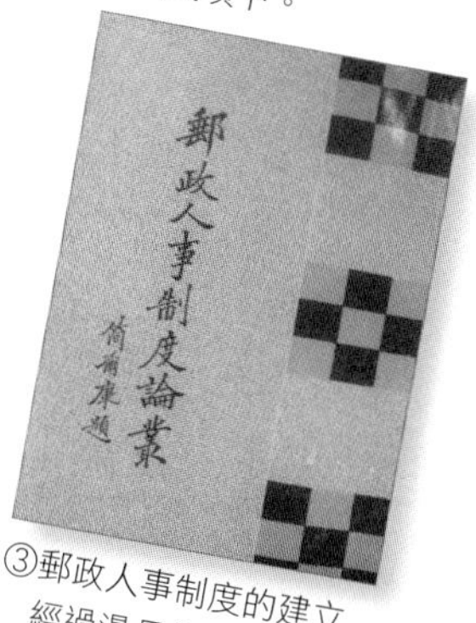

③郵政人事制度的建立經過漫長的演進。

潘爺爺講故事

蘇武牧羊與鴻雁傳書

漢朝幅員遼闊，北方的匈奴不斷侵擾邊境。漢武帝不堪其擾，派了驍勇善戰的大將衛青、霍去病征討匈奴，終於獲得重大勝利，匈奴殘部一路敗退到漢北，已經元氣大傷，著實安分了一段時日。

之後雙方維持遣使互訪以示親善，不料太平日子過不了多久，匈奴又來挑釁，還不止一次無故扣留漢朝使節，真乃「是可忍，孰不可忍」。漢朝也不甘示弱，扣留匈奴來使，以牙還牙。天漢元年（西元前一百年），漢武帝覺得光扣留來使還是不消氣，決定兵戎相向，給匈奴點顏色看看。新繼位的單于且鞮侯想與漢朝修好，以遣回扣留的漢使表示修好的誠意，漢武帝也願以和為貴，化干戈為玉帛。

漢武帝天漢元年，蘇武奉命以中郎將持節出使匈奴。以張勝為副使，常惠作助手，率領一百多名士兵，組成和平友好使節團，浩浩蕩蕩越過長沙大漠，帶著被漢朝扣留的匈奴使節和極為豐厚的禮物，直趨匈奴，宣揚國威並宣示雙方永為和好的願望。

偏偏就在這個節骨眼上出了亂子！在蘇武之前，漢朝使節衛律叛降匈奴，被單于封了王，衛律的手下虞常想串聯老友張勝，除掉衛律，自己好返回中原。不幸事跡敗露，虞常被斬，張勝畏罪投降，蘇武被扣。

蘇武為免於被單于審問有辱使節身分，拔刀刎頸，幸虧被常惠搶下未傷及要害。單于太欣賞蘇武的志節，要衛律來勸降，蘇武正氣凜然痛斥衛律，寧死不屈。單于於是把蘇武丟到地牢，不給食物、不給水要讓蘇武屈服。蘇武渴了吃點雪，餓了吞氈毛充飢，再佐以堅強的意志，居然奇蹟似地存活下來。

單于捨不得放棄這位鐵錚錚的漢子，卻又拿他沒辦法，這次想出的點子很殘酷，他給了蘇武幾隻公羊，把蘇武放到北海（現今的貝加爾湖），要他等公羊生小羊了再回來！蘇

④蘇武與鴻雁傳書

武根本不在乎死活，他帶著他神聖的使節，在冰天雪地的北海，挖野菜、捕田鼠，心存社稷支持他存活了十九年。這之間單于不時來威脅利誘，李陵也奉命來勸降，蘇武就是富貴不能淫，威武不能屈。

西元前八十七年漢昭帝即位，數年後與匈奴達成和平協議，漢朝開始再遣使入匈奴，並尋求蘇武回中原，單于居然昧著良心謊稱蘇武已經死了。之後漢朝再遣使入匈奴，常惠終於想盡辦法去見了漢使，將事情和盤托出，並串通漢使編造了一個故事：「皇上在上林苑獵到一隻鴻雁，腳上綁著蘇武的帛書，證明蘇武人還活著，只是受困北海。」

單于聽到漢使「鴻雁傳書」的故事，不得不承認蘇武受困北海牧羊的事實，只得放棄十九年來鍥而不捨的招降，放了蘇武。

四十歲帶著一百多人出使匈奴的蘇武，終在白髮蒼蒼時，持著不離手的節杖，帶著僅剩的、孤伶伶的九個人，穿過萬里長沙，回到他朝思暮想的漢關社稷。

而「鴻雁傳書」的傳說成為流傳千古的佳話，鴻雁也變成了信差的最佳代言！

第十二篇・動盪時代　桀桀大才

動盪時代　桀桀大才

動盪時代 桀桀大才

若不是山河變色、國土分裂、播遷來臺，各方幹才應在所屬的郵區堅守崗位施展抱負；若不是這所有宿命的安排，後進也不會看見可敬的郵政前輩們，在動盪的大時代，如何展現他們的智慧和勇氣，面對國家的存亡，郵政的存續，做出巨大的貢獻與犧牲！

傅德衛

傅德衛於民國九年在湖南長沙應考入局時已經二十七歲。出身教會家庭，受的是教會學校的薰陶，早年是馳騁足球場上的健將，總是給人活力充沛的感覺。他雖然比許季珂年長一歲，走起路來健步如飛虎虎生風，許季珂總是自嘆弗如，常要稱讚他：「老傅啊！你可是道地 made in Germany 的德國貨啊！」

傅德衛於民國十六年三月一日調上海郵區，一共服務了七年多時光，上海這樣一個頗具門戶之見的大碼頭，一個外地人能在上海郵局裡裡外外孚眾望、幹得有聲有色，並在上海的聞人圈裡被視為「自家人」（一位「海派」專欄作家還不時將傅德衛列入「上海人」之列）看待，可見他必有過人之處。

潘安生追隨傅德衛久了，慢慢了解傅德衛的為人，「他富江湖義氣，有領導能力，但不願俯仰隨人，自有其堅強的個性。」是一位有為有守、剛正不阿的錚錚鐵漢。

這位潘安生生命中另一位賞識他、提攜他的貴人，雖然入局較晚，卻因為學識、能力及努力三者兼具，而深獲長官青睞，進局十五年就晉身副郵務長之列。

抗戰勝利還都南京，交通部長俞大維於民國三十五年五月二十三日上任，便積極整頓重建交通事業。俞大維認為交通各業應以「便民」為首要任務，郵政與人民生活息息相關，服務面亦最廣，於是他選定革新郵政，作為交通各業革新的起步。俞大維劍及履及雷厲風行，革新的項目繁多，幸而郵政管理素以效率著稱，令出必行，立竿見影，不但博得社會各界極高的評價，更成為交通各業的楷模，讓俞大維刮目相看。

俞大維為了加速郵件運輸，曾命令各航空公司必須優先承運郵件，而所有郵件不管是否繳納航空資費，皆儘量以航空運輸為原則。「航空運輸，郵件第一；郵件運輸，航空第一！」是當時航運與郵政群策群力的理想標竿，只要身經那段航空業全力配合運郵時期的郵人，很難忘記那充滿希望、熱血的光榮年代。

俞大維新官上任不及一年，發現郵政的績效著實令人激賞，隨即在民國三十六年郵政節發表「最近之郵政進步」一文，刊載於南京中央日報，對郵政各級員工努力的成效大表讚揚。郵政總局特將該文與霍錫祥代總局長的讀後心得編印成冊，發送全國員工閱讀，以資嘉勉！

民國三十六年六月傅德衛奉調南京擔任首都的郵政管理局局長。南京是首善之區，全國各郵區以其馬首是瞻。當時郵政推行汽車行動郵局，實施趕班郵件（特別設置黃帽頂趕班郵筒），設置郵亭、郵站，建立示範郵局，試辦摩托化鄉村郵務……無不以南京為首發，再向全國各郵區推展。俞大維銳意革新大刀闊斧，總是求治心切，實事求是絕不含糊。首當其衝的首都郵政局長，若不是三頭六臂恐怕難以使命必達。傅德衛憑藉他的槃槃大才，不管俞大維交付什麼艱難的任務，他都能竭心盡力圓滿達成。據說俞大維還策勉傅德衛，希望他每個月，甚至每個星期都有一項創新服務，要「百尺竿頭，更進一步！」俞大維還總是「逢人說項斯」，說郵政員工如何優秀、郵政就是交通部的模範生！這也因而結下了傅德衛日後借調交通部的因緣。

民國三十六到三十八年間傅德衛服務於江蘇郵區，經過了最好與最壞的時光！在俞大維帶頭猛衝的情況下，傅德衛得到充分的信任，郵政業務順利的革新和開展，讓他充滿幹勁、希望和成就感。另一方面，內戰的陰影卻已經身不由己，像疾風狂掃而來。

即使像傅德衛這樣的幹才，在民國三十六年風雲變動的江蘇郵區，同樣面臨過空前的危機，在他民國五十四年出版的《服務郵政四十年》一書中有一段描述：「……近月以來一般業務維持已甚困難，員工隨時提出超越範圍之要求，每週包圍本人一、二次已成常事，且與激動群眾周旋，不僅時常忍饑挨餓，隨時尚有遭受襲擊之危險。」、「郵政總局決定遷滬，本人遽失憑依，個人安危固不置論，但首都郵政如何維持實成問題。二月分上半月薪資支付在即，所需金圓券為數甚鉅，本局無此的款……」。

心力交瘁的傅德衛從南京撤到上海，萌生辭意。總局各級主管對其所經歷的艱難處境深表同情，將他的辭呈轉呈總局長霍錫祥（霍局長奉命南下成立辦事處並籌備總局南遷事宜）核示。最後，准傅德衛轉調廣州郵政總局辦事處服務，這一轉折才有之後在臺灣施展大才的續篇。

傅德衛是臺灣郵政管理局首任局長。民國二十八年郵政總局遷臺辦公後，大陸盡數郵區全告易手，全國只剩臺灣一個郵區，這個局長地位相形重要！這時的臺灣郵區，三十四年才從日本五十年的殖民統治中光復，還在新舊制度轉換的過渡時期，其中尤以日據時期與光復初期大批引進臺籍員工的歸班問題最為棘手。另一方面臺灣郵區和大陸各郵區一樣面臨經營的困境，長期的虧損赤字累累，財務困難已無薪可發，僅能一週發放十到二十元不等的基本生活費，讓員工勉為餬口。傅德衛　面厲行節約，一面安撫員工，加強服務、調整郵資，並積極與省府交涉，向臺灣銀行請求紓困，面見陳誠請求協助……雖千頭萬緒，他臨危不亂、穩健踏實。

傅德衛來臺灣之後，不忘當年在南京實施業務革新的經驗，舉凡開辦汽車行動郵局、設置郵亭、加強摩托化鄉村服務……都一一在臺灣推行。這對傳德衛來說，當然是舉重若輕毫無難度。

傳德衛把推行新猷的重責大任，交給原是冷衙門的「設計考核委員會」。委員會的召集人是加派郵務長盧太育，考核組由財務幫辦鄭廷傑主持。潘安生和王士英擔任設計組專任委員。潘安生正值而立之年，跟著盧太育上山下鄉走遍全臺大小郵局，看一資深前輩如何立身處事，親承教誨。在郵務行政管理與業務執行考核方面，得到許多寶貴的經驗，他奉為日後行事的準則。

潘安生擔任的設計專任委員職位相當於視察，職位雖不高，卻因為特准參與局務會報，有意見可以直接反映給局長和幫辦（副局長），很受重視，可謂人微而言不輕，很有成就感。在設計專員任內有幾件花絮，有一回傳德衛要王士英和潘安生兩人研擬一些發展郵政業務的宣傳標語，他倆努力推敲產生了十幾條，其中兩條記憶最深刻的：

「千里送鵝毛，航空寄小包。」

「集郵有三益：怡情、益智、兼儲財！」

另一項就有趣了！設計專員二人組接到傳德衛交付的一項任務：「為女郵務士設計一款具有特色的制服」。在大陸時期，投遞的綠衣天使都是男性，因而沒有女性郵差的制服。臺灣在日據時期，因為年輕男性多被徵調到南洋當軍伕，因應需要而有女性郵差（集配手）

的產生。雖然光復後歸班的女信差不多，但是女性穿男裝總嫌彆扭。

喜歡研究創新的潘安生，對服裝設計就完全不在行了，但是潘安生職責所在，還是得交卷，於是向他的夫人請益，用心伏案塗抹，讓他畫出了一款船型帽、洋式翻領衫、百褶迷地裙的制服。這引來王士英詩興大發，題贈一首七言絕句：

巧為紅妝換綠衣，一裙一衫費沉思，風前婀娜傳書去，長記潘郎設計時。

傅德衛身為俞大維最賞識的郵政人，絕非浪得虛名。原本經緯萬端百廢待舉的臺灣郵政，經過傅德衛幾年的整頓，積極培養人才，致力業務創新，臺灣郵政在安定中求發展，不久便轉虧為盈。

傅德衛開始著力於硬體建設，博愛路的包裹大樓，是光復後郵政的頭一樁硬體建設，而被美軍炸毀的高雄郵局，也在高雄火車站不遠處的大岡坡重新蓋了起來。臺北信義路四段和建國南路的郵政宿舍也一一平地而起，一戶戶亮起暖暖的燈火，在黃昏時傳出了沁人的菜飯香，讓郵政人員可以「安居」樂業！

薛聘文

在潘安生四十三年又八個月的郵驛生涯中，際遇諸多貴人，有兩位學者型的前輩，在待人、處世、研究、為文給過他深遠的影響，他們是薛聘文及劉承漢。

薛聘文於民國十一年考入上海郵局，依照慣例新進郵員一律從基本郵務幹起，他被分派在「工部間」分揀、封發信件。上海是個大商埠，一旦國際郵件湧到，為求時效總必須通宵達旦的趕班，薛聘文這個試用郵務生，經常被領班差遣，去附近的福利公司，買兩角銀洋的剛出爐熱麵包請大家吃點心。半年後，因為薛聘文積極的工作態度和對業務的研究開創（編排了一份「揀信地名表」，大大提升了分揀工作的效率），得到長官的賞識，便選調到樓上的寫字間幫辦文書。民國三年考入郵局的盧太育，就是他的直屬長官。

文檔管理新創

薛聘文所處的年代，文檔管理系統尚未建立，文檔沒有分門別類，只依時間簡單排序。因此尋查文檔常漫無頭緒、費時費工。一天，洋郵務長急如星火的來調檔卷，還限三分鐘內就得查出來！他每隔一分鐘就對著急得像熱鍋上螞蟻的薛聘文大喊「one minute!」，那一幕他永生難忘。就從那一刻，薛聘文建立有效文檔管理系統的念頭開始萌芽。

薛聘文下苦功研究，首創文檔合一分類歸檔的新方法，試行兩年後，不但列為上海郵務管理局文書檔案管理制度，並逐漸遍行於全國各郵區。薛聘文精心研究的《郵政新檔案管理方法》，於民國四十四年改為《郵政公文處理辦法》訂定再版。交通部交通研究所特別聘請薛聘文專門講授《郵政公文處理辦法》，期能建立良好有效的文檔管理系統。國防部也曾數度向郵政局借將，聘請薛聘文前往指導建立軍中文檔管理制度與革新。郵政若素以完善的文檔制度著稱，那麼薛聘文這最大功臣不能被遺忘！

抗戰時期的郵政汽車運輸網

郵政自辦汽車運送郵件，開始於民國六年，但只限於各通商大埠，在市區內接送車站碼頭和各局之間的郵件往來。真正行駛長途以運郵為目的的郵政汽車，是在民國二十二年提出動議，直到二十五年才開始實施。

民國二十五、六年間，中日情勢劍拔弩張，戰事已勢不可免。郵政總局評估戰爭一旦爆發，軍運頻繁，勢必對郵運造成重大的影響。於是郵政總局未雨綢繆開始陸續購置運郵大卡車三百輛、工程車四輛、自行車二百五十輛、汽油六十萬加侖、汽車配件價值十三萬五千餘元、車胎七百餘副，分存於二十九地。並在宜興、銅山、武昌、太原各設汽車修理廠一處，以便自行維修汽車。同時規劃全國郵政汽車網路，建立迅捷的郵政汽車運輸系統。

民國二十六年七月七日蘆溝橋事變，開啟八年對日抗戰的苦難征途。日軍挾精銳武器步步進逼，切斷鐵公路、癱瘓交通、封鎖沿海港埠、掌握絕對制空權。海陸運郵的通路斷絕，各地郵局於是啟動預先儲備的運郵汽車，開始自行運郵。嗣後戰事日益慘烈，各地運郵汽車需求更加迫切，於是在民國二十七、八及三十一年又先後分批購進汽車三百餘輛。

抗戰期間物資極度困難，所謂的「一滴汽油一滴血」，在顛簸的公路上，多的是「開出兩三里，拋錨四五回」、「一去二三里，煙村四五家，拋錨六七回，八九十人推」——以木炭和酒精為燃料的克難汽車。只有郵政汽車還燃著汽油，保養良好，準時準點，迅速安全，奔馳在四面八方，為大後方運郵、載客肩負不可能的任務。當時郵車行駛路線總長達八千五百多公里（抗戰後期緊縮為三千八百多公里），為大後方軍民通訊、運輸、交通的大動脈，日夜奔馳沒有一日停頓。

薛聘文就是當時坐鎮貴陽的郵政汽車課長，他精心規劃包括車站、物料、營運、修配、行車員工的考核、工作競賽及獎懲辦法，讓郵政汽車運輸，在抗戰期間維持順暢不輟，口碑載道，成為公路運輸的楷模，是郵政史上光輝的一頁！

抗戰勝利，國民政府特頒七等景星勳章，表彰薛聘文在八年抗戰期間對郵運的卓越貢獻。

抗戰勝利後，俞大維接掌交通部。以一個兵工專家的效率，積極整頓交通各業。首當其衝便是郵政，他責成郵政要「日行一善」，即天天要有革新成就。那時各項新政劍及履及，喊出「航空運輸，郵件第一！」的口號，寧可少運一位旅客，也要以郵件運輸為優先。全國只要有機場的地方，就是航空郵件暢達的地方，郵人無不為達成「朝發夕至」的郵遞最高境界而士氣大振！

當時傅德衛是南京郵政管理局局長，郵政總局則有薛聘文運籌帷幄，是郵政革新智囊團的靈魂人物，加上旅美學郵歸國的王叔朋和李雄，皆是一時之選。總局長霍錫祥開會總帶著他的「諸葛亮」薛聘文，身為設計考核委員會的主任秘書，對於郵政業務全盤掌控瞭若指掌，統計數字和分析如數家珍。他擅於圖表運用，提綱挈領，分析透徹詳實，極富說服力！

俞大維交通革新的理想，首先在郵政得到具體的實現。郵政的效率和優異的工作團隊，俞大維極為激賞，甚至在他任職國防部長時，還不時對他人讚賞郵政人才如何了得，而薛聘文和傅德衛便是最受讚譽的兩位。

郵政號稱天下一家，而其大家長是成立於一八七四年的萬國郵政聯盟（UPU）。我國自民國三年加入郵盟，即與郵盟關係不絕如縷。期間薛聘文歷次出席郵盟大會及專門會議，貢獻良多。尤其以提出有關國際郵件轉運費的精闢研究，在郵盟大會獲得各國代表的信服與掌聲。

郵學精湛 堪稱泰斗

薛聘文不僅創新了文檔制度，對於郵學研究之深入，在郵政史上恐無人望其項背，但他深潛內斂不曾外露。直到民國七十年潘安生追隨薛聘文編審《郵展選粹》，方有機會親見他與郵壇名家探討郵學，聆聽精闢見解，發現薛聘文深通郵學，絕不在名家之下，要稱之為郵學權威也不為過！

繼《郵展選粹》之後，續有《紅印花郵票》上下二編誕生。近一千四百頁皇皇巨著，上下古今，考證歷歷，是郵壇「紅學」研究不可多得的經典。潘安生事後回顧這兩部世界級巨著的編審過程，若沒有薛聘文熱心的指導和鼓勵，恐難以成事，即使完成，斷不能有如此輝煌成果。這兩本巨作為我國在國際郵壇上增輝，海外郵人知道中華民國有一位 P. W. Sieh 是郵學泰斗，千里之外還想盡辦法向薛聘文請益。

薛聘文的諸多著作中除《郵展選粹》與《紅印花郵票》外，最負盛名的是《中國郵資考》及他與美國中華集郵會會長白萊鵬（G. Lewis Blackburn）合著的《中國郵資》（*Postage Rates of China*），是海內外一致公認為研究我國郵資演變的權威著作。

潘安生發現薛聘文的郵學研究，不著重在珍稀罕見的藏品，而專注於以郵政的立場和觀點出發，看郵戳的演變，郵程的推敲……凡事以郵政文獻檔案為依據，字字句句有考證、有來歷，治史態度極為嚴謹，絕無白話空言。

薛聘文對提攜後進亦不遺餘力，凡有重大革新方案，他往往不辭辛勞，移駕去面談。潘安生當時是臺灣郵政管理局四大金剛（王振世、鮑伯玉、楊敏詩、潘安生）之一，有幸在郵政業務與郵學研究上得到薛聘文的提點和教導，深覺是三生修來的福分。而薛聘文對後進的照拂尚不只於此，知名郵學家張愷升自稱獲薛聘文「教益實多」，在薛聘文給他的七十餘封書信中，可見薛聘文毫不藏私傾囊相授，這是他終其一生，以徜徉郵學研究為樂事的「郵迷」情懷！

身後將一生數千冊珍藏悉數捐贈郵政博物館的薛聘文，入局時還是客卿當家的年代，他也是國人第一代當家作主的郵政菁英，秉承老一輩郵人對郵政事業的執著和使命感，克勤克儉、愛惜物力、堅守郵政家風。在他郵政總局副局長的辦公桌上，用的便條紙，還是舊式作廢單據裁開了在背面寫字，信封也是舊信封翻面再重複使用。這對新世代郵人而言或許已經是天方夜譚，然而，對那些走過最艱難歲月的老前輩來說，即使這是人們早已淡忘的郵政精神，卻是他們克己處身的原則及篤信的真理，並終身奉行不悖。

劉承漢

在近代郵政發展史上，劉承漢無疑是承先啟後的奠基人之一。

民國十三年以甲等郵務員第一名考進上海郵政管理局服務的劉承漢，在金陵大學原本修習商科專業，後利用業餘在東吳大學比較法學院修業三年，就此奠定了法學基礎並與法學結下不解之緣，並因成績優異，膺「斐陶斐榮譽學會」(The Phi Tau Phi Scholastic Honor Society)會員殊榮。

民國二十一年劉承漢受命起草「郵政法」暨其規則時，所承接的是赫德時期所頒訂不具法律形式，但具法律效力的不成文法。劉承漢以其為本，參照各國法規，再斟酌我國國情，研究修編，終於制訂〈郵政法〉，作為中華郵政安身立命的準則。對郵政事業永續經營，建立合乎人性管理的法治系統，有極為深遠的影響。另外，民國二十九年香港商務印書館出版的《郵政法總論》，首開交通事業在行政法學專門研究的先河，列為大學叢書之一，強調理論與實務並重，不但是研習郵政法的寶典，也是郵人入門考試必讀的經典。

劉承漢在職期間，歷任交通部長皆倚重他的法學專長，一貫向總局借才，最初擔任交通部人事幫辦，後長期兼任交通部參事達十八年之久。所參與草擬的交通部各業法規有電信、鐵路、公路、航空、海商乃至太空航行等法，幾乎交通部所屬各業相關法規都有劉承漢的一份心力。

劉承漢不但以立法修法為畢生職志，對於法的護衛亦堅守法義絕不退讓。民國十八年四月，中美就合營全國商務郵務航空事業簽訂合約，由於損及國家與郵政權益，上海郵務、職工兩會聯合成立「上海郵務同仁反對中美航空合同運動委員會」提出嚴正抗議，劉承漢特別撰寫宣傳手冊，就法理事實與合約條文逐條剖析駁斥，引起政府關注，終於改訂合約解除危機，使國家及郵政權益得以保全。民國十九年「郵政儲金匯業總局」在劉書蕃的主導下成立，嚴重破壞郵政考試用人體制，侵蝕郵政經濟，上海郵務、職工兩會抗爭無效，轉而聯合發起護郵運動實行罷工。劉承漢與同事撰文於各大報發表，分析郵政經濟危機及其發展趨勢對社會安定的影響，藉以喚起民智。這一場鬧得沸沸揚揚的護郵運動，最終由上海工商界聞人出面調停，劉承漢所提建言獲政府採納實施，民國二十四年「郵政儲金匯業總局」依法改組為「郵政儲金匯業局」，隸屬郵政總局管轄，使郵政體制及經濟命脈得以鞏固。

組建西南郵務視導團 中華郵政存亡續絕關鍵

在烽火戰亂的年代，命如蜉蝣朝不保夕，郵政總局也屢屢面臨不得不的遷徙。

清宣統三年（一九一一）郵政脫離海關，由郵傳部接管，於北京成立郵政總局。後短暫南遷上海，至民國十七年政府定都南京，再遷南京薩家灣。抗戰軍興，郵政總局也開始流離，歷經漢口、重慶、昆明、部分處室還曾遠駐成都及貴陽，最後才於重慶南岸的黃桷埡重新會合，期間，經歷了幾千里長路的流徙。

八年抗戰，郵政事業雖幸未支離破碎，被戰火蹂躪的山河卻已柔腸寸斷。三十五年中，郵政總局回到昔日薩家灣，重整家園勵精圖治。誰知勝利的喜悅席不暇暖，就烽煙再起。從民國三十七年初春起，共軍所向披靡，洛陽、開封、襄陽、濟南、鄭州、長春、瀋陽相繼陷落，十一月又挾勢挑起震驚京畿的徐蚌會戰，不到一年功夫國民政府已痛失中原半壁河山。三十七年底南京情勢風聲鶴唳，騎牆派、左派、右派、姑息、主戰、談和、中央人事傾軋，導致人心惶惶！蔣介石於三十八年一月宣布暫行引退，中樞頓時無主。主和派更有恃無恐，通令政府各機關不得擅離首都……這時謠言四起，有人見風轉舵要迎接解放，有人籌劃疏遷期待東山再起！

當時郵政總局長霍錫祥前往瑞士出席萬國郵盟執行暨聯絡委員會會議，會後續往英美考察，離國一年，尚未歸來。但京畿危急群情惶恐，郵政大老們早已心憂如焚為郵政前程苦思對策。劉承漢與當時的副局長沈養義、視察室主任梅仲彝，深覺國家已到危難存亡之際，郵政事業為全國性及國際性事業，一旦京畿不保，若郵政總局為中共挾持，對外聯繫窗口喪失，則中華民國國際郵政領域必將失其地位，郵運斷絕，形成孤立；對內各區郵政管理局一向聽命於總局，若地方未陷而總局不保，從郵人員又何以對社會國家？

在劉承漢在《從郵談往》書中詳述了決策的過程：

「京畿日趨危急，群情皆感惶惑。時南京挹江門內之桃源村為郵政高級人員公寓所在，余與沈養義兄隔牆相望，與梅仲彝（鼎）兄對門而居，余三人均憂心如焚……於星期日之晨，聚晤於梅兄寓所樓上，共商對策。時為三十七年十一月二十一日。」、「……以為政府雖有不許機關遷移之令，而出發視導者，則為令所未禁，因條陳視導之必要，陰為遷移之備，經陳獲當時交通部長今國防部長俞大維先生之首肯，遂組織西南郵務視導團。」

在何建祥《郵政大事記》二三一五條，有這樣的文字：

三十七年十二月十七日　徐蚌會戰後京畿日漸危急，為保存郵政正統及國際地位，避免遭中共挾持起見，郵政總局特組織西南郵務視導團，預先派駐廣州，以備於京滬發生事變時，在南部恢復總局建制，指揮我政令所及地區之郵務。視導團以總局郵務長劉承漢為主任，由各處室選派副主管或其他職員十一人為團員，酌帶重要檔卷或其副本備展開工作時需用。

民國三十七年十二月二十三日肩負重任的劉承漢，帶領西南郵務視導團的成員抵達上海，與分批先行到上海的眷屬會合，暫駐膠州路郵政總局供應處庫房。翌年一月五日搭乘秋瑾輪，於一月八日抵達廣州，借廣九路車站對面，廣東郵政管理局的白雲樓做為辦公處及眷舍，展開名義上「視導郵務」，事實上「預籌出路」的秘密大業。

白雲樓的歷史幽光

白雲樓建於民國十三年，位於廣州市東山區（現稱越秀區），白雲路南端二、三馬路之間。這棟鋼筋水泥的三層樓建築，起初是廣州郵局的局產，一樓為廣州第六支局營業廳和郵件倉庫，二、三樓原本閒置無用。民國十六年一月大文豪魯迅到廣州中山大學講學，曾租住白雲樓二樓，雖僅僅半年，卻改變了白雲樓的命運。一九七九年「白雲樓魯迅故居」在原址掛牌，成為它新的身分。

然而對於郵政人來說，白雲樓絕非一棟普通局產，不是因為它擁有「廣東省重點文物保護單位」的頭銜，而是因為它曾經在郵政歷史存亡續絕的關鍵點上，扮演過無可取代的角色。

自民國三十八年一月八日西南郵務視導團成員進駐白雲樓，數月間局勢急轉直下，八月主要人員黯然離粵東渡臺灣，十月最後一批人員倉皇撤離，短短數月間它曾經是全國郵政最高司令臺，總局長霍錫祥親率機要人員在此運籌帷幄，與交通部商訂郵資調整方案、向中央有關部會申請濟賑款項，以解各郵區燃眉之急。白雲樓曾在多少夜晚親聆視導團成員對郵政前途的百般憂慮，暢言維持郵政事業於不輟的抱負和決心！

風雨飄搖 莫衷一是

當時中央政府對於西入重慶蓄勢再搏，還是東遷臺灣臥薪嘗膽，仍舊舉棋不定。蔣介石雖已在臺灣布下陳誠這枚棋子，卻非到最後關頭不願退守臺灣這孤懸天涯海角的小島。中樞尚有負隅頑抗的決心，布下菁英部隊，寄望於重慶陪都，圖謀最後的拚搏。郵政總局於三十八年五月三十一日在重慶設置渝、蓉、黔、滇聯區總視察段，指揮該四區郵務，並代表郵政總局與遷渝各部院聯繫，調西川郵政管理局局長黃家德為該段聯區總視察，原擬待政府全部遷渝，再改設郵政總局駐渝辦事處。以戰鬥內閣自詡的行政院長閻錫山，在千鈞一髮之際仍然決計入川，可惜入川的宏願曇花一現，十一月三十日重慶已告失陷。黃家德只好離開重慶，繞道成都、香港輾轉抵臺。

郵政總局成立西南郵務視導團之初，對於國民政府取得內戰勝利猶抱一絲寄望。因而希望這一步活棋的部署，一旦到了必要時刻，能代替總局指揮政令所及的地區。然而自西南郵務視導團於一月進駐白雲樓辦公後，各地傳來戰況愈加慘烈，沒有片刻消停，郵政總局必須有最壞的打算。

民國三十八年一月兵荒馬亂的郵政大事記：

三十八年一月十五日　郵政總局各處室一部分工作人員，由業務處處長陳肇坤率領在滬

辦公。

三十八年一月二十八日　郵政總局全部遷滬。

三十八年一月三十一日　戰氛迫近京畿，交通部各單位主管均於本日乘機抵穗。郵政總局霍代局長錫祥亦奉令同機到達，即駐郵政總局西南郵務視導團辦公。總局大部分人員均在滬，所有經常事務由沈養義副局長代為主持處理。

劉承漢於《從郵談往》第二十六章中敘述與視導團同仁研議總局去路的經過：

「西南視導團在廣東白雲樓暫居，該樓共三層，除以二樓為辦公處外，一、三兩層均供同仁住宿。三樓以上有平臺，廣州天氣炎熱，每晚均與諸同仁在平臺集會，一面納涼，一面交換消息，共商對策。而時局日緊，當時對於何去何從，言人人殊，難於決定。公文檔卷甚多，況又拖家攜眷，萬里西行，關山道路多阻，談何容易。至於臺灣一隅之地，郵政經濟，不足自贍，亦令人趑趄躊躇……座中以施有強兄態度最為堅決，謂如視導團不克赴臺，彼個人亦將請調臺灣。籌商數晚，咸認兩害相權取其輕，仍以遷臺為宜，於是眾議乃決。」

劉承漢讚許沈養義目光如炬，在混亂的世局中能洞悉郵政前程，一開始就主張直接轉赴臺灣，認為孤懸海外比較安全。事實上俞大維仍在交通部長任上時，劉承漢在南京期間（劉承漢借調交通部辦事），每天可以看見有大批大批的舊檔跟書籍被打包標記，疏散的地點都是臺灣。到廣州之後，聽說四大金融機關中的中央和中國銀行，也將重要的物資陸續運到臺灣，種種跡象顯示，臺灣必定是最後的根據地！

不管中樞高層有多不願意接受這個難堪的結局，在此時此刻中華歷史的進程，顯然不站在國民政府這一邊。這是一個地動山搖的年代，人們在列強長久的踐踏蹂躪下醒來，剛懂得威權帝制可以推翻，人民可以當家作主，在這個思潮的推湧下，共軍站上了夢想的制高點，它沒有給國民政府苦撐待變的機會，這是毫無疑問的！

……及四、五月，京滬相繼淪陷，郵政總局困於內在複雜環境，終不及撤遷，繼絕存續之責遂為此十數人所肩負。

西南郵務視導團的白雲樓時光才不到數月，南京上海相繼失守，五月二十日上海交通完全斷絕，西南郵務視導團於局長霍錫祥的主持下在廣州改組成郵政總局，通令各郵區，並繼續指揮未淪陷各郵區。因為視導團從南京出發時，郵政總局與各郵區往來的公文都有副本抄送到廣州，外埠郵區誤以為郵政總局早已全部遷到廣州，殊不知也就視導團十幾人而已，而這十幾人就肩負著中華郵政存亡續絕的命脈。

劉承漢在《從郵談往》中憶及當時情景，特別感謝端木部長對他的信任，凡是他所做的建議，端木部長沒有二話全盤採納。在那樣一個環環相扣、千鈞一髮、失之毫釐差之千里的時刻，若不能順利遷臺，改西行到重慶，路途遙遠而險阻，檔案、卷宗、視如珍寶的郵票以及攸關國際郵務所不可或缺的條約、帳冊，勢必不能完整如初的保全！

五月當共軍逐漸迫近，視導團即派成員洪蓀祥作為先遣部隊到臺灣，為同仁尋覓安頓的處所。總局同仁眷屬開始整理行裝，六月間分批搭乘「華聯號」到臺灣，視察員朱振新和顧覺民隨行照顧。

劉承漢及總局同仁於三十八年八月告別白雲樓，東渡臺灣，於八月二十三日開始在臺北辦公，並於中央政府正式播遷來臺後，以西南郵務視導團為班底成立郵政總局。端木部長認為劉承漢眾望所歸名正言順，應該擔當郵政總局局長重任。

劉承漢並不這麼想！

郵政人事制度素重資歷。論資歷，民國元年進局的黃家德要比民國十三年入局的劉承漢資深得多，劉承漢泱泱大度謙讓大位，自願屈居副手。因此黃家德成為遷臺以來首位郵政總局局長。

劉承漢從南京至上海，再到廣州，渡過了海峽到臺灣，持續他對郵政事業「郵教徒」一樣忠貞的信仰，終其一生燃燒光和熱，護守他所愛的郵政。他所做的巨大貢獻足以青史留名載列郵政家廟。然而，在他三十多萬言自傳式的《從郵談往》回憶錄中，看見這位可敬的郵人，在那個起伏跌宕的年代，經過多少困境和磨難，始終如一的風骨，始終如一對郵政事業的堅守與護持　　沒有個人成就，只有郵政精神不朽的傳承！

許季珂

民國前十六年出生的許季珂，畢業於武昌文華大學，民國九年考入郵局服務。歷任湖北、河南、甘肅、遼寧等郵政管理局秘書、視察及科長等職，資歷豐富。

抗戰期間，許季珂於湖北恩施主持湖北郵政管理局局務，抗戰勝利後，領著幹部自巴東至武漢接收淪陷區郵務，一直在漢口這個冠蓋雲集的要埠施展雄才。據各方公評，湖北郵區的光復重建，無疑是全國之冠。

當中共進逼，情勢再度吃緊，朱懷冰臨危受命，出任湖北省主席。動亂時刻通貨膨脹、稅收短缺、財政拮据。他積極向郵局借將，倚重許季珂的財經長才擔任財政廳長（同時期在上海被借調的有白銀專家谷春帆），以穩定金融、確保幣信、挽救危機。許季珂義不容辭帶著他的秘書胡恪和大將簡爾康到省府就任，直到漢口淪陷，才輾轉逃到香港。那時滯留香港的儲匯局已遣散所有員工，結束營業。所有被情勢所迫遷移的人員，不知烽火離亂八年之後，仍舊是無可迴避的戰火，一路遷徙不知所終。何縱炎最終帶著帳冊和被裁撤的儲匯局局長的頭銜到了臺灣（遷臺後的儲匯局，「機構裁撤，名義保留」，業務全歸臺區辦理）。此時剛到臺灣的許季珂無處安插，掛名「儲匯局副局長」，其實是一個名存實亡的單位。

風生水起 壯志得酬

許季珂「小孟嘗」的雅號，在恩施時期就已名聞遐邇，播遷來臺後各路英雄好漢匯聚於此，更突顯他良好的人際關係。

那時許季珂在臺北經常主持湖北同鄉的新春團拜，副總統陳誠雖不是湖北人，卻因有駐紮恩施的淵源而年年參加。一年，許季珂稍晚進場，陳副總統一見故人來，率先起立說：「許先生來了！」一時全場人士都起立歡迎，鋒頭之健可想而知。

民國四十四年五月，許季珂繼傅德衛後成為臺灣郵政管理局局長，並兼郵政總局副局長。開啟他在臺灣郵政最光榮的歷史。

桀桀大才的許季珂，這時有部長袁守謙的全力支持，有關郵務的革新及策略，可以大刀闊斧放手而為。他又是總局長何縱炎左輔右弼的大將軍，像騎著汗血寶馬馳騁疆場，抱負與理想御風而行。而事實也證明，許季珂在那段能直達天聽、左右逢源、事事得心應手的時光，光陰並無虛度，那不僅是他個人的光榮年代，也寫下了郵政史上傲人的紀錄。

許季珂一生從郵為人稱道的事跡很多，光從潘安生為他所編的《臺灣郵政改進實紀》所臚列洋洋灑灑一百多宗的郵政新猷，就可謂前無古人。

潘安生自民國三十年湖北恩施進局，就與他的房師許季珂結緣，從民國四十四年五月到四十九年間，他參與了許季珂締造郵政新世紀的夢想工程。

潘安生因為門生之緣，有幸親聆許季珂教誨，從恩施到臺北追隨多年，對許季珂的為人處事及管理哲學，自覺受益良多。潘安生認為，在許季珂的領導、薰陶下，臺灣郵區後繼有人，傳承了許季珂的領導風格和處世哲學，多年後仍可窺見他對郵政深遠的影響。一甲子過去，郵政至今還頂著交通部模範生的光環，不能忘記許季珂這一份功勞！

「職業光榮」是許季珂經常勉勵同仁的一句座右銘。他期勉同仁要敬業樂群，一心一德，時時刻刻以身為郵人為莫大的光榮！

而要如何維護「綠衣天使」的職業光榮？他認為最重要的是要愛惜羽毛！重視公共關係，著重聲譽。對於輿論的批評要極為重視，引為炯鑒。用郵公眾對郵政服務有任何不滿，皆應深自反省檢討，並切實改進以求完美。每個郵政人應該愛郵如己，上下一心，那麼「何事不可興，何計不能行」！

許季珂曾說，今天我們所提倡的便民服務，就是先賢所楬櫫「仁民愛物」的政治哲學，「仁民」就是為民服務，而且要隨著時代的演進，因時因地，不斷改進力求配合。

出身教會學校，又曾在洋大人（外籍郵務長）底下做過事的許季珂，沒有薰陶出濃郁的洋脾氣，相反的，他崇尚的是：「君之視臣如手足，則臣視君如腹心；君之視臣如犬馬，則臣視君如國人；君之視臣如土芥，則臣視君如寇讎。」的儒家思想。

他認為善待員工、以員工為念、為員工謀福利、取得向心力，是做一個管理人最重要的事。在經濟尚未起飛的年代，他就時時以改進員工生活，解決食、衣、住、行以至於育、樂各方面的問題為念。

過去郵政內勤人員並沒有統一配發制服，是從許季珂任內開始，才一律普發制服。潘安生記得許季珂第一次為大家訂製的是一身藏青色嗶嘰西裝，「同仁有說不出的高興，都很珍惜的穿它，有穿禮服的光彩」。

在許季珂一手擘劃主導的青潭郵政新村，不難發現他的細膩。不但讓郵政員工「住者有屋」，從接駁交通車、設幼稚園、闢農場、辦食堂、建球場、設立圖書館、甚至興辦各種生產與消費合作措施及康樂文娛設備，鉅細靡遺面面俱到。他在青潭僻遠的山窩間河床地，平地而起建立了一個安居樂業的郵政大家庭。

在應國慶為許季珂立的傳略中有這樣一段文字：

「季珂在臺郵政局長任內（民國四十四至四十九年），臺灣郵政業務突飛猛進，國民通信率扶搖直上，期終收寄郵件數字較期初劇增四倍，營業收入增四倍有半，盈餘繳庫亦如之。**此種空前業績，不但為我國郵政開辦以來所未有，即在並世各國亦屬僅見。**」

許季珂在任內創新開辦的新業務不勝枚舉，最膾炙人口的有限時專送、集郵服務、封裝業務、劃撥儲金、送現匯票、郵政禮券等。都在短短幾年內躍登郵政熱門業務，與時俱進，便民利民，服膺了他「仁民愛物」的自我期許。

潘安生身為許季珂的秘書室主任，參與了更多不為人知的艱辛過程，比如儲匯局的復業就是一例。許季珂眼見四行兩局（所謂四行是指中央銀行、中國銀行、交通銀行、中國農民銀行；兩局就是中央信託局和郵政儲金匯業局），多已陸續在臺灣復業，唯被稱為「百姓心中的大眾銀行」的儲匯局卻遲遲沒有人倡議，許季珂竭盡心力想讓儲匯局恢復營業，以讓儲匯局成為郵政的另一個獲利的泉源。潘安生在這件事上著墨甚深，他開始研究各國的儲金業務，民國四十八年到歐洲四國考察，研究重點就是儲金業務，一份份詳實的研究報告在考察研習中出爐，一共有三十八號。他代儲匯局、郵政總局甚至交通部擬稿，層層上呈倡議，公文往返歷經數年，儲匯局終於在民國五十一年六月一日獲准復業，而許季珂這位為儲匯局復業殫精竭慮的催生者，已經來不及站在剪綵臺上為它開啟歷史新頁！

另外，《郵政工作卡》是許季珂任內的力作之一。許季珂對早年人事管理制度中的工作卡（Desk Memo）念念不忘，認為有必要重新在臺郵建立一套屬於郵政業務專屬的工作卡。

所謂「工作卡」，就是沿襲早年的職務說明書，將郵政每一工作人員經辦各項業務的處理手續製作標準流程，以科學的方式加以測量規範，作為員工辦事的依循準則，是郵政業務實務操作的範例。更重要的是藉以作為員工人手增減、調配的衡量標準及基本原則。它確立每一個崗位職司何事？讓「人人各司其事」、「事有專責，人無浮設」。這個創新的 SOP 工作卡制度，不僅切合科學治事的原則，也為郵政工作奠立良好的基礎，許季珂此一創舉，在當時各公務機關中，更是引領潮流之先。

許季珂對業務的開創和革新充滿創意，那些看來天馬行空的想法，礙於當時社會民情與主客觀條件的限制，終歸徒有壯志而功虧一簣！但在一甲子之後，部分當時功敗垂成的「新猷」，比如首開先例的龍蝦包裹業務（即現今生鮮物流宅配）及郵購業務（網購另一形式的鼻祖），如今皆已成當紅產業。民國四十年代他還開辦錄音郵件、郵船運郵兼載客，為加速郵件運遞，更擬以自備飛機運郵，藉以克服交通擁塞和速度的瓶頸……。

誰說郵政這個傳統老店墨守成規、故步自封？許季珂這位充滿智謀、眼光遠大的領航人，以他滿懷的幹勁與創意，加上過人的才幹與執行力，引領郵政突破窠臼、展現新思維，那是一個有夢可追、有理想可以實現的美好年代！

潘爺爺講故事

自學成功的白銀專家谷春帆

谷春帆（藩），民國前十年出生於江蘇吳縣。民國七年進郵政局做練習生，沒有傲人的學歷，憑著自修成為舉世聞名的白銀專家。谷春帆中英文俱佳，對經濟學、銀行學都有深入精到的研究，尤以對白銀制度的研究最為透徹。著有《銀之發炎：動態的研究》、《銀行變遷與中國》、《中國工業化通論》等書。曾任中華民國郵政總局副總局長兼郵政儲金匯業局局長及上海市政府財政局長、中國郵電部副部長。

谷春帆原先在上海管理局，任職於Commissioner Secretary 's Office，後來因故調到河南南陽。南陽雖是個小地方卻很有名氣，就是諸葛亮當年耕讀的地方。名氣卻不頂事！這地方業務十分清淡，於是谷春帆請在上海的友人幫忙購寄有關經濟方面的書籍，公餘潛心閱讀。

中國向來使用銀元，而國際間白銀的價格並不穩定，連帶我國的貨幣市場也隨之波動。谷春帆就其研究心得寫了一本專書《銀之發炎：動態的研究》，後來接受友人的建議，再以英文撰寫，由上海一家外商書店出版，奠定了他在財經方面的學術地位。

在谷春帆已經是大公報上名聞遐邇的財經專家時，曾奉派參加中訓團黨政高級班第二期受訓，一位與他同期受訓的學員彭善承在《復興關懷念集》中有一篇「谷春帆自修二十五年」的文章，對於這位財經專家自學成功的傳奇經歷，有生動的描述：報到那天，谷春帆同學在我前面，我看見他履歷表上學歷欄上填的是「自修二十五年」。那時他是郵政總局副總局長，更是有名的財經專家，這「自修二十五年」的學歷代表的是什麼意義？彭善承充滿了好奇。

於是彭先生跟谷春帆相熟了之後，逮到機會打破沙鍋問到底，解開這個謎題。谷春帆的最高學歷是「高小畢業」，他的學識全憑高小為基礎及以後二十五年自修的功夫。然而艱澀高深的財經專業，怎麼可能靠高小的基礎自修取得？這是怎麼辦到的？

谷春帆說他一開始念經濟學時，還沒有中文翻譯本，全是原文書。以高小的英文程度和知識水準跟自身的理解能力，自然完全看不懂。但是他太有興趣、求知心切，一看再看三看，一天兩天三天，甚至幾年，不斷的讀，不斷的看，就是不灰心不放棄。有一天，他突然開竅看懂了，真是欣喜若狂！此後更是興趣大增，繼續閱讀鑽研。說也奇怪，從此就像打通任督二脈，幾乎任何財經相關書籍，都沒有阻礙無所不通了。

抗戰期間，孔祥熙擔任國民政府財政部長時，率領代表團到國外出席金融會議，會議中談到白銀問題，與會的學者專家就問：「閣下您沒帶貴國的白銀專家 Dr. Gu 來參加會議嗎？」孔祥熙不知道有這號人物，什麼時候中國出了一個白銀專家？孔祥熙回國後就到處打聽這位 Dr. Gu。

之後谷春帆就被重用，孔祥熙參加國際會議就邀請谷春帆擔任代表團顧問。大陸變色，谷春帆與郵政總局多數同仁均留在上海，來不及撤出。

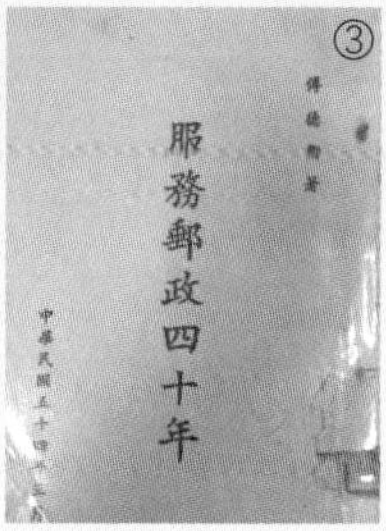

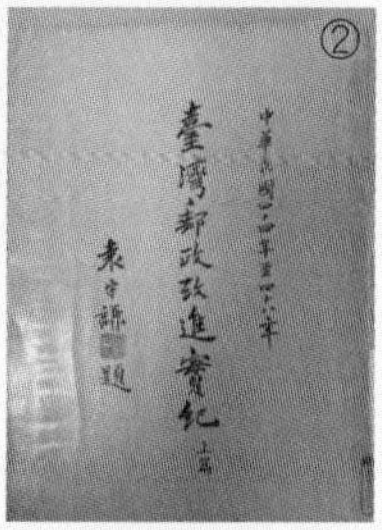

①民國 26 年 12 月 15 日鄭縣軍郵總段許季珂（前排左四）、傅德衛（前排右四）兩總視察交接後留影。
②《臺灣郵政改進實紀》詳實紀錄了許季珂的郵政改革與創舉。
③傅德衛所著《服務郵政四十年》。
④薛聘文與白萊鵬合著的《中國郵資》。
⑤薛聘文所創《郵政公文處理辦法》。
⑥劉承漢所著《郵政法總論》是郵人考試必讀寶典。

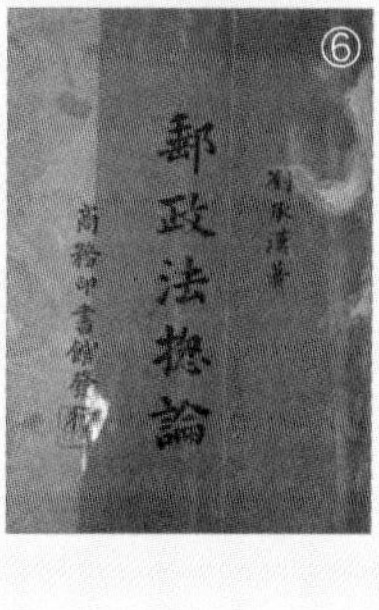

⑦ 1989 年薛聘文先生紀念圖書室於郵政博物館成立，左起郵政總局副總局長汪承運，首席副總局長潘安生，總局長王述調，右一為前郵聯處處長沈尚德。

⑧民國 36 年全國僅有的臺北郵局女郵差。

⑦

⑧

⑨

⑩

⑨民國 18 年「上海郵務同仁反對中美航空合同運動委員會」成立，劉承漢（前排右一）為主持人之一。
⑩民國 38 年設計考核委員會成員，左起設計專員潘安生，設考會秘書室主任邱信亮，設計專員王士英，繪圖員鄭鑑（照片背景大圖即為其所繪製）。

青潭追憶

青潭追憶

「……一江山失陷，使美軍顧問確認中共空軍已有飽和轟炸的戰力，因此讓國府高層感受到中共解放軍、蘇聯駐華空軍可能奇襲轟炸臺灣的壓力，雖然當時臺美已簽署共同防禦條約，戰時已有美國盟軍當靠山，但畢竟戰爭開始的第一時間，臺灣各地仍是中、蘇可能聯手襲擊的主要戰場」

「……當時中華民國黨、政、軍、情各主要機關……都集中在臺北市核心地區辦公，……各機關將非常容易在一次中、蘇空軍渡海轟炸臺北市的大規模空襲下全部受創，造成國府黨、政、軍、情四大系統的全面癱瘓。」

——《重返一江山（下）王應文口述》

民國四十四年一月二十日一江山失陷，同年，政府制訂了「臺北市防空疏散計劃」，指示各中央政府機關為因應臺海一觸即發的戰事，應預先部署戰時辦公位址，於是重要機關單位陸續在新店山區建立疏散辦公室。

民國四十五年八月一日，臺灣省政府教育廳與衛生處同時疏遷霧峰辦公。同年十一月省政府全面搬遷至南投虎山腳下的「營盤口」（即中興新村），自十二月一日起開始正式辦公。

民國四十四年許季珂接任臺灣郵政管理局局長。為響應政府的疏散計劃，並為自播遷以來，即棲身長沙街一段二號一隅辦公的郵政總局及臺灣郵政管理局解套，做出了疏散下鄉的決定。

《郵政大事記》第二九一一條關於「疏遷青潭」這樣一件大事，卻言簡意賅：

四十五年十一月十五日　臺灣郵政管理局在臺北近郊青潭地方興建疏散辦公房屋，將總務（部分）、郵務、出納（部分）、考工、人事、檢核、設考等單位遷往辦公。

這個龐大的疏散搬遷計畫，對郵政員工來說無疑是一次牽涉萬端的大遷徙，對許季珂而言又何嘗不是一個艱難的考驗。所謂「謀定而後動」，謀需要有大智慧，動則須有大魄力。從覓地建村、勘查規劃、屋舍設計建造、到新建社區數百人「管、教、養、衛」的整體配套建設，許季珂主導了郵政幾百戶人家由城下鄉的搬遷，在青潭的荒野不毛之地建起郵政的「中興新村」，胼手胝足的過起充滿戰鬥意識與中興盼望的克難生活。

青潭不如碧潭有名，因為它地處荒僻，不過是臺北往坪林公路上的一個小站！從油車坑路直行，越過溪流，面對土山有一塊躲在山坳裡的河床地，空地上憑空蓋起了水泥空心磚、文化瓦頂的幾棟平房，溪上建了座水泥橋叫郵政橋，郵政橋邊上設了公車招呼站，這是民國四十六年的青潭郵政新村，全盛時期約有郵政員、眷五、六百人在此生活。

山林環抱叢樹茂密固然有幽林野趣，初建村時青竹絲、龜殼花、雨傘節各色毒蛇頻頻在此出沒，好像在強勢宣示主權，造成不少困擾。就有人說蛇是最怕鵝糞的，有一陣子總務部門還真發揮了實驗的精神，養了大批鵝群作為驅蛇的使者，任牠們成天大搖大擺行走在蔓草叢生的荒蕪之地。後來到底是群鵝驅蛇有功，還是人丁旺了，蛇虺自覺非久留之地遷地為良，不得而知。總之，彼此各退一步固守原有疆域，也就相安無事了。在這片鄰近溪邊的荒野之地，滿是卵石堆積的河床，陽光一來清明慵懶，彷彿可以帶人進入世外悠然的時光。其實不然，當烏雲堆起，驟雨狂飆，就必須築堤才能自保，尤其春夏兩季暴雨一來河水暴漲，滾滾滔滔便是一片汪洋！

郵政青潭新村大致可以分成辦公區和宿舍區，跨過郵政橋，首先映入眼簾的是呈山字型的郵政管理局辦公室群，前、中、後三排平房兀立在最前哨。局長、副局長和秘書辦公室在中間，其他各科室分列兩旁，右翼是視察室、人事室和總務科，左翼是出納科、郵務科及考工室。後面接著是餐廳和廚房，以及之後又興建的大會堂，兼作羽球運動健身房之用。

山坡上的儲匯部門是辦公室的延伸，日後擴建為電子資料處理中心，郵政進入電腦時代的即時連線中樞就在青潭起步。辦公室與員工宿舍中間隔著一塊空地，藉以區隔並避免公私不分相互干擾。員工宿舍分甲、乙、丙、丁數種，外加單身宿舍。甲種十棟給各科室主任，乙種十棟給副主管（包括秘書和視察員），丙種和丁種依次為組長和一般職員。別以為甲乙兩種配給主管和副主管的宿舍是怎樣豪奢的洋房，每戶都是制式的二房一廁的格局，沒有冰箱電視的年代，廚房燒的還是煤球，經常一燒起飯來家家戶戶滿室生煙。水是地下水抽上水塔分接各家的，洗澡水靠的是鐵皮爐（俗稱炮杖爐）用煤炭燒熱，引入澡盆使用，一切克難從簡，所幸有抽水馬桶為衛生把關。潘安生分配到甲種宿舍已經是最大的坪數，約莫十五坪大小，一家五口三代同堂要塞進兩間小小的臥室。「一廳」約有六坪大，是屋舍中最大的一間，不但是起居室也是餐廳外加書房，當唯一的餐桌權充小孩的書桌，潘安生看報、看書就只能縮到沙發一角。「反正有公事就直趨數尺之遙的辦公室！」，潘安生顯然不被狹隘的空間所困擾。

最困擾的是部分需在城裡上班、上學及分配不到宿舍得從城裡下鄉上班的那些人。兩部交通車每天早晚載著下鄉、進城的人，舟車勞頓奔走於城鄉之間。

當地沒有幼稚園，郵局居然就自己辦起了郵政托兒所，再大點兒的孩子有青潭和新店國小可以上，中學呢？竟然又說服了北一女在新店設了一個分部，設了分部不打緊，還破例男女兼收！因而有些男生有幸作了「一女中」的學弟，只是女校裡的男生，萬紅叢中幾點綠，在眾多的「巾幗英雄」堆裡總是有些不自在罷了。

家庭主婦每天不可免的必須買菜燒飯，距離市區有一段距離的青潭新村，最初局方每天派出交通車到新店讓主婦們上菜場採買。但畢竟不是長久之計，總務科科長鮑伯玉和副科長黃友樾腦力激盪出了新點子，便在宿舍後面開闢了農場種植蔬菜，自設菜場供售員眷。還先後開設了養雞場、魚塭跟食堂，把新村變成一個生活機能超強的社區，讓主婦們省了不少事。

員眷宿舍和辦公室之間的空地後來規劃了網球場和籃球場，還建了可容納四、五百人開會的大禮堂，並在裡頭規劃了三座羽球場，變成員工可以風雨無阻的休閒運動中心。而這個多功能的體育館，每逢節慶，更變成老人家聽戲或票友粉墨登場的最佳去處。那時幾位擅長京韻的同仁和眷屬客串演出，叫好又叫座！

青潭也因而數度成為臺灣省郵政員工球類運動會的會場。每逢運動會，各地郵政機構分為北一、北二、中、南、東五區集結到青潭競賽。這時郵政橋頭豎起了運動會的高大牌樓，從聯外道路到橋的兩側一路旗海飄揚，各區運動員穿著制服精神抖擻的來競技，那場面令人難忘，而數天的激烈競賽也總為寧靜的青潭鄉居，帶來盛況，憑添許多生趣。

一大村子的人，宗教信仰五花八門、三教九流，各彈各的調、各唱各的曲。潘安生的母親篤信佛教，潘安生為她安置了一個小小的佛堂，暮鼓晨鐘，晨昏定省。其他同仁有基督教浸信會的、有信天主的、阿彌陀佛的，虔誠的教友不免熱心傳道，每逢佛會，就要進廟燒香祈福，星期天大人要做禮拜，小孩不能閒著要去上「主日學」，潘安生不能免俗和夫人去聽道詠唱「天主佑我」……。

幾百戶人家南腔北調、兒女成群、數代同堂，幾乎都是經過時代動盪的洗禮，和無情的聚散與漂泊。他們在克難的生活中，品嚐離難後難得的恬靜，即使只是一場星期天午後的廣播劇，公餘球場上大汗淋漓的廝殺，都能有點滴甘美在心頭！

青潭不似碧潭，可以徜徉瀲灩波光，賞遠山近翠的美景，然而對每個曾經在那裡度過克難歲月的人而言，自有一葉小小的扁舟划向記憶的潭影波心，有篳路藍縷的艱辛步履，有山河重光的盼望，有偏安一隅的倖存感，雖然國家、個人的前程茫然不可逆料，卻相信堅持過了艱苦時光，就會另有天地！

【郵識點點靈】**麻達——平埔族（西拉雅族）如飛的信使**

清朝時期的臺灣郵驛制度，沿襲大陸舊制。因臺灣不產馬，以馬匹代步的驛遞，自然行不通，只能以人力徒步遞送郵件。

平埔族人以善跑而聞名，能「逐走射飛」、「疾於奔馬」，因而臺灣早期郵遞，在清道光年以前，官方公文皆僱請麻達代為遞送。

平埔族（西拉雅族）人給十二至二十歲的未婚青少年一個特別的名字「麻達」或「貓踏」。平埔族人習慣以藤或竹篾束腰，保持體態輕盈，跑起來可以健步如飛。據原住民文獻《東番記》記載，他們盛行競賽，有「無事晝夜習走」、「從幼習走，以輕捷較勝負，一日能馳三百里，連快馬都趕不上」的各種傳說。

麻達在山嶺間奔馳，像羚羊也如脫兔，或許更像飛鳥。看看對麻達的描述：「麻達，走遞文書，插雞尾於首，手背繫薩鼓宜（鐵製傳令鈴），……沙起風飛，手肘與薩鼓宜叮噹遠聞，瞬息間已十數里」、「兩手繫鈴鐺，其走如飛」。想像一群平埔族青少年，頭上插著稚尾，手帶著薩鼓宜，跑過崎嶇的山路、湍急的溪澗，翻過一座座陡陡的山頭，風馳電掣，雉尾隨凌厲的風勢颯颯飄飛，手肘和薩鼓宜碰撞叮噹作響，路人聽到了得趕緊讓道，那像風一樣的健步，帶著公文，急急如令，瞬息十數里，飛奔到他該去的方向！

這是麻達在臺灣驛遞史上最動人的畫面。

①

②

①昔日位於青潭的臺灣郵政管理局。
②今日的青潭辦公處。

④

③

③青潭郵政新村丙舍前，暴雨過後的積水。
④民國 51 年 6 月青潭郵政員工托兒所成立，郵政總局長何縱炎親臨剪綵。
⑤青潭郵政員工托兒所。

⑤

⑥

⑦

⑥青潭郵政疏散辦公處員工從事公餘生產，試辦農場養雞，交通部長沈怡於假日偕夫人蒞臨參觀。
⑦平埔族如飛的信使——麻達。

天涯郵蹤

天涯郵蹤

報告第三十八號

事由：研習結束，遄返台北

職奉准赴歐研習，以二月為期，自四十八年六月三十日啟程，七月二日抵巴黎，留法四十日，八月十日到倫敦，同月十七日到西德多特蒙，二十二日赴瑞士，二十九日在瑞士結束全部預定研習日程，隨即啟程遄返，於九月四日上午十時半返抵台北松山機場，計全程共六十七天。除另作總報告，歸納總結外，謹此報請：

許季珂在臺灣郵政管理局局長任內（民國四十四至四十九年），遴選了數梯郵政菁英至國外學習考察，先有鮑伯玉（四十六年初至同年六月二十五日），繼有王振世、簡爾康（四十六年十二月至翌年三月）先後兩梯半年及三個月不等赴美研習。然後是潘安生（四十八年六月三十日至九月四日）赴歐洲法、英、德、瑞四國考察取經。

在外匯吃緊的年代，潘安生的日支出差費一天十二美元（民國四十八年美元對台幣的匯率是一比四十），包山包海的十二美元，是吃飯、住宿、交通全都包在裡頭的，所謂「在家千日好，出門萬事難」，「窮家富路」，這可是勒緊褲腰帶的省錢大作戰！

那年頭出國很稀罕也很難，出國前安檢室更是嚴密檢查、層層把關。國內審查完還是不放心，出了國門每個點都安排了人來「照應」。說是照應，其實更大的目的是監視，那樣的年代跳機叛逃的不是沒有，出個國還是很緊張得處處提防……潘安生不但不介意，反倒覺得好，他本以為單槍匹馬出使異邦，難免有些風蕭蕭兮易水寒！沒想到異鄉他國蠻夷鴃舌，隔三差五總有親切的鄉音來電話問候，每個禮拜天還總是風塵僕僕陪著他到風景名勝來個深度之旅，真是不亦快哉！

潘安生說：革新進步，畢竟是擋不住的勢頭。

誰說不是！六十二年後的今天，臺灣到巴黎約一萬公里飛行距離，長榮航空直飛只要十四小時二十分鐘，就能送你到塞納河左岸喝咖啡。

民國四十八年初出國門的潘安生，到了松山機場既寒磣又簡陋的候機室，沒有等到A380，也沒有777噴射客機，而是來了一架CAT！那就是有名的飛虎將軍陳納德的「民航空運隊」，而用的可是頗有復古情調的螺旋槳。

從臺灣飛巴黎，要先到香港，再轉搭泛美世界航空（PAA）四螺旋槳的大型客機。傍晚從啟德機場起飛，「追著落日，子夜時分方才到達熱烘烘的泰國，在轉機室被關了三個多小時，重新登機西飛進入印度半島，到喀拉蚩機場天色已晚，在候機室內折騰幾個鐘頭然後再度登機起飛，昏昏沉沉的穿過波斯灣，進入黃沙彌漫的阿拉伯半島，凌晨方抵地中海邊的貝魯特（黎巴嫩）。」

再度登機，要飛越碧波萬頃的地中海，銜接千年古羅馬城。登上的是航空界的新寵兒——噴射客機（Jet），這是橫越九千里路雲和月最輕快的樂章，而且是個超級快板——只要一小時！

如果現代人出國是這種天長地久的飛法，真不知道誰還有那麼大興致去旅行？

法國

如果你夠幸運 在年輕時待過巴黎
那麼巴黎將永遠跟隨著你 因為巴黎是一場流動的饗宴

——海明威《流動的饗宴》

住在花都

為了看緊荷包，大使館在相對便宜的第五區幫潘安生訂了旅館。第五區也叫拉丁區（Quartier Latin），是學生聚集的文教區，著名的索邦大學就在其中。一九六八年的五月風暴，學生的抗議活動及遊行，就是以此地為中心。潘安生住的是一棟五層樓的小旅館，電梯門還是老式的鐵柵欄拉門，僅能容下一、二人共乘。頂樓上一個簡陋的小房間，既不供應早餐、也沒有洗澡間，想洗澡就通知旅館準備熱水，還得另外付費。

隔日，潘安生馬不停蹄的趕到中華民國駐法大使館（位於巴黎第八區喬治五世大街十一號）拜會陳雄飛公使。當他走進大使館，還看見館裡擺著甲午戰後，為李鴻章到歐洲訪問臨時趕製的太師椅。潘安生深自慶幸，雖他單槍匹馬闖蕩花都巴黎，所幸陳公使在先前多次參與我郵政代表團出席各項郵盟（UPU）會議，與許多友邦郵政代表已相當熟悉，由他引介，法國郵政各部門幾乎有求必應，使潘安生在法國五個星期的研習，幾乎走遍郵務、儲匯各部門，以及所屬各級郵局、運轉郵件的車站、機場、碼頭，可以說一切從心所欲！潘安生記得很清楚，陳公使劍及履及，見面當天就與法國郵政儲金總局局長蓋堯姆（A. Guillaume）通電話，當下就敲定了前往晤見的時間。

食在巴黎

你都是大人了怎麼還喝巧克力？

法國以美食聞名於世，早餐卻大出潘安生意料，遠不如英國人吃的 English Breakfast 豐盛。在巴黎拉丁區裡，因為是學生、教師出沒的大本營，隨處都有 Café 提供簡單的早餐。

法國人一大早就喝酒的！當潘安生找到一家鄰近的 Café ，站到吧檯邊：「給我一杯熱巧克力，再要兩塊香軟的可頌。」立即引來店家的疑問：「你都是大人了怎麼還喝巧克力啊?」哈!「吃完早餐我可有天大的正事要辦，怎麼可以一大早就喝得醉醺醺?」潘安生沒有說出口。

六十年代的巴黎是全世界物價最昂貴的城市之一，進普通餐館吃一頓客飯要兩、三美元，這對一天只有十二美元預算的潘安生來說是不切實際的。可是，別急!法國郵局自辦的食堂就提供了意想不到的「好康」。這員工的餐廳不但布置陳設極其整潔雅致，菜色豐富，燈光一流，桌椅餐具更是考究，不亞於上等餐館，最重要的是以這樣高貴的排場，一餐只要八角美元，真是太物超所值!因而這郵局食堂，在潘安生法國研習期間，就成了他最愛光顧的地方。

長長五個星期，再美味的熱巧克力可頌，再物超所值的法式美食，還是無法滿足思鄉的味蕾，偶爾想找家實惠的中餐館小打牙祭，不小心誤闖桌上擺著毛語錄的餐館，又是心驚又是犯嘀咕。之後潘安生謹遵三不政策，好不容易找到一家溫州人開的麵館，吃碗餛飩麵騙騙中國胃，也就符合了他窮學生一樣拮据的生活水平。

行在巴黎

但凡在歐洲研習期間的食、衣、住、行，莫不以十二美元作為最高指導原則。在巴黎，計程車跟巴士價格昂貴，連想都不用想!只有擁有綿密的交通網、快速又價廉的地下鐵才是可行之道！巴黎地下鐵歷史悠久，從一九〇〇年開始在花都運行，全長二百二十公里、十六條路線將整個城市緊緊的連結在一起，把偌大的巴黎變近、變結實。一票到底，一個星期一張長期票還有優惠，太經濟實惠了！

郵政劃撥 規模宏大

相較於歐洲各國郵政劃撥（GIRO）業務的先驅，（歐洲各國郵政劃撥業務開辦時間：奧地利一八八三年、匈牙利一八八八年、瑞士一九〇五年、德國一九〇九年、盧森堡一九一一年、比利時一九一二年），法國郵政劃撥儲金制度於一九一八年立法通過實施，並不算早。但到了六十年代法國已擁有四百多萬的劃儲帳戶，密度為歐洲各國之冠。因此法國的 GIRO 便成潘安生研究的首要項目。

法國規模最大，業務最繁忙的巴黎郵政劃撥儲金中心局，七層樓的大廈，容納了六千五百名員工，三千多台計算機，處理全國三分之一的郵政劃撥儲金業務。一進門，答答的聲響宛如置身工廠繁忙的生產線。

那機器嘩嘩的響聲，讓潘安生想起五、六十年代的中華郵政每到一年兩度的利息結算，總要請來大批商職學生，在青潭郵政新村大禮堂擺滿桌椅，人手一把算盤埋頭苦算，一片算盤聲彷若驟雨打芭蕉。那樣的年代一直持續到儲匯窗口開始使用 NCR 計算機之後才告停止。

法國劃撥儲金業務歷時四十年推行，郵政機構的普遍便民，應是蓬勃發展最基本的因素，另一最重要的致勝關鍵，應該首推政府的立法倡導。一九四〇年二戰期間的法國，經濟和所有參戰國一樣，為龐大的軍需所累，法國政府明令頒布：「無論個人或企業團體其每月所得超過一定額者，必須為劃儲帳戶。」這使劃儲帳戶在不到二十年間，數目幾乎翻長五倍。

追求高效率的郵遞

郵件遞送是郵局最原始的本業，潘安生回想六十二年前，在法國見識到法國郵件傳遞的高效率，驚訝於他們怎麼就做到了「朝發夕至」（Overnight Service）或「夕發朝至」（Next Morning Delivery）的理想境界。

巴黎市依其行政區域，分為二十個投遞中心局，而其中又以五大車站為提綱挈領的郵件分揀中心。法國郵政與鐵路的關係異常親密，郵局和車站基本上就是兩位一體。火車郵廂可以整節、整列的駛入郵局地下月台，郵件就可以直接上輸送帶傳到郵件分揀部門。

每天晚上各分揀中心，一定要把進口到局的所有郵件，逐一分揀到全國各郵區和投遞局，封裝成袋送上郵車。在各路的郵車廂內則有另一批工作人員，隨車作業，沿途逢站裝卸郵袋，通宵達旦。而在另一端靜候郵件進口的郵局，一般都在半夜收到郵件，再整理分揀，拂曉交由第一班投遞手分頭投遞。

一個涼爽輕快的夏夜，潘安生從巴黎六大車站之一的里昂車站（Gare de Lyon）出發，乘著星光向法國第一大港馬賽推進！

午夜十二點夜色深沉，位於馬里尼昂（Marignane）的馬賽機場航空站，運郵專機正從星空中盤旋下降，機場郵局整裝待發的郵袋也已上了卡車，飛機剛剛停下，卡車立即迎上前去快速卸裝郵袋。另一方急馳而來的是汽車行動郵局，它專收馬賽附近地區郵局交由「陸空聯運」的郵件，也趕上了這班分秒必爭的運郵專機。

法國郵政有個原則，郵件寄達距離三百公里以內的以火車運送，三百公里以上的用飛機送到特定地點再轉運。一九五〇年代的法國郵政，已經備有幾十架運郵的飛機，在夜間往返於各重要航空站，加入運郵的光榮使命。每天午夜，夜航專機在各地穿梭，全國各主要郵件轉運樞紐已全部一網兼收，要讓寄達地遠在五百公里以外的郵件，仍然享有「夕發朝至」的承諾。

自一八九六年創立現代郵政以來，赴法研習考察郵政的，潘安生是絕無僅有的第一人，他自從接到指令，心中就立下志願（他自稱野心很大），要盡己所能多看多學，他自喻為唐僧西天取經，任重而道遠。每天見習完，他拿著成疊成疊的資料回到旅館，在頂樓的小房間挑燈寫報告，沒有時間打草稿，拿著原子筆在薄薄的紙上密密麻麻地寫（航空信五公克一個計價單位，郵資昂貴），經常一寫就到夜半，他隔著一片夜空，似乎可以聽見不遠處塞納河沉緩的水波拍岸的聲音，待至天色微明，他看見辛勤的法國人已經開始清洗大街，破曉的晨光優雅地灑在乾淨的大街和勞動者的臉龐，這個古老而美麗的城市有太多亟待探索的瑰寶，但他沒有時間貪看，一早又有滿滿的行程等著他，他得趕搭地鐵出門！

潘安生每到一個單位見習，資料、簡介、使用單據總是全套全套地收集，每隔幾天就得寄個公務包裹回臺灣，歐洲四國之行六十七天，飛書寄回臺灣的報告總計有三十八號。

這些都是他往後漫長的郵驛路上珍貴的種子和養料，他要在我們自己的土地上播種，讓它結實纍纍。

英國

英國跟法國是世仇，法國人找到機會不會放棄互別苗頭酸英國人一下，以美食引以為傲的法國，怎能瞧得起只會吃炸魚和薯條的英國，吃飯時不厭其煩的叮嚀潘安生：「你要多吃啊，你到了英國可就吃不到這麼好吃的麵包囉，在英國是從來吃不飽的！」

哲人已遠 典型在夙昔

就世界郵政歷史而言，英國郵政無疑是東方諸國的老前輩。英國人羅蘭希爾（Sir

Rowland Hill KCB, FRS, 1795-1879）最先倡導「郵政改革」，於一八四0年率先印製了世界第一枚郵票「黑便士」，開創了「郵資預付」和「均一郵資」制度（Prepayment of postage and Uniform rate of postage）的先河。

而英國之於我國現代郵政的淵源則不只於此，為中國海關及郵政盡瘁五十年的英籍客卿赫德（Sir Robert Hart, 1835-1911），在他任職中國海關總稅務司時，首先楬櫫開辦國家郵政的重要性，並從此展開三十年創立中華新式郵政，艱辛而漫長的催生過程。

民國四十八年那個已有涼意的夏天，潘安生來到英國，帶著朝聖的心情，看倫敦郵政總局大門前矗立著羅蘭希爾的銅像，俯視泰晤士河的古往今來。不禁聯想昔日上海的黃浦江邊，江海關大樓之前，也曾有過一座銅像，而那座銅像不是別人，正是赫德。雖然這座赫德在華鞠躬盡瘁五十年的豐碑，於二次大戰時為日軍所拆除，所有輝煌似已沒入歷史陳煙。然而，羅蘭希爾也好，赫德也罷，銅像存在也好，煙滅也無妨，他們在郵政史上的赫赫事功，毫無疑問的，不容抹去，已成不朽！

一九五九年中英兩國已無邦交，潘安生承駐英代表陳堯聖博士派員到機場接機，並安頓在離大英博物館僅一步之遙的羅素廣場（Russell Square）。

先前因為法國郵政友人對於英國餐點的批評，讓潘安生對於英國餐點有先入為主的偏見。沒想到英國小旅館隨房附送的免費英式早餐，完全顛覆了「在英國是從來吃不飽的！」

的印象。烤吐司、炒蛋、香腸、焗豆、烤番茄、蘑菇、洋芋、鹹肉、外加牛奶、茶和咖啡，豐富到以一種最歡躍的，幾近早午餐（Brunch）一般豐盛的驚喜，成為潘安生在英國研習期間省錢大作戰的尖兵。

郵政先驅者

英國人一向以先驅者自居，郵票創始於英國，「黑便士」不但是第一枚郵票，也是唯一不印國名的郵票，乍看之下，大有日不落國「普天之下，莫非王土，率土之濱，莫非王臣」的氣魄。然而英國人自己的解釋則有點出人意表：郵票不印國名並不包含「家天下」的陶醉之意，主要是要保持一種傳統的規格。

除了郵票，最早開辦郵政儲金的也是英國，第一套自動分信機也在英國出現，雙口信箱、火車郵局統統是英國人開天闢地的傑作。

英國的郵政儲金發萌甚早，不得不提到手訂「郵政儲金法」的偉大政治家格拉史東（Sir William Ewart Gladstone, 1809-1898）。這位從一八六八年以後，四度出任英國首相的偉大政治家，在一八六一年以財政部長的身分出席在下議院舉行的「郵政儲金法草案」二讀會辯論過程中，發表熱烈演說，進而促成該法案順利通過。

英國儲金業務只以存簿儲金為主，目的在吸收小額存款，標榜的是有國家擔保穩妥可靠。百分之二點五的年息歷經百年不變。據一九六一年的資料統計，五千萬人口的英國，平均每兩個人就持有一本郵政儲金簿，最令人津津樂道的是全國一律通儲，一人還准予開立多個帳戶，但存款總額以三千英鎊為限。最先進的觀念，則是對存戶個人資料的保密，絕對滴水不漏。

英國首創的自動分揀機

訪歐之行的另一項附帶使命，就是考察工業國家的郵用機械設施。但在半世紀以前，即使是歐美先進國家，郵政機械化和自動化也僅在萌芽階段。

潘安生前往距倫敦一百一十一公里的南方人港南開普敦（Southampton）去參觀正在試驗中的電子郵件分揀機（Electronic Sorting Machine）。這項新發明，可以分揀高達一百五十個收件地（destination）。這種機器分揀的先決條件，是郵件尺寸必須標準化，地址號碼化，所貼用的郵票還必須有特殊的刷色。這套必須有「燐光郵票」才能符合辨識條件的機器，無非削足適履，已經失去機械分揀的初衷。

令人艷羨的地下電動運郵管道鐵路

英國郵政在倫敦全市各大郵局據點之間，有自成一套的地下鐵運郵系統，令人艷羨！潘安生在英國最大的快樂山（Mount Pleasant）郵局，見識了極具特色的地下運郵管道鐵路。這些管道直徑僅容得下一列郵包專車來去，無人駕駛、以電力控制的運郵專車，是「倫敦郵局地下鐵」，不論天候，不被路況和交通號誌所干擾，不捨晝夜在地下一路暢行，效率一流，誰與爭鋒。雖然當初開發投入可觀的成本，卻是連死敵法國人都羨慕的！

德國

戰爭的殘酷在一九五九年的德國，依然清晰可見。二次大戰德國遭盟軍地毯式轟炸，幾乎沒有一個城市倖免於難，即使已經是戰後的第十四年，依然隨處可見殘留的戰火遺跡。潘安生造訪時的德國處於分裂狀態，東西德壁壘分明，東德歸蘇俄管轄，西德則歸英、美、法共管。

柏林也因而被迫一分為二，為了防止蜂擁的難民在陰陽界上穿梭，防堵自由想望的柏林圍牆，在一九六一年被高高的築起，硬行闖關者立成槍下冤魂。殺戮阻止不了在圍牆前仆後繼倒下的人，他們以性命相殉，對時代的謬誤和殘酷提出血淚的控訴！

郵政劃撥業務在德國

西德的郵政總局設在波昂，也是德國唯一與我有郵誼的城市。但因潘安生參訪行程十分緊湊，決定直接到魯爾工業區的中心多特蒙（Dortmund）省郵區管理局參訪。

多蒙特在二戰期間遭受無情戰火的蹂躪，幾乎夷為平地，十餘年的時光，它新廈高樓平地崛起，似已甩脫戰敗的悲情和創傷。多特蒙郵區的劃撥中心局（Center of GIRO），即是戰後新建的七層樓大廈，紅磚磁瓦，矗立於藍天白雲間，甚為壯觀。

德國的郵政劃撥儲金制度創立於一九〇九年，雖不是最早，卻以青出於藍的姿態領先群倫。郵政劃撥儲金的本質不在於「儲金」，而是以「轉帳」為能事。最大功能在於抵銷通貨膨脹，穩定金融。在德國的GIRO帳戶活動，已經百分之九十以上不使用鈔票，只是帳面上的移轉。與法國的劃撥業務相比實質的操作內容更加先進而便捷。除此，德國劃儲帳戶提款之便利也讓潘安生耳目一新！提款條名字一簽，即可透過電傳到劃撥儲金中心核對印鑑，隨處可以提款便利之極。臺灣即使在多年後仍僅能在立帳局及特定付款局取款，相比之下，便利性真有天壤之別。

郵政劃撥儲金起源地在奧地利，早在宣統年間，我國即曾派出第一批留學生專程赴奧地利學習，以余翔麟為代表。民國二十五年前後，郵政儲金匯業局再度考選王惟中等三名學員，赴奧地利研習。只可惜戰火無邊，一再延宕，致無法開展該項業務。直到勝利光復才在臺灣沿襲日制的「振替貯金」，並正名為「劃撥儲金」逐步推行。

包裹業務發達令人驚艷

潘安生接著到海根（Hagen）一等甲郵局參觀郵政包裹業務。海根（Hagen）在多蒙特城南三十公里，是一個純粹的工業區。遠望黃煙滾滾，全是煉鋼廠噴發而出。因處鐵路樞紐，鐵路郵件運輸中心順勢設於此地。

一般而言，夏天並非包裹業務的旺季，然而在海根郵件中心，潘安生看到進口收寄包裹的牽引車不斷湧來，經由隧道駛向鐵路車站的月台，而月台上的郵政車廂，正敞著門在趕緊裝車待運。忙碌的氣氛彷彿年關。

原來德國的郵購風氣極盛，每天下午商店打烊之際，必有大批待運的包裹湧至郵局，因而助長了郵局的業績。

那時的德國已經不用郵袋封裝包裹，而是使用統一規格的紙箱。他們正積極推動標準化信封、還要大刀闊斧的施行四位數郵遞區號，這是郵件自動化的前奏，也是世界的浪潮。而實幹苦幹、實事求是的德國人，不會在這個關鍵點上落於人後！

偏遠地區郵車是唯一的信靠

德國的鐵道是國營的，依規定公路客運除在鐵路附近的由鐵路兼營外，公路上行駛的客運汽車全歸郵政經營。除了鐵道沿線之外，一切營業性質的巴士，都要先經郵政局核准才可以行駛。但在較為偏僻的鄉下，山涯海角就只會看見黃色的郵政客車馳騁往來。

據當時德國郵政的統計：西德郵政汽車總數在二萬輛以上，這樣龐大的車隊，在城市、鄉間日以繼夜為人們往來的便利和通訊的自由肩負著使命。別看黃色郵車無處不在的跑，這項業務實際上是個包袱，窮鄉僻壤、山巔水湄，運客量原就寥寥可數，少少的客運補貼只是杯水車薪，整項業務實際上是虧損的。

然而郵政這種「傳統產業」，雖有光輝的傳統和歷史的光環，仍不免因為時代的轉變，面臨轉型及經營上不可避免的困境，這恐怕中外皆然。唯有一本初衷，跟著潮流、跟著感覺，一點巧思，再多一點服務的信念，截長補短，還是可以為服務普羅大眾的美好願景永續經營！

瑞士

一般人提到瑞士，想到的可能是精緻的湖光山色、精密的製錶工業、香醇的巧克力和萬用的瑞士刀，想到它是一個小小的卻堅定的永久中立國。

面積四萬一千二百八十五平方公里，人口八百餘萬，全境幾乎在阿爾卑斯山環繞中的瑞士，是全世界最富裕的國家之一。百分之七的國民所得來自觀光，全國的街道、路標、名稱不厭其煩的以德文、法文、義大利文、羅曼什語四種官方語言標示。

伯恩——萬國郵政聯盟的永久會址

由於瑞士是永久中立國，成為世界組織會址的最佳選擇，因而擁有二百多種國際組織蝟集於此，包括一八七四年創立的萬國郵政聯盟（Universal Postal Union, UPU）。

郵盟座落於瑞士首都伯恩市區，一進市中心就可以看見「郵盟紀念碑」巍然矗立在公園中央。郵盟的官方語言是法文，近年增列英文為工作語言，顯然在順應時代的趨勢與潮流。一九五九年萬國郵盟大會堂裡，就已有先進的同步翻譯設備。郵盟的內部陳設、家俱、書畫，無不是各會員國所捐贈或承製，置身其中，就像一個小型的聯合國。而在郵盟任職的人員也是從各會員國推薦遴聘而來，瑞士人反而不多，具體而微地呈現「天下一家」的觀念。

UPU按月出版的《郵盟月刊》（*L'Union Postal Monthly*），原先只以法文印行，二次大戰後改用七國語言編印（法文、英文、中文、俄文、阿拉伯文、西班牙文、葡萄牙文）。而中文翻譯部分，當時郵盟交給一位中文程度欠佳的華僑負責，潘安生發現她翻譯詰屈不通，對於郵政專用詞語尤其錯得離譜，簡直不知所云。潘安生於拜訪郵盟當下提出了建議要求改進。之後會方才改將該刊原稿航寄台北，由郵政總局自行譯成中文。總算讓中文版月刊一甩塵霾，耳目一新。當時郵聯處處長邱信亮親自主持編譯小組，潘安生、胡全木、張翊、林志夏都是組員。這樣一直持續到一九七二年中華郵政退出郵盟為止。

銀行制度舉世聞名

瑞士的銀行制度舉世聞名，即使遠在二十世紀六十年代，它的郵政儲金制度也遠遠比其他國家先進完善。以 GIRO 為例，規定每一個帳戶開戶最低門檻是五十瑞郎，這一筆基本存額不能提用，所以帳戶越多累積的基金就越雄厚。因而 GIRO 結存的總額為數甚鉅，郵政局把它存入中央銀行，央行再以年息百分之六支付給郵政局。以當時一般存款利率百分之三的水準，其中的利差，用來支付郵政員工薪資及設備的開支已經綽綽有餘。

公眾利用 GIRO，一概不收取手續費，所需單據亦一應免費供應，但提用現金則要酌收手續費。擺明了就是要鼓勵多儲蓄少提款，這雖然又是「鼓勵儲蓄、累積資本、厚植國力」的老生常談，卻是百年來不變的硬道理。

設計天才 vs. 郵運虧損

瑞士人有設計及製造的天才，不僅製錶工業舉世無雙，在各種機器的運用上，也比其他國家更加普遍精良。在 GIRO 中心，計算機人各一具，與法、德兩國都是三個人合用一具顯然闊氣很多。人人有電話可以隨時查證帳戶餘額，並有電視機可以比對印鑑。又有縮印檔案，支票存根都可以做成微縮膠片（microfilm），以便存查。設備著實已比其他國家先進許多。

潘安生看瑞士的黃色郵車和德國一樣，不論城鄉滿山遍野的跑，擔負著運郵以外的客運服務。不幸的是，也同樣面對虧本的命運。只是，有創意的瑞士人，創造出了一隻很會生「金蛋」的大母雞，他們所設計的郵票精美無比，又有一流的印刷技術，讓世界各國的集郵人士趨之若鶩，這源源而來的集郵收入極為可觀，對於彌補郵車業務的虧損已綽有餘裕。

餘音

潘安生民國四十八年的歐洲四國郵政觀摩，雖已年代久遠，記憶中花都巴黎那場燦爛的國慶煙火和塞納河上沉靜的水波，已逐漸在歲月中褪色。然而，當潘安生翻尋人生的記憶，在他四十三年八個月又一天的郵驛路上，有清晰無比的軌跡，郵政機械化的引進、郵遞區號制度的形成、分區投遞的實行，郵購業務的興辦、郵政「工作衡量制」的訂立、郵政博物館的創建，都是他兩個月考察期間所完成三十八號報告書的延伸和實踐。山光水影如鏡花水月，潘安生慶幸自己曾經走在一個洋溢著生命熱情的年代，凌駕個人的執念和毀譽，忠實地在郵驛路上印下足跡！

留奧學生不入郵苑經緯

清朝宣統年間，郵政也趕上自強運動的浪潮，清廷由各地方保舉選派了近五十名留學生赴奧地利學習現代郵政。當時學習業務以劃撥儲金為重點，選擇奧地利為留學地點，實因一八八三年創立劃撥儲金業務的奧地利，不但是此一儲金的原始鼻祖，且當時儲金蓬勃發展規模已十分宏大。

一年半的修習課程剛結束，甫拿到畢業證書的學生，就聽聞辛亥革命武昌起義建立了民國。鼎革興替的風雲，挾著學成報國的熱情，這一批留學生急急束裝返國，要投入建國興邦的行列。

那時的郵政人事權，還在法國郵政總辦帛黎的手裡，帛黎一方面不想用中國人，對於這一批毫無實務經驗的留學生，一回國就要擔任高級郵務員的重要職務，更是不以為然。於是搬出郵政一向以考試用人的慣例，要求回國留學生必須經過正式歸班考試才准予任用。留學生是經過遴選、學習、考試合格取得證書的，不但精通外語，還具備專業知識，怎能接受這樣的要求？於是拒入郵門！

雙方協商完全沒有共識，就破局了。

最終帛黎採取折衷的方式，給留學生司帳的職位（postal accountant），等於以初階高級郵務員的資位晉用，總算平息了風波。有部分留學生委屈地進局擔任司帳，部分還是硬頸不願屈就。這中國首批出國學習郵政的學生，在日後現代郵政的發展歷程中，出類拔萃的不乏其人，其中以官至郵政總局首席副局長的余翔麟為代表。

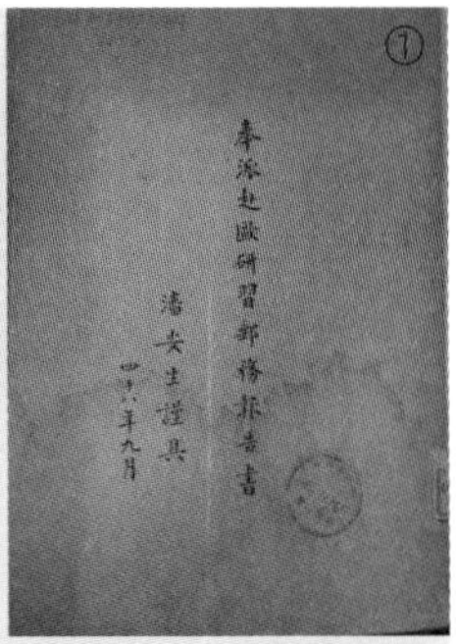

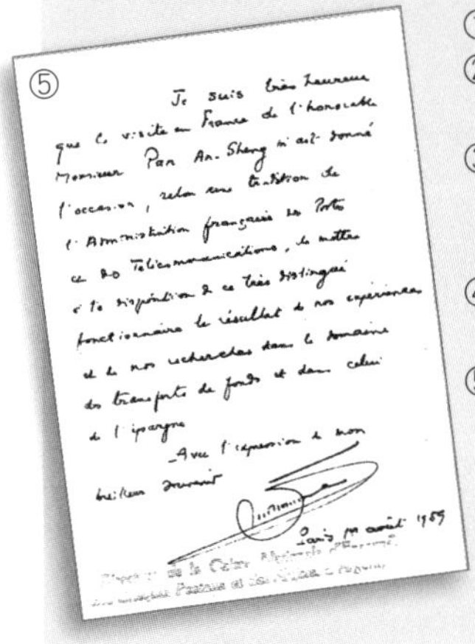
⑤

Je suis très heureux
que la visite en France de l'honorable
Monsieur Pan An-Sheng m'ait donné
l'occasion, selon une tradition de
l'Administration française des Postes
et des Télécommunications, de mettre
à la disposition de ce très distingué
fonctionnaire le résultat de nos expériences
et de nos recherches dans le domaine
des transports de fonds et dans celui
de l'épargne.
Avec l'expression de mon
meilleur souvenir
Paris 10 août 1959

①奉派赴歐研習郵務報告書。

②民國 48 年的松山機場，潘安生一家人都到機場送行。

③法國郵政儲金匯業局長蓋堯姆（A. Guillaume）於潘安生訪法期間親切接待及協助。

④台北郵局局長簡爾康（左一）到機場送行，停機坪上就是 CAT 班機。

⑤法國郵政儲金匯業局長蓋堯姆（A. Guillaume）與潘安生臨別合影，相片後還依依留言。

⑥ 1959 年巴黎的郵政劃撥中心已頗具規模。
⑦潘安生於英國郵政儲金局與局長（Mr.Wright）合影。
⑧多特蒙（Dortmund）郵區局長馬丁博士及夫人設宴款待潘安生。
⑨ 1959 年潘安生訪德期間，德國郵政同仁邀宴於鄉村別墅，享受難得悠閒時光。
⑩ 1959 年的萬國郵政公署。
⑪瑞士郵政總局公共關係室主任（Diner 右一）陪同潘安生至郵盟總部會晤郵盟副署長（Hoffman），並致贈國畫。

偉大的郵務改革家羅蘭希爾

偉大的郵政改革家羅蘭希爾

羅蘭希爾（Sir Rowland Hill KCB, FRS 1795-1879）於一七九五年出生於英國伯明罕西南十七英里的基德明斯特（Kidderminster, Worcestershir）小鎮，從事過教職，當過校長，也兼職過建築師。興趣廣泛的羅蘭希爾對天文、數學、美術、印刷術及交通運輸都展現濃厚的興趣和極高的天分。

羅蘭希爾畢生熱衷改革，翻開一生的事蹟，就是一部與官僚體系永不妥協的奮戰史。

十九世紀英國郵政正處於黑暗年代，黑暗的程度到了令人難以想像的地步！當時最令現代人不能理解的是宛如天價的郵資。平民百姓非不得已絕不輕言寄信，偶有書信寄到，不是很高興而是很苦惱，因為沒有錢付郵資！因此郵局裡多的是躺在那裡等主人拿錢來付郵資的待領信件。

英國郵資費率計算的繁瑣，到底是在反映高超的演算能力，還是利用繁複的計價方式，追求郵政更大的利潤，至今不得而知。一封信依距離、重量及內容物、附加物的不同，樣樣都牽動著毫釐必較的昂貴郵資。郵局職員必須就著燈光，逐件檢查信的內容物與附件，才能計算出應付的資費。當時光平信的寄遞就有四十種以上不同的資費。

比如，從倫敦寄到蘇格蘭的郵件，運送郵件的郵車車輪如果多於兩個，就要繳特別資費。寄往愛爾蘭的郵件，如果要經過利物浦轉運，理所當然要加錢。郵資既然如此昂貴，那效率如何呢？如果有人在星期五下班前把郵件寄到四十英里外的地方，郵件會在經轉的倫敦郵局呆躺一整天，星期二早晨如果能送到就是神的恩典！

郵政機構也不普及，甚至若干城鎮人口規模已到萬人以上，還不見郵局的設立，方圓數里也不見郵差的蹤跡。再加上天價的郵資，郵遞效率又如此牛步，平民百姓書信的往來，十之八九只有仰賴私人捎帶。

羅蘭希爾深信減降郵資不但是便民的要務，也是振興郵政的絕佳策略。他上書痛陳時弊，並請求准許到郵政總局蒐集資料，研擬改革方案，可惜未獲批准。不得郵政大門而入的羅蘭希爾，自行考查研究郵件運輸與投遞的實際成本之後，有重大的斬獲。他發現郵務的成本，大部分取決於處理的人工，至於運輸途程的遠近則關係不大。因此羅蘭希爾在《郵政改革》（*Post Office Reform : Its importance and practicability*）一書中提出「預付郵資」與「單一郵資制」（Prepayment of postage and Uniform rate of postage）兩大理論。一八三六年他將這本書上呈財政大臣，並得到面見鼓吹改革理念的機會，可惜想法的確驚動朝野，卻沒有得到青睞。

改革家的性格是不會輕易動搖的，一八三七年羅蘭希爾將《郵政改革》逕行付梓。那時的倫敦艦隊街（Fleet Street）群集眾多出版業者，而出版物要流通傳播至各地，靠的就是郵政的寄送。因而當羅蘭希爾的點子一出，立即受到出版家們的齊聲喝采！這本識見卓越的書，成為人們爭相傳誦、熱愛討論的主題，不旋踵洛陽紙貴三版售罄。

輿論的壓力迫使英國下議院不得不於一八三七年十一月成立專門委員會，審查羅蘭希爾的建議案。羅蘭希爾被邀出席做證並得到出版界一致聲援。郵政當局一方面矢言改善郵政業務，以平息沸騰的輿論，一方面在國會中抗擊羅蘭希爾的主張。羅蘭希爾面對種種挖苦和非難，報以數學家的理性，以嚴正的論據與確切的數字駁斥荒誕之說；以革命家的熱情，鍥而不捨地鼓吹、周旋於龐大的保守勢力。然而，他雖有鋼鐵般的信念，還有廣大的群眾與輿論做後盾，當他站在議事殿堂單槍舌戰一群毫無理想的官僚時，卻又是多麼的孤立無援！

最後委員會投票的結果，決定請政府施行「一便士郵資」（Penny Postage）——國內平信每重半盎司不論遠近途程皆收費一便士。投票結果並沒有動搖抱殘守缺的守舊派，竟將法案束之高閣。直至民怨沸騰，輿論大張撻伐，國會議員聯名陳情，政府才不得不接受。

羅蘭希爾取得郵政改革的第一場勝利，勝利的果實當之無愧，勝利的喜悅卻隱含陰影。他不知道實踐之路仍舊窒礙坎坷，因為新郵資法案的執行人，仍操諸反對派的手裡。而

「他」，不是別人，正是羅蘭希爾改革路上的天敵——郵政司長馬伯來。因而羅蘭希爾並沒有在郵局取得任何職位，僅在財政部投閒置散。當時的財政大臣法蘭西白令爵士更毫不掩飾他的偏見說：「即使郵政司長出缺，也不會派羅蘭希爾來遞補，因為我深信發明家絕不是實業家！」

新郵資制度（The Penny Post）於一八四〇年一月十日付諸實施，於是世界第一枚郵票「黑便士」（Penny Black）於焉產生（五月一日發行）。

身為郵票的始祖，「黑便士」擁有至高無上的地位，永遠記載著羅蘭希爾對英國，以至於世界郵政不朽的豐碑！雖然地位崇高，最初的使用過程卻一波三折——有個天才化學家發現蓋銷郵票的油墨，可以用油類洗淨。於是郵政單位立即研發不能用油類洗去的油墨。誰知道高一尺魔高一丈，又有另外的天才破解了秘方，用酸類把它洗得像新的一樣，郵票便可再度使用。郵資無法蓋銷，郵票制度一旦動搖，革新的道路便難以為繼！

這時羅蘭希爾親自出馬，將油洗印墨和酸洗印墨混合，竟然就研發出一種合乎理想的印墨，這才化解了危機。經過這些周折，「黑便士」功成身退被「紅便士」所取代（因黑便士顏色過於黝黑，戳印不易辨認），雖然從出生到壽終短短不到一年，它依然為「郵資預付」制度打了最光榮的一仗。

羅蘭希爾的英國郵政革新之路實在坎坷！一八四一年九月內閣改組，新閣又落入保守派手中，等到機會他們沒有對羅蘭希爾手軟，把他革職了！一身經世本領的羅蘭希爾前腳才踏出財政部，就被布萊頓鐵路公司延攬擔任該公司的董事，旋即又當選董事會主席。他創辦了遊覽列車及特快車，並且讓布來頓鐵路公司，自動向郵局提供郵車，免費載運郵件，促使布萊頓地區郵務蓬勃發展，他的經理長才此時得到充分的發揮。他接任時面值五十英鎊的鐵路股票只值三十五英鎊，三年後市價已經漲到七十五英鎊。

一八五四年肯寧公爵出任郵政總長，羅蘭希爾與馬伯來十幾年的纏鬥，終於到了決戰時刻。羅蘭希爾向總長攤牌，若不能出任郵政司長，他就要掛冠求去！

最終，羅蘭希爾接任郵政司長，馬伯來終於離開他長久霸占的位子，去了審計廳。於焉，羅蘭希爾時代開始，他擴設郵政機構，儘量便利公眾、撙節無謂開支、縮短工作時間、提高員工薪資、降低郵件資費。此後的十年，英國郵政面貌全然改觀，大展鴻圖。

以一八六三年與一八三八年相比較，全國納資郵件的數目增為八點五倍（當初羅蘭希爾只求郵件數量增至五倍，就可使郵政收入不低於新制前），營業收入擴大至一點六五倍；匯票金額則增加達五十二倍之多。那些保守派人士多年來不斷的杯葛和掣肘、惡意的攻訐、似是而非的反對聲浪，至此全都不攻自破！

羅蘭希爾從一八三六年到一八六四年為郵政改革所做的付出與犧牲，不是追尋理想的浪漫之途。他以一介布衣抗擊英國政府龐大的守舊勢力，赤手空拳劈開滿布荊棘的道路，帶領英國郵政走出黑暗時代，體現的是發明家純粹的理想和實業家經世濟民的遠大抱負。他不但讓郵政事業蓬勃發展，也成就了平民百姓不可企及的通訊想望，更證明了郵政的普世價值。

- 一八五七年 羅蘭希爾被選為皇家科學會會員（Fellow of the Royal Society）。
- 一八六〇年 獲頒英國最高級巴斯騎士勳章（Knight commander of the order of the Bath）及牛津大學榮譽學位。
- 羅蘭希爾退休年俸，特准按其退休前之全薪計算，年俸二千英鎊。
- 一八七九年 羅蘭希爾謝世，安息於倫敦西敏寺（Westminster Abbey），與眾多英國偉人共享一室肅穆與世人的景仰。

【郵識點點靈】美國發行國父郵票

知名歷史學家吳相湘在他所著《孫逸仙先生傳》一書中，曾揭露了一段美國郵政史上鮮為人知的史事。

郵票是國之名器，以嚴謹出名的美國國民郵票諮詢委員會，對於郵票發行主題的選擇，總是謹而慎之。很少發行外國偉人圖像郵票的美國郵政，曾分別在一九四二年及一九六一年讓國父像堂堂登上美國郵票，極可能已經破了當時的發行紀錄。

首先，一九四二年七月七日美國以紀念中國對日抗戰五週年為主題，出了一款紀念郵票。郵票兩側分別是國父及美國第十六任總統林肯。中間是中國地圖有CHINA字樣，地圖上有國徽。國父圖像下有「民族、民權、民生」中文字樣，林肯圖像下則以「OF THE PEOPLE, BY THE PEOPLE, FOR THE PEOPLE」相對應。

其次，一九六一年十月十日，美國郵政再以紀念中華民國建國五十週年，發行紀念郵票。郵票以國父像為主圖，圖像最上方是青天白日國徽，圖像下是國父英文名字「SUN YAT- SEN」。閔克斯（Minkus）一九七八年的美國郵票目錄中，對這套郵票有一簡短的描述：「……the founder of the Republic who fought against dynastic rule for the freedom of China.」。

美國與我國固有美好邦誼，美國郵政破天荒為國父發行兩次郵票，除了是對國父十次革命推翻滿清，建立亞洲第一個民主共和國的偉大功勳，深表崇敬與肯定外，相信也是對國父所持三民主義政治理念下的自由中國寄以厚望——這在一九四二年所發行的郵票，中美兩兩相對的政治理想，可以嗅出端倪。

③

①

④

②
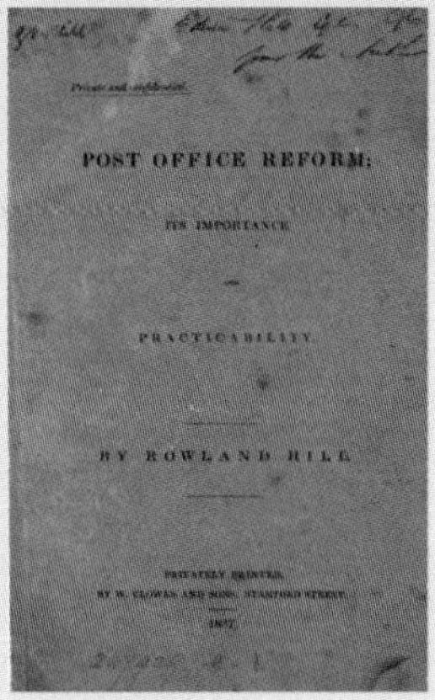
POST OFFICE REFORM:

ITS IMPORTANCE

PRACTICABILITY.

BY ROWLAND HILL.

①偉大的郵政改革家羅蘭希爾。
②羅蘭希爾所著的《郵政改革》（*Post Office Reform：Its importance and practicability*）。
③ 180 年後《郵政改革》以嶄新的面貌問世，與日新月異的郵政風貌相輝映。
④民國 31 年 7 月 8 日，羅斯福總統，美國郵政總局長弗蘭克 . 沃克（Frank Walker, 中）和中華民國外交部長宋子文在白宮檢視美國新發行的面值 5 美分的「中國對日抗戰五週年紀念」郵票。。

顧盼臨風——天下第一科郵務科長

顧盼臨風─天下第一科郵務科長

從溽暑啟程赴歐，到金秋返國，歷經六十七天歐洲四國的學習考察，潘安生從義大利羅馬返國，還是九拐十八彎才飛回臺北松山機場。民國四十八年九月四日潘安生風塵僕僕返抵國門，幾乎帶不動的行李中，大多是鮮有機會出國的同事及友人所托帶的東西。一下飛機有同事盛情來迎接他，潘安生既感謝又開心。那年頭出國真的不容易，所以到機場接送機也不視為畏途，反而覺得新鮮有趣，因為還可以順道去看飛機。

第二天一早，潘安生馬不停蹄地上班了。進辦公室第一件事，他開始檢查在考察期間從國外分批寄回來的包裹，逐件拆封開始整理。當他到總局報到，長官、同仁一見面就直呼：「辛苦了！」原來考察報告一共三十八號，早已陸陸續續寄達臺灣。每當潘安生的報告寄到，馬上被油印十份給相關單位傳閱，所以長官同事們憑文索驥，對他日程緊湊的歐洲之行都已瞭若指掌。

回國後那段時間，潘安生大忙特忙，除了對研習的資料進一步的整理消化，他不斷的思考如何仿效先進國家的郵政業務和制度，在臺灣學以致用，以求迎頭趕上。另外，相關單位臨時來找資料的也不少。

那一年，八七水災重創全臺，全島在劫難過後正努力重建。那一年，兩岸經過十年的風雲震盪，八二三的砲聲漸遠，海峽情勢逐漸緩和，青潭的疏散辦公處，部分已開始遷回城裡辦公。隔年（民國四十九年），潘安生於民國三十年在恩施進局所際遇的貴人許季珂，辭去臺灣郵政管理局局長的職務，而許季珂心心念念要重新復業的郵政儲金匯業局，經過多年的努力，也在這時展露曙光。

還在管理局擔任秘書室主任的潘安生，考察回來後席不暇暖，被徵召到北投郵政訓練所擔任軍郵訓練班的副主任，主任則由簡爾康擔綱。軍郵訓練班一切按軍事化管理，分九月、十二月兩期訓練。潘安生再度穿上戎裝、戴上大盤帽，對著臺下每期六十名的軍郵儲備幹部，講起軍郵的光榮使命與甘苦點滴，而那槍林彈雨、烽火連天的恩施軍郵生涯，已是歲月匆匆相隔十六年。

民國四十四至四十九年間，許季珂擔任臺灣郵政管理局局長兼總局副局長，在這五年之間，他風生水起、殫精竭慮，為郵政事業鞠躬盡瘁。對他個人而言是郵驛之路登峰造極的時刻，對郵政事業而言，他開創了一道難以超越的里程碑。許季珂除本身的肆應大才，還得力於人稱四大金剛的王（王振世）、楊（楊敏詩）、鮑（鮑伯玉）、潘（潘安生）幾位能手襄助。四大金剛之所以引領風騷，緣於當時總局人力十分單薄，許季珂仰仗臺管局的濟濟人才，幾乎把所有重要業務都交給臺管局辦理。這四位幹才也不負所望，在許季珂的領軍下幹得有聲有色。總局人員則不免大嘆生不逢時，因為沒有機會參與重要業務和新猷，那能展露頭角，又何來升遷的機會？

王、楊、鮑、潘的確令人欣羨！相繼接了天下第一科郵務科長。郵務科是郵政的領頭羊，郵務科長是臺灣郵政管理局的首席科長，除了整個郵局的郵務業務全在他的轄下管理，關於各級郵局局長的遴選，以至各項人事派令，都可以說得上話、參加意見，地位十分重要。四大金剛中，楊敏詩第一位從郵務科長晉升到總局視察，接著鮑伯玉緊隨楊敏詩的腳步，也調升總局視察，然後時任郵務科長王振世傳出高升的消息，人們便把目光對準郵務科長的遺缺，該由誰來遞補？

沒有意外！發布潘安生新職：臺管局郵務科科長。

民國五十年潘安生接下這個職務，讓他有機會將歐洲四國的研習成果，在中華郵政具體進行改革和實現，他迫不及待要學以致用！首先實施的是分區投遞，將各地郵局轄境分區，比如臺北市分為十五區，郵件從全國各地寄來不必到臺北局再轉發，直接寄到所屬的投遞區，各區單獨設投遞局，郵件既不必透過臺北局分揀也不必經轉，速度當然可以加快。分區投遞之後演變成郵遞區號的運用和實施（民國五十九年三月二十日開始推行三碼郵遞區號），潘安生鑒於歐美各國已有郵遞區號的應用，臺灣郵遞要走向更快速更有效率的道路，勢必要邁向機械化及自動化。而機械化自動化的基礎，便是建立完善的郵遞區號制度。

民國五十年代，郵務士的工作幾乎全年無休，一個星期投遞七天，限時郵件一天要投六次。規定每兩週可以輪休一天，卻沒有替班的人手，一旦有人休息，相鄰區段的就得一人做兩份工，非常辛苦！由於這樣的勞動條件過於嚴苛，為了郵務士的健康和生活品質著想，潘安生做了一項重大改革，建議每十五名郵務士雇用一名替班人員，讓郵務士每兩星期可以踏踏實實有一天休假。這項新措施的落實，不但得到郵務士們的熱烈歡迎，還博得郵務工會理事長任樾的讚譽：「歷任郵務科長您幹得最出色！」。

外國的郵購業務萌發極早，潘安生在大陸時期，曾看見郵政先進李雄（曾與王叔朋、沈鑫、徐傳賢、張鳳鳴於民國三十四年至三十五年間同赴美國研習郵政）以美國西爾斯（Sears）及蒙哥馬利（Montgomery）兩家郵購公司為例，撰文鼓吹郵購業務，認為辦理郵購業務，是郵政事業的救星。當時郵政當局面對兵荒馬亂的局勢，已無暇他顧，故未能實施，但潘安生記憶深刻。再加上剛從歐洲研習回來，他親眼目睹西方各國劃撥業務蓬勃發展，實因郵購市場潛力無窮，扮演了推波助瀾的角色。這一切都讓他萌生辦理郵購業務的念頭。在潘安生的構想裡，理想的郵購業務，郵局應該是廠商與消費者的橋梁，消費者購買商品，必須到郵局申購匯票付款，廠家必須到郵局來交寄貨物，對郵局而言，郵購業務一筆訂單，郵局可以有雙重收入，何樂而不為？

潘安生建議局方開辦郵購業務，但礙於臺灣廠商尚沒有這種先進的概念，有意願加盟郵購網路的商家寥寥可數，郵局還得自印宣傳廣告推廣業務，郵購目錄最終只徵集到少數廠家加盟，薄薄一本目錄，商品不夠多元缺乏吸引力，郵局經營郵購業務的方向和規模，因而受到限制和考驗，難成氣候。此外，國人消費習慣十分保守，一般人購物還囿於傳統選購的型態，定要親眼見、親手摸才算數，最重要的還要殺價，對於僅憑目錄購物的方式根本不習慣，而且憑空訂貨付款，還沒有足夠的互信基礎。國情不同，消費習慣不同，種種原因，讓郵購業務在五十年代的臺灣無法如歐美國家一樣，成為消費生活重要的一環，更遑論發展為炙手可熱的郵政業務。

潘安生在郵務科長任內，挾著歐洲郵政研習的豐富收穫及嶄新的記憶，劍及履及，一路猛衝，大膽嘗試創新業務，新業務的績效並不如人意，甚至有的短暫試辦後就無疾而終。今日回頭，雖不見當日斧鑿的痕跡，卻可見昔日不幸敗北淘汰的業務項目，物換星移已成為時下當紅的行業，比如網購又比如物流業！

當時曾有人勸潘安生：「不要這麼衝，鋒芒太露啊！」

潘安生沒想這麼多，他只知道，中華郵政有史以來第一次派員到歐洲研習考察，他便雀屏中選，他只想學以致用，但凡有一絲開花結果的機會，他都不會放棄。

【郵識點點靈】十二道金牌與五百里加急

古老的郵驛傳送方式，每個朝代都有一些改變，基於交通工具的不同，不外分水運和陸運兩種。水運用船無庸置疑，陸運則開驛道、設驛站，驛站叫鋪，三十里一鋪、十里一鋪各朝代不一樣。送信的信差就叫鋪兵。

宋朝鋪兵以速度快慢有步遞、馬遞、急遞之分。步遞是走路送信，用的是紅字牌；馬遞是騎馬送信，用的是青字牌；急遞又稱急腳遞是快馬接力急遞送信，用的是金字牌。

這種「金字牌急腳遞」專門用於軍事情報的傳遞，是一種專業的軍郵，為宋朝首創。所謂「金字牌」是紅色木牌書寫金黃字：「御前文字，不得入鋪」，這種傳送皇帝直下詔書和金字牌文書的急腳遞，「光明眩目，過如飛電，望之者無不避路」，不分晝夜的換班疾行，一晝夜可行五百里，就像跑接力賽一般，鋪兵身上佩著鈴鐺，遠遠的用鳴鈴開道，順便提醒下一個接棒人準備好在大道上等候接收文書。一站一站日夜兼程的飛奔，真是五百里加急！

精忠岳飛當年被奸臣秦檜以莫須有的罪名所害，傳說一日內就接到宋高宗十二道金牌召回。其實並非黃澄澄的黃金做的金牌，而是派了十二次金牌急腳遞去傳送的緊急命令。雖然不是皇帝的金牌，但一天內十二名鋪兵，急如閃電，鳴著鈴，拿著眩目的金字牌飛奔來催命，也真夠嚇人的了！

①

②

①民國 49 年軍郵訓練班第六期結訓，許局長季珂（前排右二）與班主任簡爾康（前排左二），副主任潘安生（前排左）及軍郵幹部合影。
②被徵召到北投郵政訓練所擔任軍郵訓練班的副主任，潘安生再著軍裝。
③民國 51 年潘安生調任郵務科，與相處 5 年的秘書室同仁合影。

③

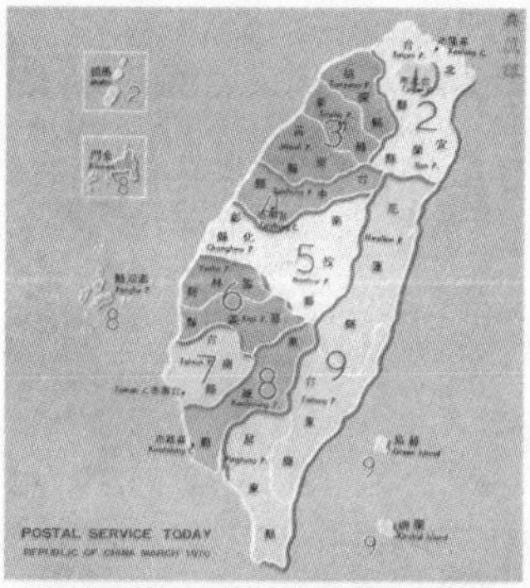

⑦

④

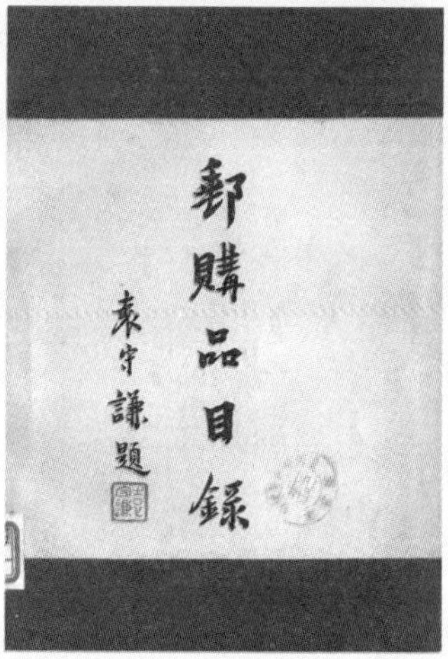

⑧

⑤

⑥

④民國 51 年潘安生奉派接任郵務科長，與前任王振世（前排左 4）交接後與郵務科全體同仁合影。
⑤⑥民國 52 年郵政機械化。
⑦民國 59 年開始推行三碼郵遞區號。
⑧郵購品目錄，封面有交通部長袁守謙題字。

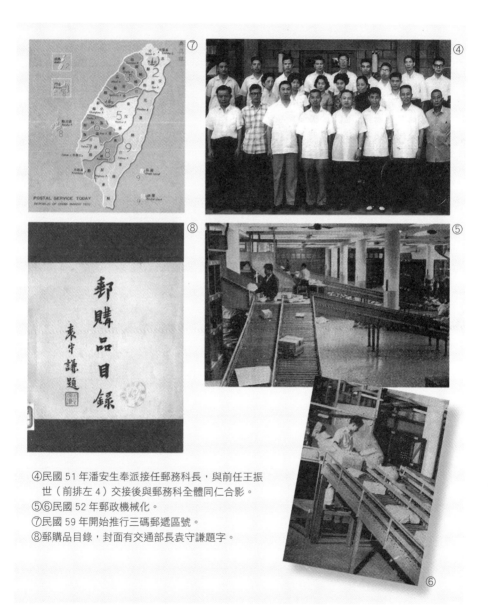

第十七篇・「死信活投」傳奇多

「死信活投」傳奇多

「死信活投」傳奇多

「死信」就是「無著郵件」，這是郵政上的術語。「無著郵件」的定義是什麼？郵政營業規章第二百零三條這麼說：「無法投遞或按規定不予寄遞而不能退還寄件人之郵件。」

一般來說會造成郵件「無著」的原因，不外先天不足和後天失調兩個原因。先天不足就是收、寄件人的姓名地址寫不全、寫錯、或無法辨識，以至於郵差無法投遞；後天失調呢？就如收、寄件人搬家了、地址遷移了、更改了，卻沒有到郵局申請更新；或門牌號碼換了、脫落了，郵差無從查考。

法國郵政就發生過這樣的事：從捷克首都布拉格寄來一封信要給拉法葉街（Lafayette Street）的某先生，門牌號碼卻沒寫。郵差先生開始忙，在漫長的拉法葉街上，來來回回就是遍尋不著這位某先生，不得已，稽查先生正想把信退回布拉格時，靈光一閃，盯了幾天的地址，怎麼沒發現寫的 Street 是英文！那麼何不試試英語系的國家呢？一查，世界地名大辭典上光美國有「巴黎」地名的小城小鎮就有一打以上。這封信經稽查先生的批示，開始遠渡重洋的旅行，從布拉格到法國再到美國，到了新大陸，又從德州到阿肯色州轉到伊利諾州，最後全身蓋滿了旅行的疲憊印戳，加上長途跋涉的征塵，到了緬因州，才終於找到它的主人某先生。

在這個公司行號以「營利」為出發點的時代，有人不免質疑，不屈不撓想把「死信」救活，是「重賞之下必有勇夫」的產物。對郵局來說，郵件的價值不是所貼的郵資，而是一個珍貴的訊息，是寄件人對收件人不能用電話表達的心意，或是一種比「說」更貼切的表達方法。不管是什麼原因，郵局尊重寄件人的選擇，也非常樂意保障他們傳遞信息的自由與權利。因此從收取郵件那一刻起，它就會一直朝著收件人的方向努力前進！

郵局每年要花費許多人力和成本來處理這些找不到主人的郵件，為什麼要如此堅持？也許人們已經很難相信，「死信活投」的動機，其實很簡單，純粹就是職業光榮（professional honor），使命必達不是古老郵驛道上的傳說，身為綠衣天使，負責的就是郵件的歸宿，郵件一旦寄出，郵局就會盡力把它平平安安送到收件人的手裡。

郵局對於「死信」的處理原則，就是想辦法把它救活，不到確定無法「生還」，絕不輕言放棄！而它的處理有一個標準作業流程。

步驟一：要想盡辦法試投。一次不行，再多試幾次，而郵務稽查通常扮演這樣勿枉勿縱、鍥而不捨的角色。

然而，一名優秀的郵務稽查，光靠勿枉勿縱、鍥而不捨加上職業光榮是不夠的，他們要有敏銳的「第六感」和「嗅覺」。而敏銳的第六感跟嗅覺不可能一蹴可幾，也不會憑空而降，靠的是努力的學習、經驗的累積和觸類旁通無遠弗屆的想像力。從學習中，他們熟悉國內外郵件的運輸路線，包括重要的經轉地名。並從分揀和投遞過程中，得到豐富的地理知識。在記憶中，慢慢有一張人名、街名和地名的全覽圖，街頭巷尾、地形、地貌、機關、行號、名人宅邸，甚至本地居民的相貌、職業和特質，都納入資料庫，一旦需要啟動系統，便能在茫茫人海裡找到基因配對。

除了記憶，科學客觀的參考資料當然不可免，比如郵局局名彙編、電話號碼簿、機關職員錄、村里通訊名錄、街道名地圖（包括現在的谷歌地圖）都是有用的參考資料。

不要以為「海角七號」是劇情誇張的電影，這樣的劇碼在中華郵政的投遞史上屢見不鮮，而且還在繼續上演！

步驟二：經過數次試投確定無法妥投的郵件，經稽查複核無誤，再蓋章註明無法投遞的緣由，直接退回原寄郵局。

步驟三：原寄郵局應設法將郵件退還寄件人，無法退還時必須在郵局公告招領框內招領一個月。這樣患有「重症」的信件在招領一個月無人聞問後，即使病入膏肓藥石罔效，郵局還是捨不得放棄。

步驟四：將超過公告招領期限的「死信」集中送「無著郵件股」，依照處理規則，郵局有權開拆郵件查閱內容，試圖在字裡行間尋找蛛絲馬跡，不放棄最後把它救活的機會。

步驟五：如果經過以上過程，仍然回天乏術，這郵件已經瀕臨最後的宣告，但是郵局仍舊會依順序歸檔存放，抱存一絲希望，期待有人來領取。一般信件自交寄日算起屆滿查詢期限後保存一個月，若其內容物是有價值或可作為買賣標的物的，保存期間則長達三年。

步驟六：保存期限屆滿之後，就是幫「死信」找最後歸宿的時候到了。沒有價值的信件，會在嚴密的監控下予以銷毀，有價值的就加以變賣，價款解繳國庫。

「死信」的處理有標準的作業程序，每一件不知何去何從的郵件卻都各有故事和曲折。書信寄不到，時間耽誤了、心意也就錯過了！怕的是即使是有「海角七號」那樣淒美的浪漫，恐怕也不是自己願意發生的橋段。依據《〇五年郵政統計要覽》，無著郵件約占投遞郵件總數的萬分之十九，有幸復活的郵件則僅有十萬分之三。可見「死信」能不能「死裡逃生」、「死而復活」，有一定的難度和限制。郵政局總是苦口婆心，希望寄件人在書寫姓名地址時多留點心，讓每一郵件都能順利替寄件人表情達意。

但有人是這樣挑戰郵政單位的：

一張從布達佩斯寄出的風景明信片，用的是匈牙利的土話書寫的。被寄到德國到處徘徊，後來被批註「試瑞士」，送到瑞士，那古怪的文字被有語言天才的瑞士人翻譯出來：「給德里芙城 ××× 書的作者」，於是終於送到作家約瑟先生的手上。

維也納郵局收到一封信，寫明「寄給一位作家」，然後下面有兩行五線譜，再寫上Vienna。這下問題大了，維也納的作家何其多，到底要送給誰？說時遲那時快，來了一位喜愛音樂的郵務員，拿起信看著五線譜就輕輕哼起了小曲，原來是一首維也納的民歌，信終於找到主人！

玩笑開更大的是一個匈牙利小鎮的律師，他為了證明自己赫赫有名，於是跟朋友打賭：「我寄一封信給自己，裡裡外外不寫一個字，保證還是可以寄到。」他找來一個畫畫的，把他的尊容畫在信封上，再畫上一堆胡瓜做點綴。還有一個證人陪同到布達佩斯，貼上郵票投入郵筒，信就這麼寄了出去。

第二天信居然好端端的收到了！

這得感謝機敏多聞的布達佩斯郵務員，當他拿到這樣一封不知所云的怪信，一眼看見那些胡瓜就斷定是寄往盛產胡瓜的小鎮，毫不猶豫信就批了出去。信到了胡瓜之鄉，當地的郵務員又立刻認出了該鄉的「名人」，因此毫無困難的信就送到了。

賭打贏了，這件事經過報紙的大肆渲染，好奇的民眾層出不窮，考驗郵局的怪信便傾巢出籠。除了胡瓜，其他蔬菜水果也紛紛在信封上出現。郵政局的分揀同仁還得知道哪裡出萵苣？什麼地方產杏桃？又有哪裡出啤酒瓶子？

這也太難對付了吧！匈牙利郵政局最終正本清源地宣告：「以圖代文的信件一概不投

遞」，才結束這場「死信復活」大考驗。

潘爺爺講故事 洪喬之誤

晉朝有個官，名叫殷洪喬，本來在南京當官，有一天要外放到江西豫章去當太守。京城裡的江西老鄉聽說了，趕緊打聽殷洪喬的程期，走的是水路還是旱路？沿途要經過哪些點？然後千方百計跑來交託信件給在江西的親朋好友。因為當時郵遞送信還是官辦官享的，一般老百姓想要寄封信可難了！

殷洪喬其實人不壞，品性也不差，可是這回他出了狀況，把事辦缺德了！

動身那一天，鄉親們到江邊碼頭來送行，看見船伕啟航了才回家，便安安心心的一天天數算起來，信該到的日期，結果託信的人都遲遲等不到回音。

等船伕回來才真相大白，殷老爺對被託了一大堆信，其實老大不高興，他一路上在船艙裡喝酒看書，快到目的地的前一天，他問船伕還有多遠，船伕說：「只剩一天路程了。」他竟然轉身回到船艙，把人們託的一堆信全拿出來丟到江裡去了，嘴裡還喃喃自語的說：「沉者自沉，浮者自浮，殷洪喬不能作致書郵。」

殷洪喬任性的把別人託付的信丟到江中，信雖付諸東流，這件事卻沒有被人遺忘，「洪喬之誤」因此成了受人之託而誤事的負面教材，已經被傳誦了一千多年！

②

①

④

③

①找不到歸宿的死信。
②早期郵政籲請公眾合作消滅死信的宣傳之一。
③郵政統計要覽。
④殷洪喬將他人所託信件拋入江中，並喃喃自語：「沉者自沉，浮者自浮，殷洪喬不能作致書郵。」

工作衡量與管理革新

工作衡量與管理革新

工作衡量

天外飛來小插曲 「工作衡量」大挑戰

人生不如意事十常八九，在潘安生四十三年又八個月的從郵生涯，雖從初出茅廬的四等四級郵務佐直到位高權重的副總局長，無可避免的，不能一路晴川。玩笑開得最大的，莫過於從天下第一科郵務科長，突然被指派為「工作衡量制」的主事者。

這是「能受天磨真鐵漢，不遭人妒是庸才」嗎？還是「天將降大任」前必經的磨練？也許連潘安生這個當事人都沒有答案。

在潘安生擔任郵務科長，正幹得風風火火、轟轟烈烈的某一日，那時身兼交通部郵電司幫辦及總局人事室主任的王叔朋，為了員工名額問題所困，突然靈機一動，想起潘安生到法國考察時，所寫有關工作點 (work point) 的專論報告。所謂「他山之石，可以攻錯」，王叔朋認為中華郵政也應該籌訂一套以工作點為準則的員額評鑑制度。

民國五十三年二月十七日郵政大事記四四〇〇條：

郵政總局為建立各項工作標準及管理制度，以資增進工作效率，成立業務管理制度調查小組，……在指定期間內提出報告並擬具切實可行之具體改進辦法，呈准後實施。該小組自本日起開始工作，本年八月二十五日工作結束後撤銷。

於是郵政總局成立了一個「郵儲業務管理制度調查小組委員會」，副局長主持其事，王叔朋是當然總幹事，再加上會計長，形成一個三人領導小組。底下另一個三人小組是由四大金剛中的楊敏詩及鮑伯玉分別以「儲金處理手續」與「局所升降制度」為專題，與潘安生的「工作量計點制度」組成黃金鐵三角一同進行研究。

王叔朋一紙簽呈把潘安生引進工作衡量小組，限時半年要提出研究報告，並擬定切實可行的具體辦法。潘安生領了命令，點名借調管理局秘書阮齊國及管理局統計組長李慶春兩員大將來協助，便馬不停蹄籌辦起來。

郵政事業是勞力密集的行業，員工薪資一直占營運成本的絕大比例，如何制定有效的員額評鑑制度，始終是重要的課題。工作衡量制度的制訂和實施，目的就在提高從業人員的工作效率、降低業務成本並提高服務品質。

據早年國際勞工組織對「工作衡量」所下的定義：「工作衡量（Work Measurement）是一種制度或方法，使所完成的工作量和所用的人力或工時之間，建立一種正確的關係。」如果工作衡量是一把秤，「工作點」就是秤上的砝碼，也就是用來衡量工作量的單位。

「工作衡量」的制訂有三個基礎：

工作時間：員工每天工作時數及一年所投入工作天數。

工作標準：完成每一工作項目所需時間，也就是工作的標準作業流程（SOP）。

工作方法：完成工作所使用的工具、設備及方式。

在尚未制訂工作衡量制度之前，郵政的員額配置一向以郵局營收及郵件量多寡作為衡量標準。郵局升級與否取決於營業量的多寡，員額的增補又取決於郵局的等級。然而，就郵局業務內容與成本效益的觀點來看，營收多並不表示與工作量成必然的正比，而老式的局等和員額評鑑，只憑觀察、憑印象來決定局級升等和員額增減的標準，其實毫不科學。在歐美甚至日本，用科學衡量制度作為用人的標準，已經行之有年（潘安生在工作時間方面，即借鏡法國及日本郵政的制度，並調查臺灣郵區的實況，計算出每一員工全年應有的工作點）。

潘安生知道這不是一件閉門造車的事，也不能關起門來天馬行空的幻想，他領著工作團隊從臺北郵局每個工作單位出發，從郵務到儲匯甚至輸運單位都去實地考察。帶著碼錶和尺規，觀察從業人員如何辦理業務，測量每項業務所用的時間。一封掛號信從收寄、銷戳、登錄、封班、運送、分揀、投遞要經過多少程序、多少時間？開立一張匯票，從收單、收款、開立、寄遞又經過多少手續？郵政員工雖然都是經過正規考試及格，但資質和工作能力仍有個別差異，從最快到最慢、業務高峰和離峰時段，「工作衡量」希望能將這些主、客觀的差異全盤納入考量。工作衡量小組從北到南跑遍所有大郵局，小郵局則抽樣考察，不但要考察還要講解、說明、鼓吹，讓各郵局理解建立這樣一套制度的必要性，進而充分合作提供有效的數據，配合制度的建立與實施。

三個月之後，視察結果被鉅細靡遺的記錄登載，潘安生帶著成捆成箱的數據和資料回到臺北，經仔細分析、計量、評估、研究，再以科學的公式精密計算到小數點以下四位……八月二十五日研究報告如期編印成專冊，工作小組不辱使命圓滿達成。

借調總局逾半年的潘安生，任務完成終於可以卸下「工作衡量制」的擔子，再回青潭繼續做他的郵務科長。

沒想到的事又添一樁！郵政總局一如預期採納了「工作衡量制」，緊接著就是要找合適的人負責執行，而整個計畫誰最瞭解？當然是一手制定制度的潘安生！王叔朋：「主意既然是你出的，索性一客不煩二主，你自己來幹吧！」於是潘安生正式被調回總局，職銜是「郵政總局考工室副主任」，專責「策劃推行工作衡量制度」。

設計和執行一向是分工的，在過去「行政三聯制」時代，設計、執行、考核是三班人馬分頭進行，現在怎麼能球員兼裁判呢？這個結果真是始料未及。

「工作衡量制」轟轟烈烈登場了，陳義甚高，實踐之途卻一路坎坷。「工作衡量制」的可貴，在於以科學的數據為本，客觀公正的對所需員額做出評鑑，免除了主觀意識的偏見與盲點。這個「科學數據」的正確性，是後續做出正確判斷的基本前提。

導致「工作衡量制」窒礙難行的致命關鍵是：

一、**虛報：**資料數據的提供者就是員額增補與否的利害關係人，上有政策下有對策，灌水虛報的業務量，讓整個統計數字失真，亂了章法，毫無標準可言。

二、**偷工減料：**各局所一旦員額不給增補，工作品質就難以控管，員工工作的內容和質量就自行斟酌、自由心證，完全違背了當初實施新制的初衷。

一齣好好的劇本，一旦脫稿演出，便唱得荒腔走板，難以為繼。

民國五十四年五月十六日潘安生告別了考工室。從制度草創到實施，在「工作衡量制」浸泡了一年多的他，轉而投入劉承漢經多年倡議的郵政博物館籌建工程。離開考工室之後，他一手締造的「工作衡量制」由會計處接手，不久，再轉由研考會負責。

潘安生自認這是一場吃力不討好、虛擲光陰的變法行動。「工作衡量制」實施的理想性，在利益衝突者巨大的噓聲下，失去了正當性，他承擔了「新政」實施不利最大的責難。他開始領悟，凡事成功的要件無非天時、地利、人和，埋頭苦幹是他本命的天性，而人和～人際關係的建立與協調，才是人生中挑戰他、磨練他、無可迴避的重要課題！

然而，回頭看「工作衡量制」這一劃時代的革新，即使在半世紀後，時空背景早已物換星移，工作環境及條件亦有長足的進步，因應需要而一再修訂、改革的工作衡量制度，施行上依然困難重重。反觀五十年前潘安生所處的年代，這一翻天覆地的興革，他扮演的無非是一名孤獨先行者的角色，無法得到認同，一點都不令人意外！

不論成效如何，潘安生手訂這套立意完善的科學化衡量制度，始終是中華郵政「工作衡量制度」的藍本，也是郵政朝向企業化管理的新起點。這套制度在民國六十、七十三及七十六年因應時代的變遷與作業系統的變革，分別有較大規模的修正及簡化。直到民國八十七年引進英國郵政生產力工作衡量制度，這套原始帶領郵政走入科學化管理的工作衡量制度才走入歷史。

管理革新

低谷翻身 一切都是天意

民國五十六年十一月二十九日孫運璿接下沈怡的棒子，成為中華民國第七任交通部長。這位東北鐵漢、臺電奇蹟的締造者，在交通部任職雖只有短短不到兩年（五十六年十一月至五十八年十月），在交通建設上多方興革，著力管理革新，這也讓在郵政博物館燒冷灶的潘安生有了新的契機。

新官上任的孫運璿，於五十七年一月十五日全郵政總局視察，期勉郵政要求新、求變、求行；從計畫、執行、考核三方著手做好管理革新。同年二月三日交通部成立「交通部管理革新委員會」，由部長兼任主委。

孫運璿在民國三十五年接下戰後百廢待舉的臺灣電力復建工作，憑三、四十名大陸來的工程師，加上一群省立臺北工業職業學校（臺北科技大學前身）及臺灣省立工學院（今成功大學）的在學學生，僅用五個月時間，恢復臺灣全島百分之八十的供電，打破了日本人撤離臺灣時「三個月後，臺灣將一片黑暗」的斷言。面對任務孫運璿從不猶豫，明快果斷不墨守成規，臺電時期孫運璿就是以革新為號召，到了交通部他更以「管理革新」為要務，交通部所屬郵、電、路、航各業一體遵辦，一一成立「革新會」。

中華郵政的「管理革新委員會」也旋即成立運作，以局長何縱炎為主委，副局長王叔朋、楊光鑑為副主委，主任秘書應國慶兼任委員會的執行秘書。

管理革新委員會頭一年，部長核定的工作目標有五項：（一）目標管理；（二）工作簡化；（三）業務檢查；（四）成本控制；（五）工作競賽。擔任執行秘書的應國慶是潘安生在恩施辦理軍郵時期的老長官，民國三十五年潘安生就是追隨他到臺灣來接收臺灣郵政的，他對潘安生知之甚深，知道這個管理革新、動腦筋、出點子的工作非他莫屬。那時還是博物館館長的潘安生，半天在新店鄉下辦公，半天進城在總局管理革新委員會的「工作簡化小組」任事，把館務交給副館長林志夏代理。

出點子、找創意原本就是潘安生的強項，同年七月潘安生所寫的《郵政工作簡化淺說》手冊率先出版，之後革新委員會陸續有十幾種叢書出版，集結成《郵政管理革新叢刊》。相較於交通各業革新工作的績效，郵政如響斯應領先群倫，是一大亮點！

城裡鄉下兩頭奔波了近一年，郵政人事又有大變動，應國慶調升儲匯局副局長，總局主任秘書遺缺由吳浴生遞補，但吳浴生堅持免兼管理革新委員會執行秘書一職。那年的十二月十二日，潘安生經歷三年博物館生涯，終於回到熱門的革新會，接下管理革新委員會的執行秘書兼總局秘書的擔子，扛下了郵政管理革新的大任，這一次他不但戴上了署郵務長的大帽子，還欣然迎來郵政生涯的另一高峰。

作為「新政」的重心人物，潘安生因出席交通部相關會議，有機會近身接觸孫運璿及交通部革新委員會的執行秘書陳世昌（人稱「趙鐵頭」的中鋼董事長趙耀東，為聘陳世昌為中鋼顧問，不惜下跪求才），見識國之棟梁卓越不凡的識見和能力，以及為國家效力的熱情熱血，心生無限崇仰。

接下重任的潘安生找來汪承運、胡全木、潘明紀作為革新會的班底，帶頭竭心盡力投入新任務。革新會屆滿一年時出版了《管理革新年報》，呈現革新成果，陳世昌不掩對郵政的激賞：「郵政到底是交通各業中的模範生，推行新政最為出色，郵政名列第一當之無愧！」。

潘安生深覺榮耀，他沒有辱沒郵政事業這塊金字招牌。

《郵人天地》創刊

「管理革新委員會」成立一年，各項革新目標成效卓著。部長再指示追加四項新猷，包括：職位分類、長期規劃、在職訓練及內部聯繫。

潘安生鑒於民國四十七年創刊的《今日郵政》，是針對業務行銷，促進用郵公眾對郵政各項服務的認識與利用，以及弘揚集郵文化，促進郵史郵學研究為宗旨，重點並不在提供內部同仁聯繫。

加強「內部聯繫」既是新政的工作目標，潘安生研擬創辦一份郵政內部刊物，以作為同仁內部聯繫的園地，藉以凝聚向心力，加強內部溝通的管道。

《郵人天地》在潘安生的努力催生下，於五十九年三月二十日創刊，三十二開小型本的《郵人天地》，一直到民國八十三年第二百八十七期起，才改以十六開本的新面貌與讀者相見，但作為郵政同仁交流徜徉的園地初衷不改，五十餘年來發行不輟。

【郵識點點靈】謙沖淡泊的蔣經國總統

郵票是國家的名片，能上郵票的必非等閒之輩！因而世人莫不以身為郵票主角而感特別光榮！

美國發行郵票有嚴格的審查機構——國民郵票諮詢委員會（Citizen 's Stamp Advisory Committee, CSAC），為每一套郵票嚴格把關。這一個專業超然的審查機構，由郵政總局長選聘民間各領域的專家學者十二至十五人組成。發行郵票的相關規定很嚴明，不管任何人，多麼有名氣，甚至位高如總統者，在世時都不可能上郵票。總統最快要在辭世後的第一個生日，才有資格出一套悼念郵票（mourning stamp）以為追念。至於對一般的聞人名士規定就更加嚴謹，不管是文學、科學、軍事、藝術、教育……各種領域一視同仁，都必須於逝世十年（二〇〇七年改為五年）後「蓋棺論定」了，才能考慮為之發行紀念郵票（commemorative stamp）。

我國發行郵票的規定與美國不同，中華民國開國首套郵票——「中華民國光復／共和紀念郵票」，就是以國父及袁世凱肖像為圖像。之後，歷任總統就職時，循例也發行紀念郵票。

唯一例外的是蔣總統經國先生。民國六十七年經國先生當選中華民國第六任總統，郵政總局依例要為新任總統籌印一套郵票，諸事齊備就等總統核可，簽報之時，經國先生推辭了郵票的發行計畫，這個決定打破了中華民國元首就職發行郵票的慣例，足見經國先生謙沖淡泊的胸懷。

經國先生在世之日，沒有以他為主題發行郵票，直到民國七十八年一月十三日，經國先生逝世週年，中華郵政發行了「蔣總統經國先生逝世週年紀念郵票」。

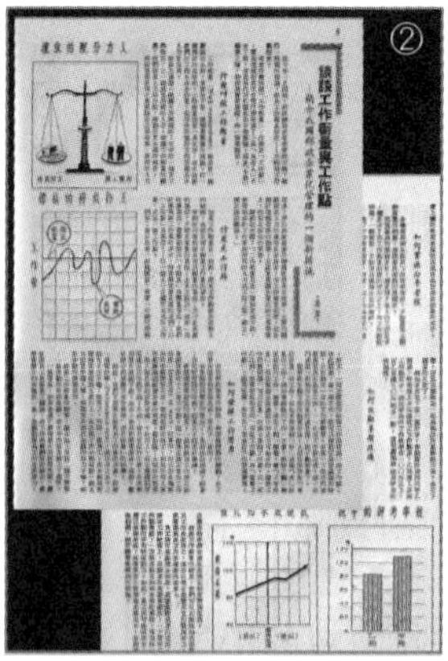

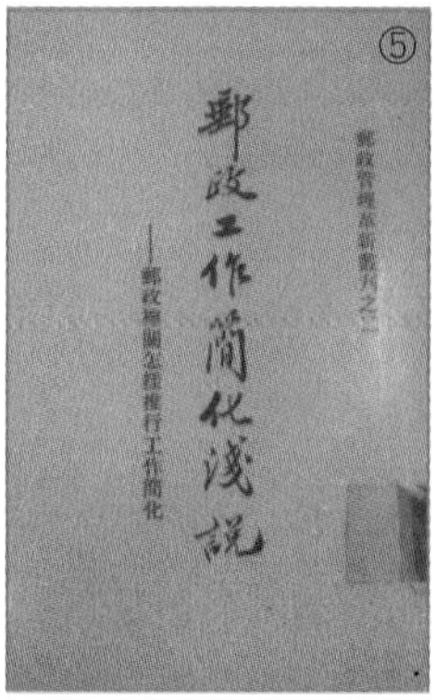

①民國 53 年編著的《郵政工作量計點制度之研究》。
②潘安生對於工作衡量制的闡明和鼓吹。
③交通部長孫運璿由郵政總局長何縱炎（右一）陪同視察郵政業務。
④交通部長孫運璿至郵政總局視察。
⑤郵政管理革新叢刊《郵政工作簡化淺說 》。
⑥民國 59 年《郵人天地》創刊號。

第十九篇．冷衙門裡韜光養晦　低谷裡熱情熱血

冷衙門裡韜光養晦
低谷裡熱情熱血

冷衙門裡韜光養晦
低谷裡熱情熱血

劉承漢：

「期盼郵政博物館將不僅以展覽藏品為鵠的，並將為郵局對外作業務文宣之櫥窗，對內為輔益郵政同仁之教育，期使每一郵政同仁皆知其所從事的職業，具有輝煌歷史傳統，在世界上享有盛名。承先啟後，不折不撓，共維職業光榮（professional honor）。」

民國五十年當潘安生從管理局秘書室調到郵務科當科長時，人們預期這「四大金剛」最年輕的一位，也將步其他三位幹將的後塵——平步青雲。

然而言猶在耳，預言不但沒有成真，民國五十三年二月潘安生接到派令，到總局考工室擔任副主任，開始「工作衡量制」的制訂。五十四年五月「工作衡量制」才實施半年，潘安生又得到一個必須無中生有的工作，就是籌辦郵政博物館。

如果，命中注定的「磨苦運」，是用來苦其心志、勞其筋骨、增益其所不能，以迎接更大的責任與挑戰，那麼郵政博物館的創建，就是他職業生涯裡，掌聲之後的冷寂和沉潛。

郵政博物館雖是人們眼中的冷衙門，但劉承漢以一九二八年英國公立博物館報告中的一段文字激勵潘安生：「館長的素質，為博物館成功的要素，其理甚明。蓋以博物館先天容有不足，倘館長學驗卓異，努力從事，自必有所表現，不致一無可取。否則，縱屬席豐履厚，亦不能盡其功能而無餘。」認為他是博物館館長的不二人選。劉承漢並在組織條例中為博物館定位，在他的規劃中，博物館位階相當於「處級」，集郵票、郵政史料文物蒐集、典藏、研究、展覽於一身，對內輔助同仁教育、對外作為郵學郵識交流的平臺、業務文宣的櫥窗、輔益學術研究的智庫，是直轄於總局的獨立機構。他期許潘安生在博物館館長任上發揮所長，大放異彩。

士為知己者死！劉承老的知遇之恩，潘安生畢生感念在心。

無疑的！郵政博物館創立背後的推手是劉承漢，一位郵人心目中的錚錚鐵漢、郵政界的第一名士。

民國三十六年，劉承漢奉派參加巴黎第十二屆萬國郵政聯盟大會。會後前往歐美各國考察，鑒於歐美先進國家多有郵政博物館的設立，深感郵政博物館對郵政事業的重要性，便興起籌設博物館的念頭。適巧當時郵政總局於南京薩家灣新建的五層辦公大樓即將落成，劉承漢便建議以新厦五樓作為郵政博物陳列之用，並於同年十一月訓令直屬各機關開始蒐集郵政博物，以備日後陳列展覽。可惜民國三十七年南京局勢已經風聲鶴唳，三十八年中央政府不得不棄守大好河山撤退臺灣，博物館籌建計畫遂被迫擱置。

遷臺之後的劉承漢，即使面對郵政千頭萬緒的重建工程，對於郵政博物館的籌設還是念茲在茲，民國四十二年臺灣郵政管理局曾一度訂定徵集郵政博物暫行辦法，但因臺灣經濟尚未穩定，成效不彰。民國四十六年到四十七年一共開了七次博物館籌備會，最終都因選中的博物館館址無法取得，而功虧一簣。

又經過七年等待，博物館館址終於露出曙光。民國五十四年郵政總局於臺北的新廈落成，搬遷後，原於新店獅頭路的郵政總局疏散辦公處所在（民國四十年代，海峽兩岸局勢持續緊張，為因應戰時情況，公務機關奉令疏散下鄉。郵政總局配合政策於四十二、四十七年分批遷往獅頭路郵政總局疏散辦公室辦公），成為博物館絕佳的館址。

如果追尋遠大的夢想是一種浪漫，那麼從發想到圓夢，十八年鍥而不捨的努力過程中，唯一阿Q的浪漫恐怕是：想像每一次的失敗就會離成功更近一點！

劉承漢手訂的博物館組織規章，開宗明義第一條：「郵政總局為配合郵政事業之研究發展，激發從業人員敬業樂群精神，增進公眾用郵知識，加強事業建設效果，設置郵政博物館。」

短短五十六個字，說盡他十八年來夙夜匪懈為理想堅持的理由！

潘安生接下這個已經跑了十八年的馬拉松棒子，最後一哩路必須使命必達。

潘安生在事業如日中天的時刻，接下這個棒子，雖始料未及但絕非偶然！他自己回想，有頗多蛛絲馬跡可尋：傅德衛接任臺灣郵政管理局局長初期，命設計考核委員會設計專員潘安生開始蒐羅郵政骨董文物，他特別闢設了兩口大玻璃展示櫃，將文物妥適的整裡、陳列。傅德衛看見成果，還嘉許他「深得我心！」潘安生無師自通，發揮他好學研究的精神，開始博覽群書，窺探各國郵政博物館堂奧，不但孜孜不倦的研究，還在《交通月刊》就郵政博物之意義及建館的需要發表專文，引來劉承漢的關注和賞識。

民國四十年臺灣郵政管理局設立「資料室」，這個史無前例的科室，最終因傅德衛的堅持而設置。首任資料室主任則由劉承漢、傅德衛力薦，破格拔擢剛過而立之年的潘安生。資料室裡三組編制，其中一組主管郵政圖書館以及郵政文物的展藏，又跟博物館扯上關係。

民國四十年在臺北中山堂舉辦了遷臺後第一場大型郵展，「小潘」負責展場布置的大任，還在郵展專輯撰寫郵文「郵票的誕生」，介紹郵票圖案甄選第一名廖未林作品的膺選過程，文列《郵展專輯》的首篇，「小潘」首度擔綱大任就展露鋒芒。

民國三十五年那個搭海宿輪來接收臺灣郵政的「小潘」，經過二十年郵政生涯的磨練，歷經業務科包裹股長、設考會設計委員、資料室及秘書室主任、郵務科長、總局考工室副主任，行跡遍及歐洲、日本、澳洲、美國，開會、研習、考察，潘安生已經不是當日青澀的「小潘」，他準備好接受更大的挑戰，即使前無成規可循，即使是別人眼中的冷灶，他也要火力全開把它燒得旺旺的！

但博物館學畢竟是一門專業的學問，對潘安生來說這樣跨領域的專業，並不是他所熟悉的。他積極的想一探博物的門路，所謂舊令尹必有以教新令尹，他找到了還在霧峰北溝的故宮博物院副院長莊嚴及歷史博物館館長包遵彭。

與潘安生同是外行出身的包遵彭，來自海軍體系。他用功自學，潛心研究，還有專業著述《博物館概論》出版。由地方性河南博物館轉型而成的歷史博物館，以商丘出土文物起家，雖沒有故宮豐富的藏品作後盾，卻屢與國外知名博物館合作，邀集國際古今大家名作，跨越時空在歷史博物館盡情展演。他還廣結善緣，與當代收藏家、畫家、藝術家結盟辦展，彼此惺惺相惜，結為莫逆。諸多名家名作的贈予，大大豐富了館藏！包遵彭的經驗之談給潘安生莫大的鼓舞和啟蒙。潘安生希望他手下的郵政博物館，能夠自成一格扮演應有的角色，它不但是郵政本身的家廟，也是郵政事業對外展示的櫥窗。

郵政博物館籌備小組以劉承漢為召集人，八位小組委員（薛聘文、鄭廷傑、應國慶、王叔朋、施有強、陳潤東、顧覺民、曹啟元）為決策核心，籌備小組總幹事潘安生負責執行。於民國五十四年五月七日舉行第一次會議，決定推行計劃，立即展開工作。一方面通函美、法、英、德等三十餘國郵政，請提供郵用服飾、旗幟、信箱等有關文物以供展示，另一方面進行館體改造。

新店獅頭路郵政總局疏散辦公室既稱之為「疏散」，地點偏僻可想而知，兩層樓水泥磚所砌的辦公室，既是「臨時避難」之所，簡陋程度自不在話下，格局更不符博物館展覽的需求，必須進行大幅改造。舊屋改建困難重重，民國五十四年十月十八日利用郵政總局遷離騰空後的舊址，潘安生請來青年建築師林柏年來操刀（為郵政資深工程師林澍民的小輩）。年輕的工程師不拘囿於形式與窠臼，首先在正立面以空心磚改建一個門面，以求建築物的整體感。房屋內部除安全考量必要保留的結構，其餘全數打掉，十幾間房舍上下打通，樓梯和衛生設備也全部拆除。這樣翻天覆地的整修，克難的、舊衣新改的裁製出博物館的雛形。林柏年工程師大刀闊斧日夜趕工，歷時兩個半月，博物館館舍終於在五十五年一月十四日竣工。

潘安生一邊監工修館舍，一邊馬不停蹄的蒐羅內部的展品和陳設，找人設計做圖表、找師範大學美術系學生畫人像油畫，連當初辦郵展配置的模型及展品都派上用場。

偌大一個博物館可以平地而起，光有館舍沒有人不能成事，潘安生需要找班底。他找來資料室的好同事林志夏擔任副館長，找來懂郵票的郵政集郵家韓鶴雲，幫他經理珍貴的典藏，找一位懂臺灣話善溝通的王榮松做公關聯絡人，再找來懂繪畫擅長攝影的林申墉做藝術總監，還有一位懂工程的沈天顧總其成館舍的事務，再加上幾名尚未從學校畢業的工讀生，負責展場導覽和管理。少少幾個人組成實戰團隊，就把郵政博物館這口冷灶風風火火燒了起來。

民國五十五年三月二十日一切就緒，博物館開幕！開幕典禮冠蓋雲集，前行政、立法院長孫科、故宮博物院副院長莊嚴、中央圖書館館長蔣復璁、中央研究院院長王世杰、各級長官、立法委員以及集郵界的知名人士都來捧場。開幕初期，潘安生每天席不暇暖，貴賓來時事必躬親的導覽，成天陪著團團轉。不多久，潘安生開始坐立難安，因為博物館這個頗具園林之美、歷時十八年才孕育出來的郵政廟堂，已經靜悄悄的門前冷落車馬稀。潘安生積極舉辦各種郵票、郵學講座，請知名人士到博物館演講，並通函邀請各級學校學生到博物館參觀……依然無法挽回頹勢。人稱新店碧潭素有泛舟攬勝的美景，郵政博物館前庭後院，花木扶疏、噴泉、綠茵外加方寸、博物之美，沒有能免除它隱身市外小鎮僻巷的不便，「雖美弗彰」，沒有為博物館帶來期待的人潮。

郵政博物館經過十八年的醞釀和籌建，由理想而臻實現，它在這條幾千年的郵驛道上，到底有沒有角色？如果答案是肯定的，那應該是什麼模樣？

博物館專家堅信：「博物館的任務不僅是蒐集、典藏、研究及展覽，而且需要具有教育觀眾的功能。」劉承漢認為郵政博物館的工作重點之一在輔助研究，而研究工作應以資料的完備為前提，為了廣泛蒐集資料，劉承漢於民國五十五年六月督導博物館成立「資料整理委員會」，並親任主任委員，由鄭廷傑、邱信亮、應國慶、施有強、陳潤東、潘安生及已退休的郵務長何建祥、王士英八人擔任委員。

潘安生從民國五十六年一月起開始編印發行《郵政資料》月刊。《郵政資料》雖是對內印行的研究刊物，專供郵政同仁參考，卻是一深度廣度兼具的郵政專業研究刊物。內容包括古今中外郵政文物制度、業務研究、文檔分析、展品考證、專題報導及中華郵政大事紀要。從五十六年創刊直到六十二年能源危機，為節約用紙而停刊，一共出版了八十期，集結為年刊共七大冊。這些資料深具郵史文獻價值，對郵政同仁從事郵務專題研究，裨益良多。

鎮館之寶 歷盡滄桑

幾經波折的「部檔」

郵政博物館既然名之為博物館，必有極為珍貴的館藏。郵政博物館的鎮館之寶之一，曾經是在郵政圖書室裡珍藏的郵政歷史文檔。是一百多年來屢經烽火、遷徙，而能劫後倖存的原始文檔。

博物館創建之初，劉承漢即取法瑞士郵政博物館，以建立郵政博物、文檔、圖書與資料於一體的制度。因而專業圖書室便肩負了郵政專業圖書、文史資料的蒐集、典藏及歷年來龐大郵政文檔的收藏。博物館積極而廣泛的蒐羅，雖不能萬無一失，但自始就有一個抱負：凡在郵政博物館專業圖書室找不到的郵政專業圖書與資料，在國內其他圖書館也斷然不可能找到。

在圖書室收藏的珍貴郵史文檔裡，不僅有從大陸郵政總局移交來的「大陸檔」，還有隨同交通部遷臺而來的「部檔」。抗戰時期，郵政總局在昆明設置辦公處，幾年後遷到陪都重慶，才在黃桷埡重新與駐四川的總務處和視察室會合，一批昆明時期的文檔也隨著移到重慶。昆明檔運到重慶可能並未開袋，直到抗戰勝利又整批原封送到南京。勝利後的南京百廢待舉，復員聲中又開始動盪，風雲詭譎莫衷一是。民國三十八年初，由劉承漢所率領的西南郵務視導團，已在廣州白雲樓駐點辦公，恓惶之際不知何去何從？所幸，關鍵時刻交通部獲准東渡臺灣，這批已經輾轉千里的文檔才能跟隨播遷，終於找到它的棲身之所。

所謂「部檔」，顧名思義就是交通部的文檔。部檔之所以會成為郵政博物館所藏，得追溯到民國三十八年交通部遷臺之初，因尚未有辦公處所，勉強委身長沙街一段二號的郵電大樓，與郵政、電信兩總局，及臺灣郵政、電信管理局，擠在一棟不算寬敞的三層樓房內辦公。

交通部倉皇辭廟居然還從南京帶來不少檔案，其中包含「北京檔」（民國元年至十七年）、「南京檔」（民國十七年之後）及抗戰之後的「重慶檔」與「昆明檔」，甚至有北洋政府時代的郵政檔也一併帶出，真可謂奇蹟。但是狹小的郵電大樓三樓辦公室已經三代同堂，實在沒有餘裕再騰出空間擺放這些檔案，於是只能在新店五城鄉下臨時搭蓋的疏散房舍，給它覓得暫時堆藏之所。

幾年後，人們發現這些陳年舊檔，若再不處理，恐怕難逃腐朽的命運。彼時，竟然有人出了餿主意，不如把它銷毀了就一勞永逸！所幸風聲傳出後，郵政總局素來重視文檔管理的主任秘書薛聘文，立馬向交通部高聲叫停，因部檔裡必定有郵電司經辦有關郵政業務的文檔，他要親自檢視後再請定奪。

當時奉派到新店五城搶救這批檔案的是臺灣郵政管理局機要組組長張清源。他將一堆雜亂無章的文檔，逐一釐清歸類，裝訂成冊，共有三百七十一卷之多。他讓這些珍貴的文檔從虎口逃生，避免人為疏失導致的歷史空白，實是厥功甚偉！

民國九十四年，交通部主張郵政博物館典藏的三百七十一冊部檔，屬交通部所有理當物歸原主。想當初交通部輕率的銷毀決定，倘若沒有郵局義無反顧的搶救，這三百七十一冊文檔於今安在？看看除郵政外，路、電、航三業的古檔有誰能僥倖存世？

然後是國家檔案局，也將自民國元年至四十四年的五百四十一冊郵政檔案，先以「商借」為名，再行「典藏」之實，全數納入國家檔案局管理。永續經營的中華郵政自一八九六年以來，就銜命傳承數千年郵驛的傳統與榮耀。我們的家廟，竟然沒有權利保有先輩傳下來的「家業」，真是令人百思不得其解！

珍郵與古封

就郵政博物館而言，郵票及郵政相關文物必然是最獨特珍貴的典藏，也是集郵家所鍾愛、為之心醉、為之流連的理由。潘安生以拉頁式的郵票展櫃，鋪陳這齣重頭戲，把我國珍郵和來自世界各國的郵票高拱在展櫃中，彰顯郵票在郵博館中的特殊地位。

那些當初從大陸倉皇撤退時帶來的早期古典國郵極為珍貴，不僅寫著早期中華郵票發行的歷史軌跡，也記載著自一八七八年第一套大龍票發行以來，國家從皇權帝制走向民主共和所經歷的陣痛、動盪與滄桑。

海關一次雲龍及二次雲龍郵票

海關一次雲龍郵票又稱大龍票，是一八七八年中國海關試辦郵政所發行的第一套郵票。自古中華民族以龍為天子的象徵，龍具有政治權威的意涵。但皇帝的龍顏不可輕易示人及冒犯，故不以天子作為郵票圖像。

海關一次雲龍以飛騰於雲端的祥龍為主圖，有凌霄之態。初期用無水印薄紙印刷，之後再添印之票，因紙質及間距不同，故有大龍寬邊、大龍厚紙（光齒及毛齒）之別。

一八八五年海關二次雲龍（俗稱小龍票）問世，依大龍票主圖重新鑄版，圖幅比大龍票為小，圖文細緻，惟文字排列及格式、面值與大龍票並無二致，故稱海關二次雲龍。兩款郵票皆由海關造冊處印字房所承印。

慈禧壽辰紀念郵票及加蓋改值

清光緒二十年十月十日（一八九四年十一月七日）是慈禧太后六十壽辰，海關總稅務司赫德建議發行紀念郵票。

慈禧壽票為我國第一套紀念郵票，由名載史冊的德籍郵票繪圖員費拉爾所設計。全套九枚，各以象徵祥瑞吉慶的長春花、靈芝草、牡丹花，及富含祝壽之意的五福捧壽、神龍戲珠、一帆風順為主圖。

一八九六年郵資改按洋銀計收，在新郵尚未印妥前，以小龍票及慈禧壽票加蓋改值使用。先後兩次加蓋，因疏忽而產生了所謂「四複八倒」的慈壽錯體票，成為集郵家追捧的珍品。

臨時中立及中華民國臨時中立郵票

民國初立，南京孫中山臨時政府，要求北京郵政總局將清代蟠龍郵票加蓋「中華民國」國號，權充使用，以示政權更替。

那時的中華民國，末代皇帝宣統尚未遜位，袁世凱兵符在握，野心勃勃的在清廷與南京臨時政府中居間漁利。法國籍郵政總辦帛黎（A. Theophile Piry, 1850-1918）在夾縫下心存觀望，不願在郵票上明確表態，虛與委蛇，先將庫存的蟠龍郵票加印「臨時中立」字樣，引致南京臨時政府強烈反彈。緊急收回後，又以珍惜物力為藉口，用原票再加蓋「中華民國」字樣，致使「中華民國」與「臨時中立」成十字交叉。再引致輿論譁然！

這組有損國體的郵票，小小方寸留藏著大時代的興替與鼎革風雲，也為客卿帛黎在政治現實中瞻顧徘徊的醜態，留下永恆的見證。

倫敦版帆船、農穫、辟雍郵票

民國肇建，首套常用郵票由英國滑鐵盧公司承印，於民國二年五月五日發行。全套十九枚，以帆船、農穫、辟雍（國子監為元、明、清三代官府培養人才的最高學府；國子監的中心建築是辟雍，辟雍古制曰「天子之學」，從清康熙帝開始，皇帝一經即位，必須在辟雍講學一次）為主題。意在祈求國運一帆風順，民生富裕五穀豐登，文風昌盛教化普及。充分展現人們對國富民強這個美好願景的殷切渴望。

上海版飛雁及加印郵票

民國三十八年國事蜩螗，中華民國政府於十二月九日播遷臺北辦公。初期不及發行新郵，以大陸攜來郵票加蓋新臺幣面值使用，上海版飛雁加印郵票就是一例。

上海版飛雁郵票由大東書局上海印刷廠承印，整枚郵票以墨綠為底，上半偏右兩隻鴻雁凌空飛翔，飛越左下方的地球圖樣，象徵郵政傳遞書信穿越寰宇無遠弗屆。

中華郵政目前典藏存世唯一未加蓋的大全張（20X10），是臺郵大珍品，價值不菲。

一八七五年臺灣打狗海關時期戳封

打狗海關早期戳封是目前已知最早的臺灣海關戳封，長一七一公厘，寬九四點五公厘，封面中央珠紅簽條闊三十八公厘，右側收件人地址之上，及左側寄件機關之下各有一枚紅色篆體「護封」印章，應是當時華文信函的慣例。寄件日期「八月念二日臺灣稅關緘」經查為一八七五年九月二十一日，二十一日封緘交寄，二十五日交打狗海關，越過臺灣海峽至廈門海關，再經轉到香港一家叫怡德的衣舖。

打狗日戳是九月二十五日，廈門日戳是九月二十八日，從封上僅兩枚日戳推斷，香港部分可能是由信使投送收件人。日戳旁「檳資到奉八個仙」頗有古意，應該就是收件人給信差微薄的跑路工或賞錢（臺港地區民眾愛嚼檳榔，故稱小費為檳資）這是當時民信局信封上常見的用語。

民國元年國慶日國父親筆簽名實寄封

民國元年元旦，孫中山先生自上海抵南京，宣示就任中華民國首任臨時大總統，並發布開國宣言，中華民國於焉建立。

民國新成，政局維艱，國父為謀求全國共和統一，同年二月十三日，向臨時參議院辭臨時大總統，並舉袁世凱自代。惟為鞏固民國，附提三條件：（一）定都南京；（二）袁世凱必須到南京就職；（三）袁世凱必須遵守《臨時約法》及臨時政府所頒的一切法令章程。三月十日袁世凱卻在北京就任第二任臨時大總統。

離任後的中山先生，到全國各地考察鐵路交通建設，闡揚建國興邦的理想。十月十日中華民國第一個國慶日，先生在上海寰球中國學生會以《凡事須講公理不必畏懼》為題發表演說，並在英文大陸報發表《中國之鐵路計畫與民生主義》一文。

郵政博物館珍稀的館藏——國父親筆簽名實寄封，便是民國元年從上海寄出，封面左上角清晰可見先生的英文簽名(Sun Yat Sen)，收件人是紐約的柯爾博士（Dr. Jonathan A. Coles, 1843-1925）。柯爾博士比中山先生年長二十三歲，喜歡收集世界各國偉人的親筆書信，推測此信極可能是先生應柯爾要求親書寄遞。

抗戰時期沙魚涌局轉遞戳封

對日抗戰初期，日軍挾優勢軍力，攻城掠地，中國對外聯絡通路屢遭切斷。中華郵政秉持通郵信念，不屈不撓不畏險阻，設立秘密郵件轉運站，以維郵路暢通。

廣東沿海小漁村沙魚涌，便是於民國二十八年十月到三十年二月間所設立的秘密郵件轉運站。目前發現銷有沙魚涌日戳的實寄封僅有三十餘件，其中三件承蒙集郵家慷慨捐贈郵政博物館典藏。

伯爾尼郵集

民國三年三月一日我郵參加國際郵政聯盟（UPU），每年各會員國依規定送交位於伯爾尼的郵盟公署一定數量的郵票，然後再由郵盟彙整分送各會員國，世稱「伯爾尼郵集」。郵政博物館擁有自民國三十八年播遷以來至六十一年退出郵盟前的伯爾尼郵集，是博物館珍貴的館藏。除了彙集國際郵盟各會員國年度發行的精彩郵票，也讓人回味中華郵政曾經在 UPU 中活躍的身影，以及與各會員國為更好的郵政服務所打過的光榮戰役。

轉折

原先以為將在郵政博物館韜光養晦的潘安生，並沒有沉寂很久，民國五十七年新上任的交通部長孫運璿，致力推行交通各業的管理革新，潘安生這個熟悉創新海域風浪和潮汐的點子王，從郵政博物館被請出來為郵政的管理革新掌舵。

給首任館長的臨別「贈禮」

潘安生與博物館的因緣，從無到有的孕育，彷彿三生的緣定。雖僅短短三年，他把博物館視同己出，始終對它關注，縈念舊時篳路藍縷以啟山林的點點滴滴。博物館事務雖不能事必躬親，他持續在《郵政資料》撰文直到停刊。

民國七十三年將屆齡退休的潘安生，又因館址由鄉遷入市區，奉示主持博物館的「大搬家」。基於他為創館的首任館長，又鑽研郵學、郵史頗深，對此事責無旁貸。為貫徹始終，雖「廉頗老矣」，仍奮其餘勇，擔當了郵政博物館搬遷的重任。

博物館的新址設在臺北市重慶南路與南海路口，毗鄰國立歷史博物館、自然科學博物館、美國新聞文化中心、植物園及南海學園，群樹夾蔭有老臺北濃郁的古趣風情，是人文薈萃的中樞。而就在這片首批到臺灣接收臺郵的員工舊宿舍區上，建立起郵政的「歷史博物館」，不知是冥冥中的天意還是機緣巧合？因為，它本身就已經承載著時代傳承的軌跡和深意。

這棟地下兩層地上十層的郵政博物館，當初建築的名目是興建臺北第五支局（原址在南昌街，因業務發展，局舍已不敷使用）。但一個支局哪需要那麼大的空間？預算又怎麼能通過？幸好有兩位出身郵界的立法委員陸京士和王宜聲，他們努力居間奔走協調，才能輕騎過關。

落成之後大樓九樓撥給郵務工會作為會址，十樓為博物館會議室、禮堂及交誼廳。而名義上的「主角」臺北五支只占一樓的一隅作為營業廳，真正在這棟巍峨大樓掛牌運作的是郵政博物館。

民國七十三年，郵政總局首席副局長潘安生，和他主持博物館時代的最佳拍檔林志夏，在舊館建館十八年後，重新執起博物館的手，把它安置到這十層樓的新廈。當時的總局長王述調大筆一揮，讓潘安生「一以貫之」，成全他與博物館有始有終的因緣！他與林志夏，把劉承漢歷經十八年完成的夢想，從新店獅頭路浩浩蕩蕩的搬遷到新館，在諸多開館時精心徵集的展品中，依稀可見當初楬櫫的遠大目標，苦心孤詣和無中生有。

民國一一一年三月二十日是郵政博物館五十六歲生日，這座郵政家廟的三樓，有博物館之父劉承漢的塑像在日夜護守，五十六年後的今天，他當初殷殷叮嚀的「家訓」，是否還有人銘記在心？先輩篳路藍縷草創的艱辛和榮耀，將隨著郵政的永續發展，而永遠成為郵政事業的一部分。回顧所來徑，緬懷先輩為理想鍥而不捨的開創，我輩郵人除珍惜今日宏大堅實的基業外，應該再有什麼，才不辜負前人備極艱辛走過的道路？那就是——「承先啟後，繼往開來」！

【郵識點點靈】館徽——秦鴻臺瓦 古意斑斕

各國郵政博物館各有館徽，例如英國郵政博物館就是以「馬爾它十字架」(Malta 's Cross) 作為徽誌。馬爾它十字架隨一八四〇年「黑便士」郵票的問世而誕生，是英國最古老的銷票郵戳。

郵政博物館於民國七十三年配合新廈落成重新設計館徽，館徽圖案以秦代瓦當「飛鴻延年」摹拓為本。

瓦當俗名瓦頭，位於筒瓦之前，是屋簷最前面的圓形瓦。用於固定及保護木製飛簷，利於排水防水。瓦當有圓形、半圓形兩種，上面通常刻有青龍、白虎、朱雀、玄武、書法、圖紋。在屋簷上一字排開，為古老中式建築藝術，平添人文逸趣，頗具畫龍點睛之妙。

秦統一之後在渭河兩岸大興土木，瓦當的使用相應增多，圖紋形貌益加廣泛多采。但像「飛鴻延年」這樣圖文兼具的仍屬珍貴稀罕。鴻雁展開雙翼向青天翱翔，伸長頸項昂然對天鳴叫，聲納瞬間劃開延年兩字，灑脫而雄渾。這樣圖案的瓦當是瓦當中的珍寶，已經載入文獻，有個專有的名字叫「秦鴻臺瓦」（鴻臺建於秦始皇二十七年，高四十丈，用於觀天象及射飛鴻）。

林申墉設計的郵政博物館館徽，色彩深淺綠色交融並蓄，綠色是郵政的代表色，代表中華郵政一百多年來的職業光榮及國家付託專辦的權威。圖形以飛鴻為中心，傳達中國數千年來鴻雁傳書的意涵，饒富歷史趣味。「郵政博物館」五字，則是恭集國父手澤而來。圖形外圍成梅花形，象徵中華民國國花，不言可喻。

①影中人，自左而右為：王榮松、韓鶴雲、潘安生、劉丞漢、何佩裳、林志夏、沈天顧、林申墉（攝於民國 55 年郵政博物館開館之初）。

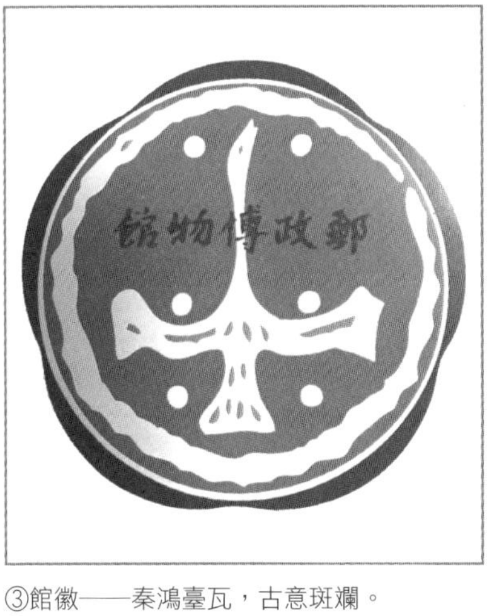

③館徽──秦鴻臺瓦，古意斑斕。

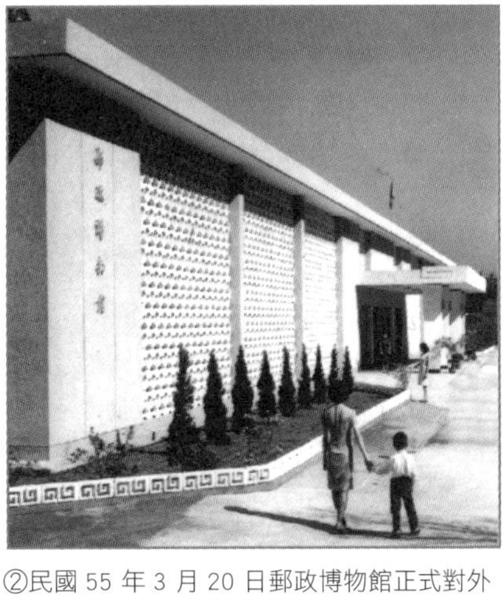

②民國 55 年 3 月 20 日郵政博物館正式對外開放。

④民國 55 年 3 月 20 日郵政博物館正式對外開放，郵政博物館之父劉承漢與全館同仁合影留念。

⑤新店郵政總局疏散辦公室空拍圖，民國 54 年郵政總局於臺北的新廈落成，搬遷後，郵政博物館 55 年於此設立。

東京萬國郵政聯盟大會——最後的盛宴

東京萬國郵政聯盟大會—最後的盛宴

UPU 源起與中華郵政的 UPU 之路

成立於一八七四年的萬國郵政聯盟（Universal Postal Union, UPU），是世界上歷史最悠久的國際組織之一。與一九一九年成立的國際聯盟（The league of Nations），及一九四五年成立的聯合國（United Nations）相比，是國際組織界名符其實的老大哥！聯合國成立之初，國際郵盟還秉持「技術」、「專業」的理想性，固守超然的底線不與政治掛勾。因此 UPU 和 UN 的運作彼此互不相干、各行其政。直到一九四七年在巴黎舉行的第十二屆郵盟大會，才通過依聯合國憲章的規定，讓 UPU 與 UN 建立協商合作的關係。《萬國郵盟公約》也相應修改，並規定新會員的加入，需經過三分之二以上的會員國同意。

從此 UPU 不能免俗的與政治掛勾，無法避免受國際政經現勢的左右，成為另一個國際政治的競技場。

一八七八年萬國郵盟在巴黎舉行第二屆大會，就在那年清朝海關開始試辦郵政（海關撥駟達），而赫德適巧就在巴黎，法國政府趁機邀我國入會。但因郵政新制草萊初創，一切尚在未定之天，更遑論制度與規模，因而未即申請入會。一八九六年大清郵政官局奉旨開辦，赫德曾呈請總理各國事務衙門照會瑞士政府，聲明已在北京及各通商口岸開辦郵政官局，將漸次推廣，待時機成熟，即將正式加入萬國郵盟，並請轉致各會員國。

一八九七年華盛頓召開第五屆郵盟大會，我國應美國之邀，派駐美公使伍廷芳、海關稅務司兼額外郵政總辦戴樂爾（F. E. Taylor），郵政代表墨賢禮（H. F. Merrill）及赫承先（Bruce Hart）為觀察員列席，伍廷芳並在會中發表演說，陳述我國郵政發展概況、宣示我國參加郵盟的意願。各國一致決議：歡迎我國隨時入盟。這也是我國派遣觀察員（赫德曾多次派兒子赫承先出任觀察員，顯然對培植他做接班人寄以殷望，只可惜赫承先志不在此）參加郵盟大會的開始。之後的二十餘年間，歷屆郵盟大會我國都派員參加，各會員國總是不吝表達歡迎我國入會之意，而我國也總以郵政開辦初期，基礎尚未穩固為由，未正式加入世界郵盟的大家庭。除了以上冠冕堂皇的理由，其中恐怕還牽涉到赫德個人的意願！

據一九〇三年四月二十三日赫德給外務部的呈文中有這麼一段：「中國加入萬國郵盟有何益處？且會中各國必謂中國郵務尚非國家特立之署，不過附入海關內之一舉，必須特立專署，方宜入會。但一經分出專辦，則應另籌經費，且需照前數年之議，歸他人管理。」這段話披露了赫德的心事，他是不是擔心得另籌經費，又深恐中國郵政大權旁落，因而遲遲不願加入郵盟？有待後人解讀。

中華郵政第一次正式以會員國身分參加郵盟大會，是一九二〇年的馬德里第七屆大會（一九一四年就應舉行的馬德里大會，因一次大戰爆發而宣告延會）。

中華郵政自一九一四年加入國際郵盟的大家庭，即使經過兩次大戰和播遷，因為UPU的會員國資格，始終與聯合國會籍相互連結而屹立不搖。直到一九七一年十月二十五日，聯合國大會通過第二七五八號決議，由中國大陸取代我國席位；同年UPU也以通信表決方式，剝奪了我國UPU的會籍，中華郵政五十八（一九一四～一九七二）年來在UPU的光榮奮鬥史被迫劃上句點。

一九六九最終的饗宴

潘安生一九六九年參加了在東京所舉辦的第十六屆郵盟大會（UPU Congress），是中華郵政身為UPU成員最後的饗宴！

依郵盟規章規定：出席UPU大會的各國代表團，其出席人選應該具有該國郵政人員的身分，且曾有供職十年以上的資歷者。奉總統令，第十六屆東京郵盟大會出席大會名單如下：

四位代表分別為郵政總局兼儲匯局長王叔朋、郵政儲金匯業局副局長應國慶及施有強、臺灣郵政管理局局長簡爾康；副代表為郵政總局郵聯處處長沈尚德及郵政總局專門委員兼郵政管理革新委員會執行秘書潘安生二人。

東京對潘安生來說並不陌生，一九六一年他第一次到東京參加萬國郵盟「郵政研究諮詢委員會」（CCEP）年會時，就見識到日本郵政第一次作東道主煞費苦心的安排和部署。從機場接機、會場布置、到各項議程的安排，在在見識日本人把會議辦得盡善盡美的勁道。雖然CCEP年會規模（約二、三十個國家參加）遠不如五年一次的郵盟大會，日本不僅足足花了一年多的時間籌辦，郵政省內凡能通外語的人員，也幾乎全員到齊，唯恐稍有不周。

一九六九年東京第十六屆郵盟大會，領軍的是資深外交家沈覲鼎大使（時沈大使雖已退休，藉其法文長才支援郵盟會議），當時的駐日代表是彭孟緝將軍，另選派代表處林尊賢秘書為代表團顧問。中華郵政代表團一共九人。

世界郵壇盛事　東京聚焦

闊別八年潘安生再度踏上東京，參加的是UPU五年一次的大會。日本有過一九六一年主辦CCEP的經驗，辦起郵盟大會更加得心應手！

郵盟大會是世界郵壇的大事，戰後日本快速復甦，經濟起飛，積極參與國際事務及運動賽事，而承辦國際會議無非是提高國際能見度及展現國力的絕佳途徑。日本在這難得的國際場合，充分掌握了曝光的機會，出手闊綽、場面大器、活動質量並俱、日程時序設想周到……令人印象深刻。

日本籌辦郵盟大會費時不下五年光景，一個一百三十六個國家參與的國際會議，光郵盟正式承認的語言就有七種，外語人才格外重要。大會秘書處一一五名員額，除二十八名郵政專業人員及郵電學院借調的三十名學生外，網羅了各方人才，分為英文及法文兩組，施以專業訓練，再分派秘書處工作，不夠用時再臨時向外界徵調，大會會場及服務臺、諮詢處等就是向各大航空公司徵調來的空服員。萬國郵盟公署本身也帶來約百名的工作人員，組成郵盟秘書處，駐會辦事，支援會場「同步翻譯」等各項工作。

一百三十六個國家代表團，歷時五十幾天的大會，以下榻的王子飯店作為食、宿及開會的大本營。日本郵政於飯店裡設立大規模的臨時郵局，每個國家、每位出席代表皆設有專用信箱，每天開會的議程及相關資料都會在早晨投入信箱，因而各代表團每天清晨的首要大事，就是開信箱取出資料閱讀、討論做開會的準備。主辦國還貼心的發給每位代表紀念郵簡，以供各國與會代表免費寄回本國之用。

第十六屆東京郵盟大會於一九六九年十月一日隆重開幕。這樣一場難得的國際盛會，冠蓋雲集，除郵盟一百三十六個會員國代表團，日本外相愛知、宮廷長官及各國駐日使節皆列席參加。

開幕典禮在國立劇場舉行，由日本天皇裕仁親臨主持。但是天皇年事已高，龍體欠安，三十分鐘的開幕式，幾乎不能支持，皇后良子急得手足無措，偏偏本屆「Doyen」法國杜亞松（Tuason）演講方興未艾，似有滔滔不能絕的態勢。與會的人無不跟著捏一把冷汗，擔心天皇會當場昏倒！（Doyen 是外交使節團團長，通常由駐在國最資深的使節擔任。郵盟在歷屆大會也依例推舉出席郵聯大會的元老級長者擔任 Doyen。）

開幕典禮令人精神緊繃，開幕當晚的歡迎國宴，則讓潘安生印象深刻。國宴在東京最知名的帝國大飯店舉行（註），那是一場極為隆重的國宴，在帝國大飯店古典的建築下，燈光雖美，用餐的氣氛卻實在很嚴肅，服務生穿著熨挺的制服，一個口令一個動作，每一道菜都是一聲令下全體出動，數十個人同時端盤子上菜，整齊劃一，除了偶有杯盤撞擊，全場鴉雀無聲！潘安生第一次見到這種場面，真是難以忘懷。

第十六屆郵盟大會的重要議案，以郵資費率的修改、信封標準尺寸的研討、各國郵費收入的分攤、減低航空郵資及各國相互之間的援助為討論主軸。事實上，依照各屆郵盟大會的慣例，在開會之前半年，就已為即將到來的會議預先暖身。郵盟會先將大會及其所屬各委員會，當年要討論的議題函知各會員國，各會員國也將建議及提案預寄郵盟彙整。因而在大會之前各會員國就已收到相關文件和資料，可以預作研究討論。大會正式開議後，各國代表團可分別派人參加各組的小組會議、專題會議，就小組專門議題討論，議案討論出初步的結論後再提大會做進一步的討論或表決。整個大會期間小組會議數不勝數，全體大會則開不到十次就閉幕了。

大會開議 好戲開鑼

開議第一天依慣例由 Doyen 主持，隨即選出地主國代表曾山克己為主席，美、蘇、義三國代表為副主席。郵盟大會原則上是一專業會議，針對國際郵政各項事務，做研究討論及技術合作為綱本。倘若可以堅持專業理念，立場超然，會議必然一片祥和。但是，不然！

在郵盟全體大會上，政治議題免不了經常上演。立場不同的國家，在大會議程中唇槍舌劍，利益相左時無情攻伐，不惜以驅逐對方為終極手段；利益相同時，彼此勾結，相互結盟。

雖然國際會議政治干預勢所難免，所幸大會其他時間及全體大會以下的各組專業討論，依然循序進行，兩套系統並行不悖，潘安生算是見識到了！

各國匯集 商機無限

郵盟大會是各國郵政高階管理人群聚和郵政事務交流的場合，自然也是商機無限的場域。除了日本政府，其他各大商社無不極盡所能大搶商機，更不忘安排各國代表團到東京、北海道郵局展示日本郵政機械化、自動化的成果，藉以促銷郵件分揀機。三井、三菱各機具大廠不但招待代表團參觀工廠，更特別為我代表團量身訂做開座談會，討論我國如何在現行的預算下，取得合適的郵件分揀機。當時郵件的分揀大致分成三個步驟：首先是郵件收回之後的理信機（culling machine），其次是銷蓋郵戳（cancelling machine），最後才是按郵遞區號分揀（sorting machine）。

潘安生回憶民國六十年代，中華郵政向日本採購機器的經驗。那時之所以採購日本的機器設備，基於兩點考量：一是國情相近，另一個原因就是地理位置。然而這些考量使中華郵政有一段時間變成日本工業的尾巴。跟日本人買機器，因為製造廠在日本，零件無法取得，維修完全仰賴原廠，起先相安無事，偏偏日本經常賣給臺灣的是即將淘汰的機型，以致一旦斷產後就找不到原件維修，只好重新購買新的機型。這樣的惡性循環，使臺灣向日本所採購的機器，始終沒能好好的運用。

另一方面，郵件自動化的基礎是書寫郵遞區號及信封規格標準化，臺灣在這方面的推行極為緩慢，分揀機的成功率自然不高，機器形同虛設，最後只能束之高閣，淪為博物館展示的博物。

日本對我不只有地主之誼

一九六九年的東京郵盟大會，日本對我國展現了美好邦誼，不只是行禮如儀的盡地主之誼而已。原因除中日兩國仍舊維持固有邦誼外，當時日本郵政總局局長（亦是東京郵盟大會的主席）曾山克己（Soyama）是其中關鍵。應國慶早年訪日時與曾山克己就已熟識，多年來兩國郵政官員交流考察頻仍，交誼頗深。曾山也曾應邀訪華，一償遊賞寶島的宿願。

首先，大會期間適逢中華民國國慶，正值一次全體會議，曾山主席宣布：「今天是中華民國國慶佳節，謹播放中華民國國歌，請全體代表起立致敬！」一陣掌聲響起，隨即播放中華民國國歌。日本人基於謹慎，秘書處前一天還特別找了潘安生和簡爾康去試聽過。

其次，還是與曾山有關。代表權問題一直是我國參與國際會議時最戒慎恐懼的議題，東京郵盟大會原本風平浪靜，唯有巴基斯坦老是在這個議題上糾纏不清，曾山總是技巧的「未付討論」，或義正詞嚴表示不宜涉及政治，四兩撥千金的迴避了這些棘手的問題。

另外，中華郵政代表團在王叔朋領軍下，參與競選郵政研究諮詢委員會（CCEP）第三屆理事國。潘安生在王叔朋的指示下，打了一百多封信廣邀各國支持，代表團還積極請邦交國吃中國菜博感情兼拉票，最終在四十個參選國中脫穎而出順利當選，確保了一九七〇及一九七一年出席在瑞士伯爾尼（Berne）舉辦 CCEP 年會的資格。日本郵政為此特別安排北海道之旅，為中華郵政代表團慶功。

整個與會期間，代表團最慶幸的是自始擔心的「中國代表權」爭議沒有發生。沈大使為中國代表權問題不敢絲毫鬆懈，還是預擬了發言稿，交給潘安生繕打後送往大會秘書處列入紀錄備查。隔日大會秘書處列入紀錄後，並分送各國查照。全文如下：

On behalf of China：

「The Delegation of the Republic of China to the XVIth Congress of the Universal Postal Union wishes to reiterate that the said delegation is the only legitimate representation of China and is recognized as such by the said Congress.

All the statements or reservations which have been made or may be made by certain Member Countries of the Union and which are incompatible with the position of the Delegation of the Republic of China as given above, are illegal and therefore null and void.」

一九七二年中華郵政退出郵盟，潘安生回首過往參加國際郵盟各項會議的寶貴經驗，懷念可以在郵政大家庭裡參與、交流、付出、貢獻、擁有話語權的美好年代。政治現實沒有改變，潮流和趨勢卻不斷更迭向前，誰知道下一刻又會有什麼翻天覆地的轉折？由誰來決定危機與轉機的定義？潘安生語重心長期勉我郵人，要開拓視野充實自己，準備好隨時進入郵盟，參與大家庭的國際郵務運作系統，為更美好的郵政前程而樂觀向前。

註：帝國大飯店於一九一五年增建，是由名蜚國際的美國自然主義建築師法蘭克．洛伊．萊特（Frank Lloyd Wright）所設計，一九二三年飯店落成開幕，適巧遇上日本毀滅性的關東大地震，七點九級強震將東京市帶入人間煉獄，沖天的火海，建築物幾乎夷為平地，唯獨以大谷石建造的帝國大飯店奇蹟似的屹立在瓦礫灰燼中，成為災民及時的避難所。

潘爺爺講故事

漢唐文化　日本人癡心嚮往

姑蘇是吳文化的發祥地，自古就是人文薈萃豐饒富庶的魚米之鄉。文人筆下的蘇州總是令人神往，蘇軾來過了、文徵明來過了，西湖、蘇堤和拙政園就此與天地同在，沒有了歲月與季節。張繼的《楓橋夜泊》一首七言絕句精簡的二十八個字，為姑蘇找到唯美的定義！姑蘇是潘安生的家鄉，自有孺慕的嚮往，沒想到對日本人來說也有一廂情願的鄉愁。在一次郵聯會議期間，潘安生與日本郵政總局局長餐敘，閒談中，在餐巾紙上寫下「月落烏啼霜滿天，江楓漁火對愁眠」的詩句，這位局長竟然詩興大發，搖頭晃腦就直接念出下半闕「姑蘇城外寒山寺，夜半鐘聲到客船」，令潘安生十分驚訝。

原來自隋唐以來，日本對於燦爛的中華文化就十分嚮往。經常遣使來華，對於「吳地」有無解的單相思。稱自己是「吳太伯、仲雍」的後裔，說穿的衣服是「吳服」，總之，就是很想做蘇州人的親戚。

以詩顯名的寒山寺相傳始建於南朝梁天監年間（五〇二～五一九），起初名為「妙利普明塔院」，貞觀年間，因高僧寒山及拾得從天台山來院擔任住持，而改名為寒山寺。寒山寺每於歲末子時敲鐘一〇八響，有兩種含義，一是每年有十二個月、二十四節氣、七十二候（五天為一候）相加正好是一〇八，敲鐘一〇八響是為來年祈求平安幸福；另一種說法則是藉由鐘聲驅除佛教經義中人間的一〇八種煩惱，以求增長智慧、普渡眾生。

寒山寺的鐘聲承載著萬千祝願，鳴響的古鐘卻命運乖違，一千五百多年來寒山寺毀於戰禍並屢遭祝融之災，原始古鐘早已不復存在，明代嘉靖年間重鑄的銅鐘，一說毀於倭亂，一說則是流入日本。

寒山寺古鐘流入日本的傳說，促成了日本僧人山田寒山（本名為山田潤）發願尋鐘、募化鑄鐘，並於一九〇五年將兩口銅鐘一口留於日本，一口贈與寒山寺，一段經典更為古鐘憑添傳奇色彩。如今的寒山寺，年年除夕夜依然吸引許多人到此聆聽鐘聲，而那口不知所終的古鐘，如若流落日本某處青燈古剎，想必為自己多舛的命運而瘖啞不鳴！

① 1961 年潘安生（背對鏡頭攝影者）參加在東京舉行的 CCEP 大會，為施有強總局長（中）與駐日大使館秘書林金莖（後曾任駐日代表）夫婦合影。

② 1969 年第十六屆郵盟大會在東京舉行，各國代表團下榻的王子飯店。

⑥

Postal Union Congress Opens

The 16th Universal Postal Union (UPU) Congress opened its 45-day session in Tokyo Wednesday in the presence of the Emperor and Empress. Prime Minister Eisaku Sato and Posts and Telecommunications Minister Toshio Komoto were also present.

About 1,700 delegates and observers attended the opening ceremony which began at 2 p.m. at the National Theater in Chiyoda Ward.

Prime Minister Sato declared the opening of the congress, the first in Asia, following the addresses by Komoto, the Emperor, and Vincenti Tuason, the doyen of the congress and former director general of the Swiss Posts, Telegraphs and Telephones.

A total of about 850 officials from 140 member nations and six Japanese delegates will start discussions on various international postal problems today at the Tokyo Prince Hotel. The sessions will last 45 days through Nov. 14. Twenty-one plenary meetings and 37 committee meetings are scheduled during the congress.

This will be a new record for the length of a conference and the largest conference of its kind ever held in Japan, the Posts and Telecommunications Ministry, the sponsor of the congress, said.

Among the foreign delegates are Winton M. Blount, United States Postmaster General, and Konstantin Sergueitchuk, Soviet posts and telecommunications vice minister.

⑦

出席萬國郵盟我國代表團廿三日首途

【本報訊】每五年舉行一次的萬國郵盟大會，定下月一日至十一月十五日止，在東京舉行爲期六週的會議，我國代表團定於本月廿三日首途前往參加。

參加本屆萬國郵盟的我國代表團，爲首席代表沈覲鼎，代表爲王叔朋、簡爾康、應國慶、施有張，顧代表爲沈尚德、潘安生。

③郵政代表團（由左至右）郵聯處處長沈尚德、台管局局長簡爾康、郵政總局主任秘書應國慶、沈覲鼎大使、郵政總局局長王叔朋、郵政總局副總局長施有強、管理革新委員會執行秘書潘安生。

④我國代表團席次，右三為沈覲鼎大使。

⑤大會會場全世界百餘國代表濟濟一堂。

⑥東京 Japan Times 報導第十六屆萬國郵盟大會。

⑦中央日報報導郵盟代表團赴日與會消息。

③

④

⑤

第二十一篇·春秋鼎盛 供應處十年

春秋鼎盛 供應處十年

春秋鼎盛供應處十年

十年春華秋實，走進方寸藝術之美，潘安生臨深履薄一步一印，竭心盡力再加一點！

郵政以郵遞起家，郵票是郵政的衣食父母，郵票的背後是郵人勞務的提供，也是勞心勞力的代價。一個在郵政事業安身立命的郵人，對於這方寸小紙頭應懷抱崇敬之意，對它更不能沒有基本的認識。

在潘安生六十幾本著述中，以郵票為主題的有近三十冊，單篇發表未集結成書的更是不可勝數，這樣一位人稱「郵政達人」的終生郵政人，並不是一開始就有機會與郵票一親芳澤。

潘安生自承曾經是個「郵盲」！

民國四十年郵政總局在中山堂舉辦播遷來台後的第一次郵展，負責策展的潘安生，雖然進局已經十年，因為一直不曾從事過與郵票相關的業務，對郵票的認識還是一張白紙。

一直以來集郵家就是郵政的親密戰友，每當舉辦郵展他們總是親力親為傾力相助。那一年，潘安生正為展覽票品草擬文字說明、安排展品目錄時，就聽見一位老實直言的集郵家說：「你們郵局裡的人，有誰能懂郵票啊？」潘安生猛一聽很不服氣，一細想，難道不是嗎？郵政員工真懂郵票的簡直是鳳毛麟角。

老一輩郵人都知道，在郵政界和集郵圈流傳著一句老話：「郵政人員是不許集郵的。」為什麼呢？有此一說！我國第一位名見經傳的德國籍郵票繪圖員費拉爾（Robert Alexis de Villard, 1860-1904），不但有才情、會繪圖、懂郵票、愛郵票、還監印郵票。因此要了手段，搞了些名堂，創造了變體票，他的犯行不久被揭發，最後丟了飯碗黯然離開。而他私人的收藏，在他辭世後從遺孀手中逐漸流出，在華郵世界掀起千層浪，光「紅印花小壹圓」四方聯（東半球最罕貴的華郵），就足以叫郵壇瘋狂。

為了避免這樣的事情再度發生，郵政當局就嚴令禁止郵政人員集郵。

另外，潘安生在《郵政綱要》這本早年奉為郵政界聖經的法令彙編第一章「紀律」篇中，找到這樣一條規定：「郵政員工不得蒐存舊郵票。」目的在教大家認知，在大批郵件處理過程中，其中或有未經貼牢而脫落的郵票（無論蓋銷與否皆是舊郵票），都應該繳呈上級主管處理。

既有明文規定，郵政從業人員就得切實遵守。是否因而養成郵政人長期對郵票不聞不問、敬而遠之的心態，即使自己一輩子靠郵票吃飯，甚至下一輩還靠郵票長大成器，卻始終不知道郵票是怎麼產生的？郵票中又藏有什麼學問？這也無怪乎要引來集郵人士的訕笑了！

民國六十年潘安生接任郵政總局供應處處長，在此之前，他曾任郵政博物館館長，對博物館珍藏的郵票和有關文檔已有相當認識，但供應處處長更是一個綜理郵票籌印、倉儲和行銷的職務。基於職責所需，潘安生更加努力鑽研、磨礪充實自己。郵票是郵政的命脈也是靈魂，對內潘安生綜理郵票的題材、設計和印製，對外他就是郵票的代言人，面對郵壇人士有任何意見或質疑，他必須有能力出面解說和答辯，供應處處長這差事並不簡單。

但對潘安生來說，經過二十年的歷練和學習，接任供應處處長一職，他已經準備好了。

二十年前的潘安生，對郵票知之甚微，對於郵學郵識的學習，首先得到郵識豐富的來臺首任供應處處長王叔朋啟蒙。民國四十年郵展，潘安生第一次有機會聆聽王叔朋親自向總統、副總統導覽。他口若懸河，郵識之豐博古通今，郵票掌故如數家珍，讓潘安生大開眼界，興起「郵人當如是」的驕傲。民國五十五至五十九年，潘安生擔任郵政博物館館長三年多期間，深知博物館是郵政歷史、文化傳承的對外櫥窗，也是古今中外郵票匯聚的大觀園，更是提供郵學家、愛郵人士研究與資料蒐羅的場域，身為館長的他責無旁貸，不能沒有郵學郵識，僅憑花拳繡腿應卯了事。於是更卯足了勁細讀各類中西郵學刊物、郵票目錄，在博物館的檔案中查閱有關郵票歷史、發行紀錄等珍貴文獻。他看見這自一八四〇年以來，在郵驛世界扮演著關鍵角色的小小方寸，不為人知或被人遺忘的故事，以及它作為國家名片，集文化、藝術、歷史、人文於一身的獨特魅力。那些珍貴的資料、豐富的郵識，不但充盈了潘安生郵學探索的智庫，還變成一篇篇文字刊載在《郵政資料》上，集結成書成為博物館重要的文獻。

學貫古今郵學家　郵政最好的益友與諍友

潘安生認為對郵學的研究，從啟蒙進而更上層樓，博覽群書是必由之徑，更重的要靠與真正的集郵專家多交往，聆取教益。潘安生虛心與集郵家做朋友，把他們當座上賓、當老師，他從靜靜聆聽的「郵盲」，到孜孜不倦的郵學新生，到互相切磋的同好，到可以平起平坐攻伐論戰，經過一段極辛勤的努力與學習。

潘安生喟嘆，以業績掛帥的時代，現在的郵政人對於郵學、郵識似乎已經缺乏興趣。潘安生認為，郵學是一門高深的學問，而郵學家是郵人最好的活字典和良師益友，在集郵專業、郵學、郵識，乃至於郵展上，郵局仰賴郵學專家之處甚多。從郵政博物館館長任內，潘安生與郵學家有近身接觸的機會，他見識到郵學家是如何認真虔敬的看待郵票，又是如何上窮碧落下黃泉的鑽研郵識。懂郵票的集郵家視郵票如珍寶，以雞蛋裡挑骨頭的精神看待郵票，並提供郵票發行單位寶貴的建言，讓郵票能精益求精，盡情闡述方寸之美，集郵家也才能擁有更多美好的珍藏，這實是郵政與集郵家天作美好的因緣。但潘安生認為，即使有良師益友，郵人也應該惕勵自勉，自立自強，多加充實自己，不能一問三不知，枉為郵政人！要手中即使沒有郵票，心中也要有郵識。否則，毫無郵識又怎知什麼郵票會受集郵家青睞？什麼郵票最具收藏價值？最引人入勝？

身為供應處的主管，掌管發行郵票的大計，除積極充實郵識了解業務內容及實務，潘安生感謝王叔朋以過來人及長官的身分，給他許多指點和支持。潘安生向他報到時不忘跟「舊令尹」討教。王叔朋勉勵他：「老潘，這麼多年你也辦過不少漂亮的郵展，當過郵政博物館的館長，對郵票你是有研究的，你放心吧，我也幹過供應處處長，有問題你隨時來找我！」潘安生在供應處的十年，王叔朋從副總局長晉升到總局長，有這位經驗老到又具郵票專識的長官人前人後挺他，該發行多少郵票？如何發行？任何疑難都可以找到王叔朋這個專業顧問給他解答，凡事都能迎刃而解，圓滿達成任務。

一枚郵票的誕生

潘安生：一封信上只要黏貼了適當的郵票，就不會遭受關卡的盤查稽徵、移民局的留難詰詢、或是衛生機關的檢疫措施。郵票像是一張通行天下的護照，無遠弗屆。

郵政法第八條：「郵票、明信片及特製郵簡，由交通部擬定式樣及價值，呈請行政院核定，由郵政機關發行。」。

郵政總局是發行郵票的專屬機構，實際執行這項任務的是郵政總局的供應處。

郵票是方寸紙片，是納付郵資的憑證，因而發行郵票的目的，在於供應郵件業務的需要，郵票的面值必須配合各類郵件的資費。郵票的發行量也以一年的用量為度，不超過實際用量，以避免虛耗倉儲，徒增管理成本。就集郵家而言，一套郵票發行量的多寡，攸關郵票價格的漲跌，所以發行量要力求適中，不過少，以免引起搶購和投機；不過多，以免倒人胃口，拖累郵市。至於題材的選擇，則要審慎從事，既要符合國家名片的高度與深度，也要是集郵愛好者喜愛的題材，最好能夠主題正確，符合時代意義，反映時代潮流，還能兼顧收藏價值。

發行郵票的計畫依現行規定，須於事先擬定每一年度的郵票發行計劃，呈報交通部核准，然後再依核定計畫逐一進行。

郵票的發行步驟如下：

一、選定主題：

目前郵票的主題取材不外幾個來源，以故宮博物院、歷史博物館、臺灣史前文化博物館、中央研究院等珍藏的文化藝術瑰寶，展現中華民族五千年歷史文化的燦爛精髓。其次是發揚我國精神文明，科技一日千里，物質文明百尺竿頭，中華文化特有的古詩詞及古典文學經典，以蘊藉的方式闡釋人生智慧與生活哲學，潛移默化，是維繫心靈秩序的最佳準繩。另外自然生態與保護、臺灣山川地貌之美、人文藝術生活化的表達、具歷史意義之重大建設、活動、史蹟及足為後人範式之人物等都是取材的重點。

二、設計圖案：

無論是攝影作品或繪製的圖案，設計草圖都需經由郵票設計小組委員會審核通過後，才准送交通部核選，然後轉呈行政院做最後的審定。

三、郵票印製：

目前國內承印郵票的印刷廠有中央印製廠、中華彩色印刷股份有限公司及卡登實業股份有限公司，國外則有法國卡特安全印刷廠及紐西蘭南方印刷股份有限公司。

（一）就我國郵票印刷的歷史來看，印刷的方式不出幾種：早年大龍郵票採用的凸版印刷，抗戰時期曾印製過幾款郵票，因線條較粗糙並不美觀，很少使用。我國第一套紀念郵票慈壽票所採用的則是石版印刷，民國三十九年臺灣發行的第一套常用郵票「鄭成功像」，用的是膠版印刷。五十至七十年代雕刻凹版（Gravure）是最常使用的郵票印製方式，以人工往內挖版雕刻，顏料填至凹陷處，再以壓力將顏料壓印到紙上，圖紋有立體感，精美而且不易偽造。當時最高端的影寫版（photogravure）有攝影技術分析原圖色彩，解析度高，色彩及圖像與原圖最為接近，極其精緻美觀而逼真，可惜我國並未有此設備和技術，因而常要遠送至瑞士哥瓦錫印刷廠（Courvoisier S.A.）印製。

（二）目前中華郵政的郵票雖多以平版印刷（Offset Printing）為大宗，近年國內印刷技術較前大為精進，已不可同日而語，所營造出的各種特殊效果超過想像，讓方寸之美更令人心醉神往、愛不忍釋！

四、郵票的監印管理：

郵票是有價證券，雖然印製郵票用的是一種特殊材質的紙張，紙胎上還壓有特別水紋，齒孔大小粗細也有一定規格，都具有防偽的功能，極難偽造。但是印製的過程仍須非常嚴密的監督，目前集郵處在國內印刷廠或派有監印員駐場監印或派員抽查印件。

（一）首先監印員將郵票印紙逐張清點交予印刷廠，印製完成後，清點成票及廢票加總必須與原張數吻合。廢品在嚴密的監控下銷毀，其他一切印版（包括母版、分母版及正式上機的印版），在印製完畢後，也都要封存及銷毀。

（二）成票的數量、品質、規格、顏色、圖紋、齒孔、背膠，要鉅細靡遺逐一反覆檢驗，不容一絲一毫的差池。

潘安生對於郵票的監印不敢絲毫放鬆，層層嚴密把關，明察秋毫滴水不漏。那幾年，集郵家沒有了變體票可以追逐，顯然相當寂寞！

楊敏詩、潘安生台前與台後　促銷郵票有門道

一套郵票的誕生，從選題到印製完成，經過繁複而冗長的過程，然而對供應處來說，郵票誕生才是發行銷售這重頭戲的開始。身為供應處處長的潘安生，成了郵票的代言人。他精研每一套供應處發行的郵票，引經據典介紹郵票的特色、重要性和賞析時可供參考的資料。像一名郵票專業導覽，幫集郵大眾備足功課，引導欣賞者領略郵票美的饗宴。他撰

寫中文郵文，由精通英文的集郵中心主任楊敏詩譯成英文，在中外郵刊發表，兩人相輔相成合作無間。楊敏詩常說潘安生是後台老板，他自己在前台演戲，唱戲要有觀眾，做郵票要有人欣賞，他們要聯手強力做促銷！

郵票的銷售不能僅靠國內市場，還要靠外銷！外銷要有好的集郵報導，還要有經銷商打開交易通路。那時供應處的策略是國內自行銷售，國外則必須找代銷商。找的是當時世界四大郵商之一的閔克斯郵票公司（Minkus & Co.）。

閔克斯是美國郵票代銷公司，創辦人賈奎．閔克斯（Jacques Minkus, 1901-1996）從一九三一年紐約曼哈頓三十三街及百老匯街交口一個郵票小攤商做起，到一九五〇年代已執美國郵票經銷市場之牛耳。潘安生於一九七三年至紐約籌辦紐約聖若望大學亞洲研究中心（中山堂）新廈落成郵展，趁空檔到閔克斯公司參觀，它已在曼哈頓寸土寸金的梅西（Macy's）百貨公司的一側，占有五層的樓面，經銷網路更擴及全球，不愧是精於經營管理的猶太商人。我國郵票外銷，最初以駐美中國銀行為代理，一九五〇年代才與閔克斯公司接觸。賈奎．閔克斯曾親自來臺，為郵政當局就中華民國郵票海外市場長期行銷、發展做周詳的規劃。他於下榻旅館用打字機洋洋灑灑敲下的萬言企畫書，包括郵票發行的題材、為力求郵票印刷精美而尋求外國名廠印製、集郵報導中英雙語並陳、行銷面的擴大等等，都有詳盡的計畫和建議。後來幾乎被全盤採納。最後簽訂的代銷合約，閔克斯公司成為我國郵票外銷的獨家總代理，不僅美洲各國，連同其他各洲的華郵市場也歸他獨占。每一種新郵只照新臺幣面值七折計價，三成就是代銷酬勞。閔克斯所持的理由是：「凡是行銷到國外的集郵票品，基本上郵局完全不必提供勞務，是純粹的集郵收入，郵票就等同於鈔票，印郵票換鈔票是一本萬利的好生意……」事實上這才是他「一本萬利」的生意經！

閔克斯不但是經銷商，還發行專業的郵刊和郵票目錄，那些年潘安生和楊敏詩竭盡所能為郵票做宣傳，包括中英文並陳、圖文並茂的集郵報導、海報、並提供郵學研究文章給海外各大郵刊（包含閔克斯本身的郵刊）登載，將宣傳觸角廣伸到全世界去。

潘安生四十三年又八個月的郵政生涯，經過了十七個職務，供應處處長幾乎占了四分之一時間，這對總是四處救火，出點子、借調、支援、身兼數職的他來說誠屬難能可貴。當他接到這個郵政總局炙手可熱的新職時，又有人預言他將青雲直上。

人生能有幾個十年？他在這個崗位上繼續秉持他創新求變的秉性，將他自民國三十年進郵局以來，一步一步、點點滴滴累積的經驗、學來的本事，一股腦兒投注在工作上。在幾件事情上可以見證他深深的著力：

一、票品的創新和改良：

（一）首日封原先的設計十分簡單，就是在信封上加蓋一個飄帶型的首日戳就算首日封了。潘安生認為首日封是集郵家集郵重要的一環，一個與郵票相稱的首日封，與郵票本身成套成組相得益彰，不但能夠增益郵票的光彩，票、封、戳一體呈現，更能提升收藏的價值。於是他一步步研究改進，精心設計首日封。

（二）活頁卡的誕生對廣大集郵愛好者是莫大的福音！在活頁卡誕生之前，集郵大眾必須自己製作卡片，書寫說明，再用護套保護起來。活頁卡將中英文說明詳細印好，護票封套一應俱全，集郵家只消將郵票嵌入，免除了整理郵票的功夫，精美、方便而有效率。活頁卡更是專題集郵家的好幫手，將各種主題的活頁卡蒐集成冊，就是一部部不同的專題郵集，何其有效便利。

（三）郵票的背膠便於黏貼，相對的也增加收藏的困難，背膠受潮會導致沾黏、霉點，時間久了還容易泛黃，影響郵票的品相。郵票的收藏，極為講究，要維持「如新」（mint condition）的完美品相，集郵家可謂煞費苦心。潘安生在任內引進美式護郵套（crystal mount）製作護票卡，讓集郵的「裝備」更上層樓，更趨完善。

（四）年度郵票冊的發行，是忙碌集郵者的一大福音，郵局為集郵愛好者有系統的將一整年發行的郵票集結成冊，免除了收集者逐套購買的費時和困難。另外，潘安生鑑於郵局內部每次發行新郵時，依例發給員工一套收藏，立意雖好，一年下來卻零零散散極不易收集保存，因而提議改以年度郵票冊取代。

二、編印郵票圖鑑：

家是一個人的歸屬，家裡有戶口名簿羅列了家中的所有成員。郵票也有一個名簿，彰顯它的歸屬，這個名簿就是郵票目錄。中華郵政第一次編印郵票目錄是民國四十五年，之後每隔幾年重新修訂增版，但始終都以黑白印刷。當彩色印刷時代來臨，潘安生深覺黑白郵票目錄已經跟不上時代，於是興起新印彩色郵票目錄的想法，但因成本太高始終無法實現。權宜之計是印製彩色的郵票圖鑑（Illustrative catalogue）。

既然是圖鑑就要完整，從第一套大龍票開始，包括紅印花在內的各種珍郵都要囊括其中。問題就來了！郵政本身的珍藏並不完整，必須仰賴集郵家的鼎力相助才能成功，因此潘安生徵集了王藹雲、吳樂園、黃建斌等集郵大家的臂助。然而，既是珍郵當然是絕世寶貝，集郵家在印製過程中極其考究，承印的印刷廠在台中，集郵家們便一齊到台中，要求自己去監印製版，慎重其事的經過一次次的鑑定後，才同意付梓。這本彩色郵票圖鑑開風氣之先，大受歡迎，一再添印，一直到郵票目錄正式進入彩色世界才被取代。

三、原圖卡（Maximum card）——集郵世界新寵兒：

民國六十年代，郵局發行了一套故宮古物／古畫郵票，因故宮擁有版權，也連帶發行了一套原圖卡片，尺寸比明信片大一些。故宮除在其禮品部販售外，要求據點遍及全國的郵局一併協助代售。潘安生心想既然要代銷，不如讓原圖卡也變成集郵的一部分，在每一張圖片正面貼上相同圖案的郵票，並以發行首日戳銷印，如此三位一體，命名為原圖卡，在集郵門類中，自成一格，外國集郵已有先例，我們何不仿效？於是原圖卡就此在臺灣誕生，擠身集郵世界，成為專題集郵的新寵兒。

對於年輕集郵愛好者來說，傳統集郵從古到今逐套收集，在財力及時間上都要花費相當的代價。主題收藏（Thematic）是另一種突破時空疆界和財力限制的選擇，年輕的集郵家可以另闢蹊徑，尋找另一片天空，不必跟資深集郵家硬碰硬同場競藝。

四、潘安生對於培養小集郵家不遺餘力：

（一）今日喜愛集郵的少年，可能是明日醉心方寸之美的集郵家，潘安生為了播下夢想的種子，出了引導新手入門的三本集郵啟蒙書：《集郵初階》、《集郵與儲蓄》以及《怎樣辨郵展》。它們大批大批被學校買去當教材、郵會也爭相發送，出了十幾版，成為集郵入門的 ABC。

（二）緊接著潘安生開始寫郵票故事，深入淺出將每一套郵票介紹給小集郵家們，一方郵票一則故事，一則故事一個啟發一種趣味，讓集郵不僅是一種嗜好，而是一個可以怡情、益智、會友的知性世界。

（三）集郵有許多專有名詞，初學者經常不能望文生義。供應處曾經有心編印一本字典，卻因曠日廢時總缺臨門一腳。潘安生從著手蒐集資料到編印完成，耗費了相當長的時間，這項艱鉅的工程竣工時，他的任期也近尾聲。潘安生又出了一本好用的工具書——《圖解郵票字典》。

五、讓郵票善盡國家名片的職責：

郵票的迷人，不僅在方寸美學的極致表現，更有一國歷史、文化、藝術綜觀全貌的深度意涵。郵票之所以是國家的名片，不僅僅是它帶著國家名銜闖蕩五湖四海，還讓世界透過這個小小的櫥窗，看見我們的文明、我們的精彩和我們身為國際社會一分子的角色與貢獻。潘安生除了推動今日郵政英文版，還編印《從郵票看中華民國》宣傳小冊，這種譯成七種語言出版的小冊子，透過新聞局駐外單位，分送給世界各國做文化尖兵，讓世界各國認識臺灣、看見臺灣的美麗。

六、以郵會友：

在潘安生研究郵學的過程中，郵學家扮演著重要的角色。他從一個門外漢，到擁有「郵政達人」的美譽，學習沒有意外，也沒有不勞而獲，每一步都下過苦功。他語重心長地說，要跟集郵家做好朋友，不要怕好朋友的指點。集郵家畢生鑽研郵學，學有專精。我們身為郵人不僅應景仰還要虛心求教，專家的指正就是我們改進的動力與方向，要去請益、去討教、接納建議，才能好上加好。集郵家不是外面不相干的人，他們是最忠誠的郵政之友、郵票之友。

七、郵票清倉：

潘安生在供應處任職的最後兩年，曾經做過一件「功德無量」的事，就是為每一套新郵票預定一個「停止出售日期」。通常以一年為度，至多不超過兩年，屆時一律停售，並將庫存郵票定期公開銷毀。郵票清倉中外皆有，不是史無前例，目的是在跟握有郵票的集郵家和郵商宣告：「這些郵票郵政局不但不賣了，庫存也沒有了，請好好愛惜保存手上的郵票，它們就要水漲船高。」對郵迷也可達到「促銷」的目的：「買郵票要趁早，遲了就沒貨囉！」

八、中華彩色印刷加入郵票印製的行列：

播遷來臺後，郵票的印製由中央印製廠一廠獨攬，獨門生意不但完全沒有議價空間，印刷技術也尚不及世界水準。因而技術層次較高的郵票，必須委由國外印刷廠承印。潘安生猶記一九六九年參加東京郵盟大會時，帶給各會員國的郵票冊伴手禮，一本年度郵票冊看下來，會員朋友們咸感大惑不解，同一本郵票冊裡，郵票好的極好，差的頗差，品質良莠不齊。代表團當然說不出口，那些精美的多為日本大藏省或瑞士哥瓦錫印刷廠所印製，而品相差的就是國內自己印刷廠所印製。

潘安生當時就下定決心要開發國內印刷廠，提升印刷技術。那時不但印刷技術不如人，連郵票用紙都得向日本大藏省進口，中日斷交後甚至連紙的來源都中斷了。幸虧本土造紙大廠「永豐餘」很爭氣，不但能產銷優異的郵票用紙，其關係企業中華彩色印刷公司，更加入了郵票印製的行列，使原本中央印製廠的獨門生意有了競爭對手。潘安生欣見郵票的印製漸入國製國產的時代、印刷技術在良性競爭下精益求精，郵票愈印愈精美。

九、辦郵展，提升集郵風氣：

潘安生自籌辦民國四十年遷臺首度郵展，初試啼聲嶄露頭角，從此郵展不分大小和區域，都跟潘安生結下不解之緣。那些年，供應處與集郵中心配合辦過許多轟動的郵展，對於推廣集郵有很大的助益。不管是固定郵展、巡迴郵展、學府郵展、全國郵展甚至軍中郵展，潘安生無役不與。當時的規劃，通常在郵展開幕當天出一套漂亮的新郵，小全張則只限在郵展現場銷售，不但誘發買氣，引起轟動，更吸引蜂擁而來的參觀人潮。當時有媒體這樣報導：「家庭主婦提著菜籃子去買菜，被郵展人潮所吸引，進了郵展現場看見方寸之美，從此喜歡上郵票，開始集郵……」

郵驛路上雲和月，曾經青澀，也曾低迴，經歷的、付出的、成就的，一路走來都是人生好風光，潘安生心存感激沒有怨悔！

潘安生近十年供應處處長的生涯，是他春秋鼎盛的時光，同時也是近四十年郵驛路上學習磨練成果的總驗收與總體現。他做過的創新和改革，可以洋洋灑灑記上一大篇，幾十本有關郵票的著述，為他這十年走過的路、做過的事做了詳盡的記載。潘安生始終認為，郵政給過他很多舞台，不同的舞台唱不同的戲碼，他是一個敬業的演員，總是盡力把戲唱好，演好每個角色，做個稱職的演員。所謂「台上三分鐘，台下十年功」，潘安生相信，人生中不管在什麼時刻，學習和努力都不會白費！

這個自詡為終身郵人的老前輩，每回提起在 UPU 大會及在供應處全力衝刺以郵會友、寫郵文為郵票做國際宣傳的經過，總是充滿激情和感慨。過去的榮光時不我予，未來的夢想來者可追。中華郵政已經公司化，郵政事業的洋機關遺風在老一輩逐漸凋零後已經式微，中華郵政當然沒有必要走回過往的老路，卻是要以符合潮流和時代意義的前瞻性和開創性，薪傳郵政光榮傳統和神聖使命，賦予這個事業永恆的價值。

潘爺爺講故事

供應處的前世今生

供應處在郵政組織裡，算是元老級的單位，甚至在郵政總局誕生前就已經存在。而其前身就是成立於一八七三年，職司海關統計冊報編印的海關造冊處。

在一八七八年至一八九六年海關試辦郵政時期，各地海關撥駟達（Customs Post）所使用的物料，全由海關造冊處統籌供應。即使到一八九六年新式郵政成立，國家郵政仍歸海關兼管。一開始僅開放三十處海關書信館，掛上「大清郵政官局」的招牌對外營業。小小的門面，草草開始，小本經營，營收有限，一切開銷還是靠老大哥海關撐腰。

當時郵政的「最高機關」，是在北京海關稅務司轄下設了「總郵政司」，實際的大老闆當然還是「總稅務司」赫德，而「郵政總辦」就由海關造冊處稅務司兼任。一九一一年五月，郵傳部從海關接收郵政，海關與郵政正式脫離臍帶關係，綜管全國郵政的「郵政總局」才應運而生。

一八七八年赫德奉派歐洲出差，德璀琳（Gustav von Detring, 1842-1913）一權在握，籌印起我國開天闢地的第一套郵票——海關一次雲龍（大龍票），承印的就是海關造冊處「印字房」。除大龍票外，小龍票（一八八五）也是印字房的傑作。

一八九七年郵政總辦阿理嗣（Jules A. van Aalst）移往北京總署辦公，郵政總辦不再由造冊處稅務司兼任，但郵政物料採購與供應仍舊偏勞上海造冊處代辦，因此再另外給造冊處稅務司一個「額外郵政總辦」的名義。

一九一〇年六月十三日郵政供應處在上海成立，由北京的郵政總辦管轄。主要職掌為：供應郵票、郵用文具、郵用筐簍及郵袋、印刷各種報表及單式，以及辦理各項郵務工作。供應處的成立在郵史上至少具有兩大意義：在人事上，造冊處稅務司從此免兼「額外郵政總辦」，「額外郵政總辦」的名義即予取消。在業務上，郵政物料採辦及郵票供應的任務從造冊處手中轉移，正式納入郵政系統。

郵政供應處在成立之前，造冊處才是郵票的實際供應者。一九一〇年供應處成立時設備全無，印製郵票依然仰賴造冊處「印字房」，一九一二年開國紀念郵票「光復」及「共和」，首次由北平白紙坊（中央印製廠的前身）承印。郵政總局稽核股，就近派員進駐白紙坊監印，並擔任驗收、倉儲、配發郵票的任務。供應處供應郵票的主要職責尚未落實。

供應處何時開始承擔起郵票供應的責任？可以確定的是民國建立以後，因新郵票趕印不及，所衍生的所有加蓋票，包括「臨時中立」、「中華民國臨時中立」等，在郵史上已清楚記載：交由上海郵政供應股加蓋、分發。

對日抗戰以後，郵票改移香港委由中華書局、商務印書館及大東書局等處印製，就是所謂的「港版郵票」。民國三十年十二月八日太平洋戰爭爆發，香港淪陷，無法印製新票。翌年，在福建南平百城印務局印製「國父像百城一版」郵票及重慶中央信託局印製處用土紙印出「國父像中信版」郵票，勉供使用。

港九陷落後，上海供應處以其庫存票券，想方設法繼續運濟大後方，甚至淪陷區也仰賴供應處支援，抗戰期間，國土支離破碎，而全國仍舊使用統一的郵票，是全體郵政人堅苦卓絕、奮力撐持的成果，不能不說是一項榮耀的奇蹟！

抗戰勝利後供應處在上海繼續就地委印郵票，仍舊是全國郵票的供應中樞，即使光復後的臺灣郵政，也仍在上海供應處供應之列。

上海路斷後，臺灣郵政管理局獲郵政總局授權，自行就地印製的郵票有兩種，民國三十九年發行的「鄭成功像」常用郵票及四十年發行的「地方自治」紀念郵票。就在「地方自治」紀念郵票付印時，供應處已隨郵政總局在長沙街一段二號開業。

供應處自一九一〇年在上海開張營運，到二〇〇二年因郵政改制而走入歷史，一共走過九十二個年頭，不管在太平盛世還是烽火戰亂，在上海灘還是台北市，都兢兢業業的扮演著郵政事業物料補給及郵票供應者的角色。

① 

③ 

② 

①民國 40 年郵展於臺北中山堂隆重展出。
②民國 40 年郵展海報。
③大師溥心畬於郵展會場當眾揮毫。

④

④美國聖若望大學中山堂落成紀念郵展會場，王叔朋（中）潘安生（右）與 Minkus 郵票公司老闆合影。
⑤ 1973 年美國紐約聖若望大學新建的中山堂落成開幕

⑤

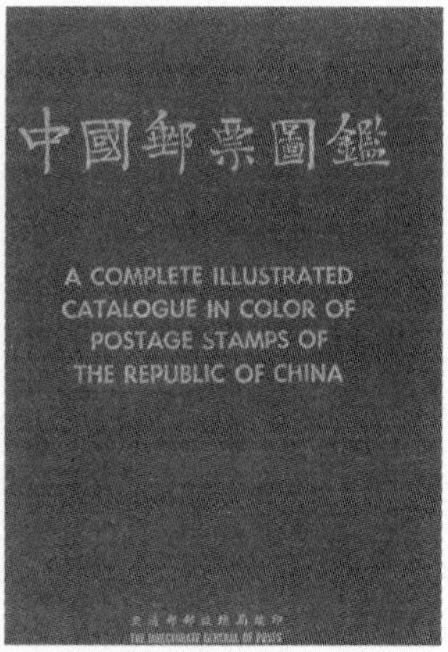

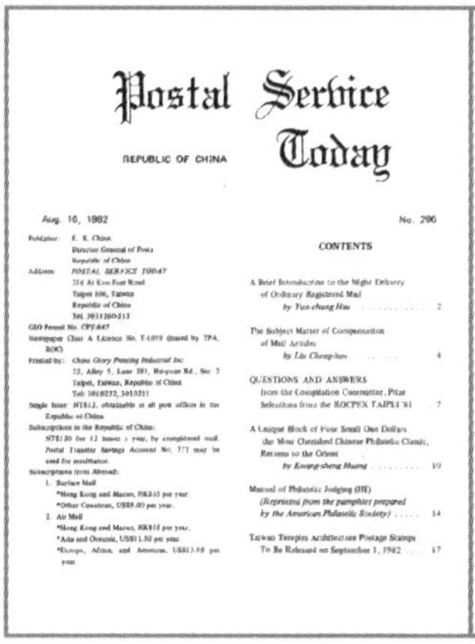

Postal Service Today

REPUBLIC OF CHINA

Aug. 16, 1982　　No. 296

Publisher: E. K. Chiou, Director General of Posts, Republic of China
Address: POSTAL SERVICE TODAY, 216 Ai Kuo East Road, Taipei 106, Taiwan, Republic of China

CONTENTS

今日郵政 月刊

中華民國四十七年一月十五日創刊

第二九六期　中華民國七十一年八月十六日

封　面：郵政電子處理資料中心為確保存簿儲金連線作業之暢通，使用IBM3031系統與IBM370／135系統中央處理機作業情形。

封面裏：郵政新聞圖片。

封　底：郵政總局定於今年九月一日發行台灣廟宇建築郵票一套四枚。圖為十八元面值郵票原圖。

⑥民國 64 年出版的《中國郵票圖鑑》。
⑦供應處給小集郵家編印的集郵三書。
⑧⑨中英對照的今日郵政目錄。

第二十二篇・費拉爾的不世天才和是非功過

費拉爾的不世天才和是非功過

費拉爾的不世天才和是非功過

外來客卿在中國郵史上的地位和貢獻，在郵政肇建初期充滿傳奇。赫德為創辦現代郵政長達三十年鍥而不捨的努力，被視為最重要的代表人物。一位僅在郵政事業服務不滿五年的郵票繪圖員，短暫的職涯卻為中國郵壇隱埋了伏筆，不僅一百多年來餘波盪漾，更為平靜的集郵世界平添了追捧的題材和探索的逸趣。

這第一位有史可考的郵票繪圖員，一八六〇年出生於德國，「華郵之王」周今覺口中「寓滬西人中第一聰明人」的費拉爾（Robert Alexis de Villard,1860-1904），不但精通德、中、英、法等國語言，對音樂、繪畫、美術都有一定的造詣。早年曾在法國學習繪畫，對於中國的陰陽八卦、篆刻都有涉獵，從他設計的作品來看，不難發現他對中國傳統圖案的設計及漢字楷書、隸書的書寫，應下過相當苦功，研究精到。

光緒十八年（一八九二）大清海關造冊處稅務司葛顯禮（Henry Charles Joseph Kopsch），延攬才華洋溢的費拉爾進入海關造冊處印字房擔任繪圖員（Draughtsman），職稱是「供事」（Clerk），負責海關和郵政部門印刷品的設計繪圖工作。當時「大清郵政官局」即將開張，籌印郵票是當務之急。而在這之前費拉爾已經受上海租界當局委託，設計過數種上海工部書信館郵票及郵資明信片的圖稿，其中部分並得到發行。

費拉爾為大清所設計的第一套郵票，是光緒二十年（一八九四）為慈禧六十歲壽辰所發行的「慈壽紀念郵票」，也稱「萬壽票」，這也是我國第一套紀念郵票。這套精心設計的初試啼聲之作，一共九枚，其中七種有龍，尤其以「玖分」與「拾弍分」兩種面值因含有雙龍，票幅特大，所以又有「雙龍票」之稱。「慈壽票」讓費拉爾嶄露鋒芒，得到赫德及葛顯禮的賞識，也為他奠定了造冊處第一繪圖員的地位。

光緒二十二年（一八九六）大清郵政官局正式開辦，開辦後的第一套常用郵票「蟠龍郵票」，也出自費拉爾的生花妙筆。

蟠龍郵票是蟠龍、躍鯉、飛雁郵票的簡稱。郵政開辦之初，郵票需要量極大，且因時間窘迫，遠道前往倫敦訂印緩不濟急。因此，不得不用庫存海關二次雲龍、慈壽紀念票加字改值及海關紅印花加蓋暫作郵票字樣權作使用。一方面又將蟠龍票送至日本製版，於上海承印這批「石印蟠龍」，趕在「倫敦版蟠龍」出籠之前應急。

在這個忙亂的當口，因葛顯禮的信任，費拉爾在海關造冊處正好趕上一手包辦繪圖設計、監印及加蓋章戳字樣的差事，「聰明」的他開始浮想聯翩，做出了荒誕不經的行徑，為郵壇送上了百年最大的驚嘆號！

最終讓費拉爾鋃鐺入獄斷送前程的並不在慈壽、蟠龍和紅印花。比起鎮江商埠票，其他那些票的錯體或變體只是小巫見大巫，是鎮江商埠票荒腔走板的設計、監印過程，讓費拉爾的犯行無所遁形！

鎮江商埠郵局為當地的英領及工部局所組織的委員會所主持，是繼漢口之後，脫離上海之互遞代理合約而自辦郵政者。自一八九五至一八九七年，短短兩年之間發行了六套鎮江票。其中千奇百怪的變異應有盡有，全是由費拉爾所繪製監印。

發現費拉爾與鎮江票之間關係的，是美國郵商李文斯頓（Lyons F. Livingstone）。李文斯頓曾設法獲得鎮江書信館之公文檔案，在原始資料中赫然發現費拉爾親筆寫下的記事與私信，並於一九四九年一月出版的《美國集郵總會雜誌》（The Collectors Club Philatelist）發表「費拉爾與中國郵票（R. A. De Villard and the Stamps of China)」一文，揭開了震驚郵史的謎團，對於華郵堪稱一大貢獻。原來費拉爾在慈壽票之前就已受託承辦代印鎮江商埠票，一切全權交託他辦理。問題就出在這「全權」上，費拉爾在整個過程中一權獨攬，加上沒有其他人監督，因而利用職權之便，為所欲為，終鑄成大錯。現今發現的鎮江商埠欠資票變體種類最多，層出不窮。據稱，當監印人攜票進入這家印刷舖子排版時，店主人不得在場坐鎮指揮，得完全聽命於監印「洋人」的命令，這家在上海由廣東人開的小印刷舖子，承印了費拉爾被交辦印製的票品，但店老闆並不參與印刷過程，只管提供印刷所、聽命行事即可，至於郵票要怎麼印，費拉爾一切操之在我。

郵票中的變體，是印刷廠的廢品（printer's waste），監印員的任務就是將其銷燬。費拉爾集設計、繪圖、監印於一身，不僅不嚴謹監製剔除廢票，還故意製造變體，實在荒唐之至不可原諒。

一八九七年七月二十三日，費拉爾在承辦、代印鎮江商埠郵票過程中，因「監守自盜」而遭告發，東窗事發後被捕入獄。從一八九二年九月在上海進入海關造冊處，到一八九七年七月二十三日案發停職，費拉爾在海關任職不滿五年。也許顧念葛顯禮的面子，赫德對費拉爾從輕發落，並未以革職（discharge）處分，而准他辭職（resign）了事。

費拉爾雖在海關造冊處從事僅短短五年，已為中國古典郵票建立了一定的風格，而他天賦的才情尚未完全發揮，就被他的膽大妄為，斷送了原來無可限量的前程。離開海關造冊處的他，並沒有離開中國，與他的中國妻子繼續留在他熟悉的上海，在上海這個十里洋場，藉著之前的郵票珍藏，結交國內外的集郵同好。年輕的他並未在上海馳騁太久，一九〇四年費拉爾病入膏肓，四十四歲就蒙主寵召，更不幸的是去世前兩年眼睛就已失明。

集郵家心中無價的珍寶，是郵票印製過程中必須銷燬的廢品，也是費拉爾犯行的罪證。費拉爾職業道德上不被容許的錯誤，製造了郵壇求之不得的珍寶，郵政視其為罪人，郵壇上卻不失為功臣，華郵之王周今覺在《郵乘》上甚至將費拉爾與赫德相提並論：「自一八七八年以來，西人之最有功於華郵者，莫過赫德與棣費拉德二人。赫德為創立華郵之人，其功在郵政。棣費拉德為起首繪畫郵票之人，其功在郵學。」（棣費拉德即費拉爾）因為立場不同，費拉爾的是非功過實難以定論。

假如沒有費拉爾，郵壇上少了古典郵票裡的諸多錯、變體及「紅印花小壹圓」這樣的超級巨星，必定相形寂寞失色，華郵的研究恐怕也少了許多高潮起伏的劇情和趣味。

【郵識點點靈】華郵瑰寶紅印花

紅印花是華郵珍寶，集郵家每一談起這罕世珍品，無不又愛又惆悵。它的珍稀讓人愛不忍釋，卻也是令人惆悵的理由，因為它稀少的存世量，讓想要擁有珍藏的郵迷，總是求之不得，徒呼負負！

紅印花，顧名思義就是印花稅票嗎？其實不然！它的身世的確曾因圖案中有「Revenue」字樣而引發聯想，穿鑿附會以訛傳訛，誤以為是御史陳壁於光緒二十二年（一八九六）為圖增補國庫稅收，奏請推行印花稅制度所印製的印花稅票。但事實上該項建議並未蒙採納，又何來印花稅票呢？因此，郵壇上的紅印花實與印花稅票風馬牛不相干。

郵票史上的紅印花，是向英國倫敦滑鐵盧公司（Waterloo & Sons Ltd. London）所訂製，採雕刻凹版印刷，有細緻的弧形網紋線條，圖案精美細膩仿製困難。票面的確有「Revenue」字樣，不過它真正的身分是海關擬做通關派司（Pass）貼用的一種印花，是商人在中國進口貨物驗訖的完稅證明，也是貨物再出口時的退稅憑證與輸出簽證。沒想到這六十餘萬枚海關印花尚未運用就擱置在海關造冊處，日後被加蓋暫作郵票以後，竟成稀世之珍。

一八九六年國家郵政奉准成立，碰上郵票的面值改以銀元（洋銀）計算，舊有以銀兩計算的郵票已不適用。蟠龍郵票是大清郵政正式開辦以來發行的第一套常用郵票，偏偏委由外國公司承印，著實緩不濟急。於是把海關二次雲龍及慈壽票加字改值發行，以應當時急需。這時，那批閒置在海關造冊處庫房、印製極其精美的印花，也引起當局注意，決定加蓋「暫作洋銀」字樣，權做郵票（包括「當壹圓」及「當伍圓」的高面值郵票）使用。

原本是海關自用的印花，搖身一變成為可愛的郵票，就展開它多采多姿的方寸生涯，為郵壇增添傳奇的話題與趣味。在市面上它不菲的身價，是耀眼的光環，也是人們追逐的理由，在郵政史上則是郵政創辦包裹（一八九七）與匯兌（一八九八）業務的見證。

光緒二十四年（一八九八）郵政創辦匯兌業務，辦法是：「匯款者由郵局發給匯銀執據一紙，封入信內寄遞，由收款人赴當地郵局領款。每紙匯款不得超過十元，如欲多匯，則須執據數紙。」

在紅印花加蓋暫作郵票問世以前，郵票的最大面值，是慈壽紀念郵票的貳錢肆分，無法適用匯兌需要。因而紅印花「當壹圓」、「當伍圓」隆重登場，成為「匯款執據」上黏貼與匯款數額相同的郵票，也就成為我國郵政匯票的鼻祖和「匯兌印紙」的前身。

紅印花「當壹圓」加蓋字樣的設計，是郵票史上絕好的創作。與「暫作銀洋X分」嚴整冷硬的官式文章相比，「當壹圓」的文字運用充滿了智慧與質樸的韻致，明白曉暢還帶點不落俗套的俏皮！是古典郵票中流金溢彩的佳作。

紅印花郵票在郵壇獨領風騷百餘年，屢屢在拍賣場上創下驚人的紀錄，其中紅印花小壹圓被譽為「世界最貴的有齒郵票」，世界孤品——「紅印花小壹圓」四方連有「寶中之寶，王中之王」的美稱，第一任華郵之王周今覺更以「東半球最罕貴之華郵」直指它非凡的身價。

在華郵四寶：「紅印花原票、紅印花小字當壹圓、紅印花伍圓倒蓋票、北京一版宮門倒蓋票」中，存世量極少的紅印花獨占鰲頭，靠的不全是它精美細緻的印刷，更多的是「加蓋、倒蓋、複蓋」的美麗錯誤和時勢造英雄的機緣巧合！再利用的原始初衷，造就了郵壇一頁傳奇，誰說不是這命運多舛的印花票獨有的天命！

①

②

①費拉爾像和他的簽名。
②費拉爾的蟠龍票手繪稿圖。

④ 

 ③

⑤ 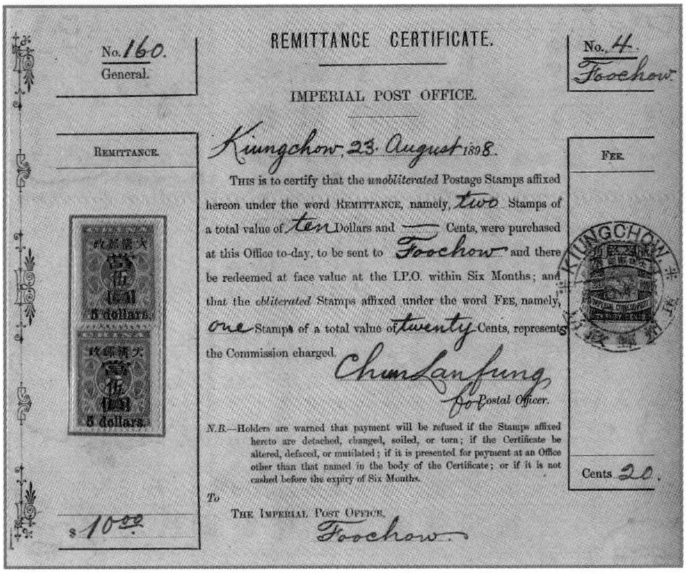

No. 160.
General.

REMITTANCE CERTIFICATE.

IMPERIAL POST OFFICE.

No. 4.
Foochow

REMITTANCE.

Kiungchow, 23. August 1898.

THIS is to certify that the *unobliterated* Postage Stamps affixed hereon under the word REMITTANCE, namely, two Stamps of a total value of ten Dollars and —— Cents, were purchased at this Office to-day, to be sent to Foochow and there be redeemed at face value at the I.P.O. within Six Months; and that the *obliterated* Stamps affixed under the word FEE, namely, one Stamps of a total value of twenty Cents, represents the Commission charged.

Chun Lan fung
for Postal Officer.

FEE.

N.B.—Holders are warned that payment will be refused if the Stamps affixed hereto are detached, changed, soiled, or torn; if the Certificate be altered, defaced, or mutilated; if it is presented for payment at an Office other than that named in the body of the Certificate; or if it is not cashed before the expiry of Six Months.

Cents 20.

To
THE IMPERIAL POST OFFICE,
Foochow.

$ 10.00

③賚拉爾的慈壽紀念郵票圖稿。
④民國 14 年郵王周今覺出版的我國第一部大型郵刊《郵乘》。
⑤紅印花「當壹圓」、「當伍圓」成為「匯款執據」上黏貼與匯款數額相同的郵票，也就成為我國郵政匯票的鼻祖和「匯兌印紙」的前身。

第二十三篇・郵政研究所

郵政研究所

郵政研究所

郵政研究工作通常以各單位自行研發創新為原則，並沒有一個專責機構，負責統籌整體研究的方向與策略。每有新創的業務或法令規章要施行，通常不會貿然從事，而是由郵政總局針對新猷，先通令全國各郵區、郵務長，集思廣益徵求意見，取得共識定論後，再選擇一、二郵區試辦，試行滿意後再普及施行到全國。惟因無專責機構，研發工作推動不易，成效也難以持續。

郵政早期的研究發展組織

一、設計委員會

民國二十四年郵政總局奉令推行「行政三聯制」（設計、執行及考核），於七月一日首開先例在各業務單位上設置「設計委員會」，負責各單位工作的聯繫、督導及考核。

二、設計考核委員會

抗戰期間郵政總局遷移重慶，依照黨政機關設計考核委員會組織通則規定，「設計委員會」於三十二年三月十日改組為「設計考核委員會」。

三、設計研究委員會

民國三十八年郵政總局隨政府播遷來臺，朝野勵精圖治，重視研究發展工作，郵政總局依行政院頒布「行政院及所屬機關實施研究發展工作方案」，於四十六年三月一日將「設計考核委員會」改組為「設計研究委員會」。

民國五十七年交通部長孫運璿指示交通各業推行管理革新，郵政總局於「設計研究委員會」下另置「管理革新委員會」，專責推行管理革新任務。

四、研究發展委員會

民國五十九年八月一日奉行政院令為加強實施研究發展工作，將「設計研究委員會」改組為「研究發展委員會」，並將「管理革新委員會」之業務併入。

「設計委員會」歷經三十餘年更迭，名稱幾經更動，功能雖從最初以設計督導考核為重心，逐漸加重革新研發比重，但始終不是專責研究機構。

新人新政 大刀闊斧

民國六十八年，郵政總局長施有強屆齡退休，郵政高層人事異動，簡爾康接下郵政領航人的棒子。新人一上臺，即大刀闊斧推行新政。民國六十九年九月一日施行改制，將民國三十八年成立以來的臺灣郵政管理局撤銷，分設臺灣北、中、南三區郵政管理局。所有臺灣郵政管理局單位，依業務性質分別歸併郵政總局、郵政儲金匯業局及北區郵政管理局。

簡爾康是黃埔軍校出身，犖犖幹才，有大將之風。在郵政有幾位系出同門的袍澤成為他的智囊團，其中以王振世及潘明紀為代表，而潘明紀又是這群智多星中的領頭羊。

民國六十八年簡爾康執掌總局兵符，鑑於各大機關多有研究單位（比如經濟部及交通同業電信局），認為歷史悠久的郵政，為順應潮流與時俱進，應設立一個專責研究機構，致力於業務簡化、技術開發、管理研究、行政革新以及機具改良等研發工作，以期建構企業化與科學化的經營管理，提升服務效能及品質。研究發展委員會副主任委員潘明紀授命研擬計畫，得到簡爾康肯定與支持。

順應時潮　設立研發機構

民國六十八年五月交通部依行政院「科學技術發展方案」核定設立郵政研究所，並訂於翌年二月以任務編組方式開始運作。

民國六十八年底，簡總局長找上潘安生，開門見山說：「潘兄您在供應處已經待了將近十年，目前增加一個副局長位階的單位，要倚重你去開創！」

沒錯，就是郵政研究所！本來萬事皆備好戲開鑼，鑼聲一起就要粉墨登場，不料，就在郵政研究所開辦前夕，原訂所長人選潘明紀另有生涯規劃提前退休，只能臨陣換將，潘安生臨危受命，這一次又是嶄新的領域。

六十九年七月七日郵政總局組織法修訂公布後，將原來的「研究發展委員會」改組為「設計考核委員會」，專責設計與考核工作，另設立「郵政研究所」作為加強管理與科技研究的新單位，潘安生為首任所長。

郵政研究所身為一級研究單位，以加強郵政實用科技的研究發展為鵠的，組織編制頗具規模：置所長、主任、主任研究員、研究員、副研究員、助理研究員、佐理員，設應用技術、科學管理研究、實驗製造、行政策劃四科室及主任研究員，分掌機械、資訊、經營管理等研發工作。

潘安生一開始就面臨兩個棘手的難題：沒人、沒地點，潘安生表達了意見。關於所址，簡爾康持開放態度，讓潘安生自己去尋找；關於人事，簡爾康表示：「你儘管放心去開辦郵政研究所，人事由我來安排。」

原來六十八年臺灣郵政管理局撤銷，有許多臺管局菁英要重新布局，簡爾康早已胸有成竹，於是潘安生連副手都沒有推薦，就單槍匹馬赴任了。

潘安生在開辦郵政博物館之初，因改造館舍而絞盡腦汁，這一回郵政研究所的地點，他決心要好好找一找！他找到了愛國東路剛竣工的包裹大樓（現臺北郵件處理中心）。原計畫興建地下二樓、地上八樓的包裹大樓，礙於預算當時只蓋到四樓，潘安生和總局敲定使用權，研究所就在大樓三、四樓開張。

潘安生在人事大致抵定後，帶領郵政研究所團隊到中央研究院、電信研究所、經濟研究所去參訪、學習、取經，他發現其他研究機構人才濟濟，郵政研究所實望塵莫及。潘安生沒有氣餒，一方面向交通部的頂頭上司（交通部技監——專司各單位研究工作）討教，一方面開始著手擬訂研究計畫。關於經營管理、業務創新、機械化、自動化各方面問題分門別類，邀請總局相關業務單位的處長、郵務長作專題報告，再將結論彙整，作為整個研究發展計畫的一環。

儘管「郵政研究所」和原有的「研究發展委員會」功能上略有重疊，潘安生還是勉力為之。研究所每個月有一次會報，研究員以各自的研究心得，相互討論切磋，或請專家學者專題演講，藉以學習觀摩，提升研究素質並精心規劃研究主題。第一年做出了數項研究計畫，還在研究所樓下開闢了一個自動化郵局，設置自動銷票機、自動購票機、自動提款機，供用郵民眾使用、體驗。

所有研究計畫和研究成果都做成報告，民國七十年一月《郵政研究》季刊的創刊號問世了！這份包括郵政技術、郵政管理、經營策略、郵票與郵政史料、郵政業務興革、外郵報導及經濟金融研究有關的刊物，持續出刊，直到民國九十二年郵政研究所隨郵政總局因公司化改組而走入歷史，一共走過整整二十二個年頭。它包羅萬象的郵政資料蒐羅及豐碩的研究成果，經過二十二年的累積，長長的幾大排，在郵政圖書室的書架上，具體而微呈現中華郵政自民國六十九至九十一年間，無論是在作業系統的精進革新、器具設備的創新改良、引進尖端科技大步邁向電腦化、現代化的過程，乃至契合科學化管理、企業化經營的策略都一一印下清晰的軌跡，記載著郵政歷史中，獨有的專責研究機構，曾經有一群人兢兢業業、前仆後繼埋首於郵政研究領域，為鑽研及保留郵政史料、為更便民利民的郵政服務、為更有效的郵政業務革新……留下了足堪後進翻尋探索的軌跡和記憶！

短短兩年郵政研究所所長的職務，在潘安生的從郵生涯中也許只是一個偶然，但郵政研究所畢竟是從他手中誕生的 baby，對於它最終功成身退的結局，潘安生雖感惋惜卻不意外。面對時代潮流的變遷，市場激烈的競爭及挑戰，百年老店為突破經營限制，修法改制是因應的必然之途，改制後的中華郵政，厲行組織精簡，郵政研究所自九十二年一月一日裁撤，實為時勢所趨。

民國七十一年潘安生驛馬星動，結束短暫的郵政研究所所長生涯，就要開始走他郵涯的最後一哩路，也許當初接到開辦郵政研究所命令時，他感到唐突，但是只要回頭看看三十幾年來所走過的腳印，不難發現他與研究、發展、革新深深的因緣。

「命中注定」是人生最深不可測的奧秘——從民國三十年恩施郵局經劃股的小潘、盧

「加派」（最後一位加派郵務長盧太育）手下的設計專員、開天闢地的資料室主任、工作衡量研究小組的負責人、首任郵政博物館館長、郵政研究所所長，以至孫運璿時代的郵政管理革新委員會執行秘書及郵政總局研究發展委員會秘書室主任，潘安生都不曾偏離這條研究之路。

【郵識點點靈】郵旗及郵徽

郵旗

郵政草創時期，並沒有專用的郵旗。因實務需要時，就以國旗代替，當時大清國旗是「黃地藍龍戲紅珠圖」——黃龍旗。

民國三年我國郵政加入萬國郵政聯盟，當年七月二十二日郵政總局呈請交通部「制訂專用之旗，以為標幟。」交通部擬定式樣，郵政總局申復意見，經過數度修改，才告定案。民國八年二月七日奉大總統令公布郵旗圖式——白地，左上角嵌紅、黃、藍、白、黑五色國旗（五色旗代表漢、滿、蒙、回、藏五族共和），國旗之下書「郵」字及弧形法文「POSTES」黑色字樣。右半幅繪鴻雁一隻，象徵郵遞（相傳古代用鴻雁傳書，信件就繫在雁的腳上），雁的大小與國旗相稱，雁呈深灰色，雁喙與雁足都是朱紅色。

北伐以後，國民政府定都南京，改以青天白日滿地紅為國旗，原有郵旗不再適用，於是將原郵旗上的五色旗改為青天白日滿地紅旗暫時使用。目前所使用的郵旗是民國十九年交通部所擬式樣，二十年定案，同年十一月九日公布圖式，為綠地橫長方旗，上方橫貫五條白色郵票蓋銷機郵戳波形戳紋，並嵌以藍環紅字郵徽。波紋五條寬度相等，波紋上之郵徽，其圓心位於橫第四等分與縱第三等分的交點。

郵徽

郵徽是郵政事業的徽誌。經常出現在郵政建築物、郵政器械、車輛、郵政人員制服、郵政出版品及郵政業務所使用的各項單式。

萬國郵政聯盟（Universal Postal Union, UPU），以代表五大洲不同種族的女郎環繞地球郵遞信函作為徽誌。傳達郵政事業郵遞的基本要務與天下一家的精神。

歐陸各國多以古代郵驛車輛所用的喇叭或PTT（郵政、電報、電話）文字作為郵徽。英國及大英國協各國及其屬地，多採用王冠或GPO（General Post Office）為徽誌。

美國以小馬快遞（Pony Express）作為郵徽主題。小馬快遞創立於西元一八六〇年，郵路從密蘇里州到加州，全長二千九百公里，沿途設置了一百五十七個驛站，以馬匹接力的方式傳遞郵件。每名郵遞員騎行一百二十至一百六十公里，但每隔十六至二十四公里要換一次馬匹，保持馬匹在最佳狀態，快速達成郵遞的任務。

中華郵政郵徽於民國十年八月十三日由郵政總局通諭施行，有關條款並納入郵政綱要：「甲、郵政徽誌之花樣係用嘉禾飛鴻及國旗聯綴而成；乙、制服上之鈕釦及帽章之花樣係用嘉禾及飛鴻點綴而成。」當時以五色旗為背景，同時製成圓形及橢圓形二種式樣。

北伐之後，郵徽中的五色旗取消，僅以鴻雁嵌入雙穗嘉禾為圖案，未經政府明令公布暫時使用。民國十九年交通部重擬郵徽式樣，經多次開會研議，於二十年定案，交通部於民國二十年十一月九日正式公布，選用白地、藍色圓環內嵌入紅色正方形篆體「郵」字為正式郵徽，以國旗青天白日滿地紅的主色為元素，這款郵徽中華郵政一直沿用至今。

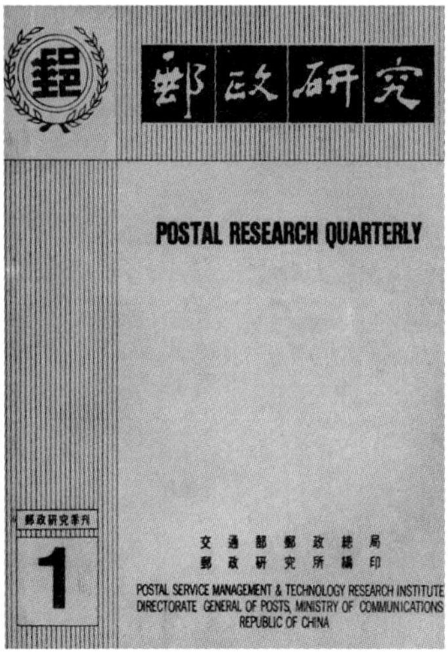

①《郵政研究》季刊於民國 70 年 1 月創刊。

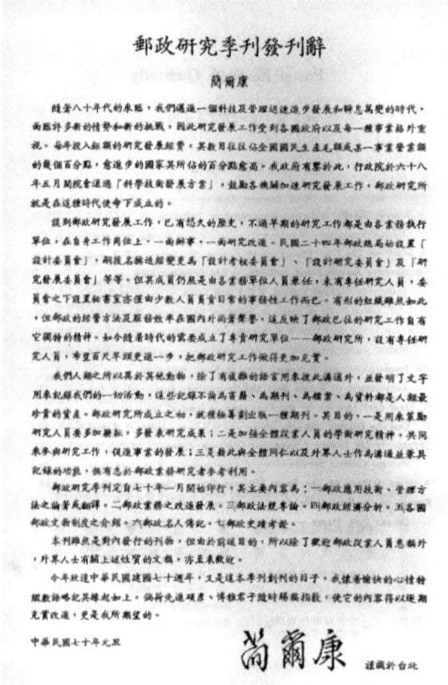

郵政研究季刊發刊辭

簡爾康

隨著八十年代的來臨，我們邁進一個科技及管理迅速進步發展和瞬息萬變的時代，面臨許多新的情勢和新的挑戰，因此研究發展工作受到各國政府以及每一種事業格外重視。每年投入鉅額的研究發展經費，其數目往往佔全國國民生產毛額或某一事業營業額的幾個百分點，愈進步的國家其所佔的百分點愈高。我政府有鑒於此，行政院於六十八年五月間院會通過「科學技術發展方案」，鼓勵各機關加速研究發展工作，郵政研究所就是在這種時代使命下成立的。

提到郵政研究發展工作，已有悠久的歷史，不過早期的研究工作都是由各業務執行單位，在自身工作崗位上，一面辦事，一面研究改進。民國二十四年郵政總局始設置「設計委員會」，嗣後名稱迭經變更為「設計考核委員會」、「設計研究委員會」及「研究發展委員會」等等。但其成員仍然是由各業務單位人員兼任，未有專任研究人員，委員會之下設置秘書室亦僅由少數人員負責日常的事務性工作而已。有形的組織雖然如此，但郵政的經營方法及服務效率在國內外尚著聲譽，這反映了郵政已往的研究工作自有它獨特的精神。如今隨著時代的需要成立了專責研究單位——郵政研究所，設有專任研究人員，希望百尺竿頭更進一步，把郵政研究工作做得更加充實。

我們人類之所以異於其他動物，除了有複雜的語言用來彼此溝通外，並發明了文字用來記錄我們的一切活動，這些記錄不論為書籍、為期刊、為檔案、為資料都是人類最珍貴的資產。郵政研究所成立之初，就積極籌劃出版一種期刊。其目的，一是用來獎勵研究人員要多加耕耘，多發表研究成果；二是加強全體從業人員的學術研究精神，共同來參與研究工作，促進事業的發展；三是藉此與全體同仁以及外界人士作為溝通並兼具記錄的功能，供有志於郵政業務研究者參考利用。

郵政研究季刊定自七十年一月開始印行，其主要內容為：一郵政應用技術、管理方法之論著或翻譯。二郵政業務之改進發展。三郵政法規專論。四郵政經濟分析。五各國郵政文物制度之介紹。六郵政名人傳記。七郵政史蹟考證。

本刊雖然是對內發行的刊物，但由於前述目的，所以除了歡迎郵政從業人員惠稿外，外界人士有關上述性質的文稿，亦至表歡迎。

今年欣逢中華民國建國七十週年，又是這本季刊創刊的日子，我懷著愉快的心情特綴數語略記其緣起如上。倘荷先進碩彥、博雅君子隨時賜稿指教，使它的內容得以逐期充實改進，更是我所期望的。

中華民國七十年元旦

簡爾康 謹識於台北

②《郵政研究》季刊發刊辭。

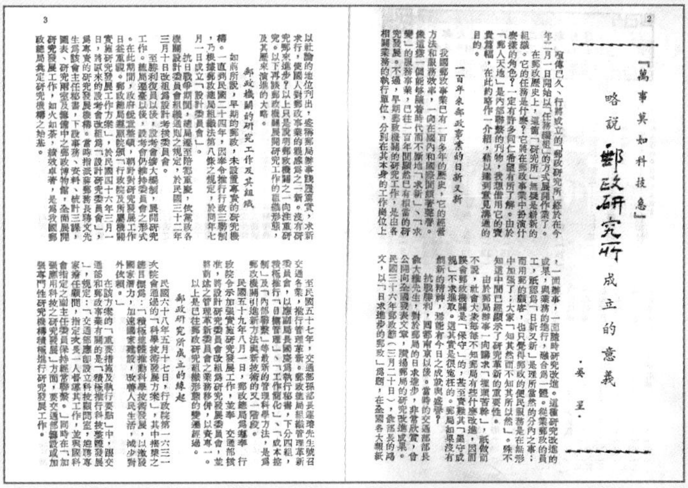
「萬事莫如科技急」
略說郵政研究所成立的意義
．晏星．

③郵政研究所所長潘安生為文闡述郵政研究所成立的意義。

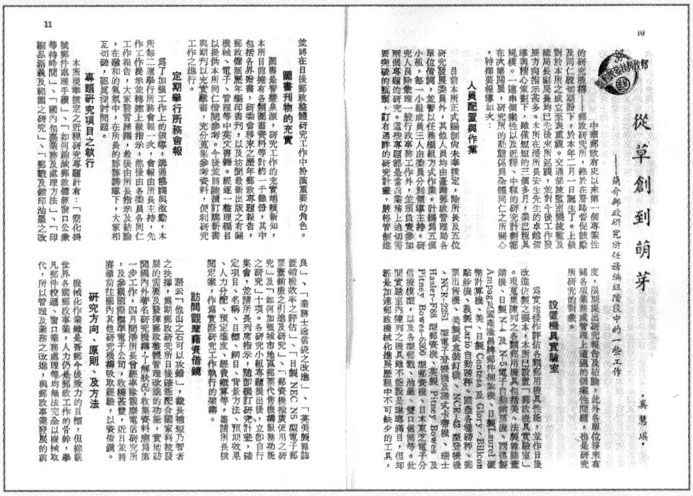
從草創到萌芽
——簡介郵政研究所籌組階段中的一些工作
．奚慧瑛．

④《郵人天地》123 期由郵政研究所副研究員奚慧瑛撰寫專文介紹郵政研究所。

第二十四篇・永遠的華郵之友

永遠的華郵之友

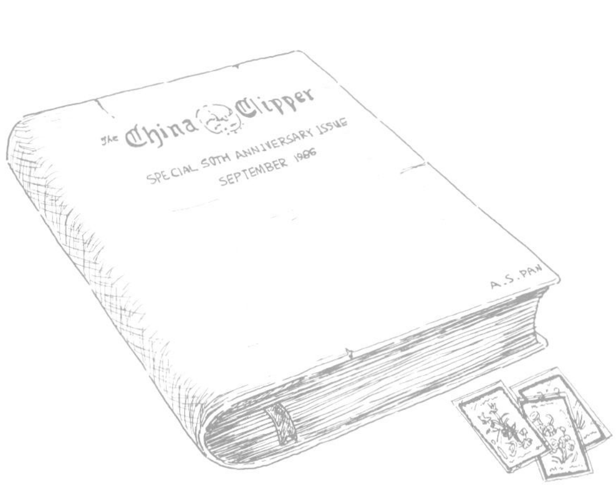

永遠的華郵之友

一九三六年成立的「美國中華集郵會」（The China Stamps Society Inc. CSS），會員遍布全球，是一歷史悠久的郵會。最初是附屬於「美國集郵學會」（American Philatelic Society）的子會，一九四六年於紐約正式登記立案，成為一個非營利的社團法人。

CSS自創立以來即有會刊的發行，刊名為——《中國飛剪》（*The China Clipper*）。這份雙月郵刊，自一九三六年創刊以來，除二次世界大戰期間被迫停刊外，不曾間斷發行。刊物內容除了常態性的會務報告外，特別著重於古今華郵的研究和新郵發行的消息。

所謂的「華郵」，廣義的說是舉凡在華夏中土發行過的郵票，都應囊括其中。以現代的角度而言，就是自一八七八年大龍票誕生日起，兩岸三地所發行的郵票都在「華郵」之列。

中華民國自一九四九年以來雖孤懸臺灣，《中國飛剪》卻不曾遺忘也不曾忽視它的存在，一直持續刊登中華民國在臺灣發行郵票的消息。倒是中國大陸的郵票，在該刊上始終沉寂，直到一九八〇年代以後才在該刊上出現，與臺灣郵票並存刊列。

為什麼在長長的三十年中，《中國飛剪》不曾刊登中國大陸的郵票？這其中的故事雖不特別精彩，還有些仁義道德老八股，卻十分令人動容。一九四九年中共政權成立，曾要求《中國飛剪》刊登其發行的郵票，但以停止刊載中華民國郵票為條件。CSS沒有接受這樣的要求，堅持該刊「結交新朋友，不忘老朋友」（Remember the old, but know the new）的原則，斷然否定大陸要求，拒絕當友誼的叛徒。因而大陸郵票在《中國飛剪》上沉默了三十年，直到鄧小平改革開放之後，策略大轉彎，積極拓展郵票外銷，才與中華民國郵票在《中國飛剪》和平共存，各吐芬芳。

潘安生在長長的郵涯中，恪遵「職業禁忌」——不集郵、也未曾參加過任何郵會。在擔任郵政博物館館長及供應處處長期間，卻因「工作所需」而有機會與世界各國的郵人、郵友、集郵家結識，並成為志同道合的好朋友。潘安生與CSS的友誼，從民國六十年擔任供應處處長時開始結緣，他與歷任會長及主編幾十年相交有深厚的情誼。

在一九五六年至一九八〇年擔任CSS會長的Ellery Denison，中文譯名原為丹尼遜，但總嫌太洋里洋氣，還是潘安生跟楊敏詩聯手改譯為戴意深。戴意深早年任職香港銀行界時，結識了熱愛中華文化的瑪麗（瑪麗父母早年在廣州傳教，生於中國的瑪麗，能說中文，愛穿旗袍，像一個中國娃娃），結為秦晉之好。他在香港生活多年，收集華郵時間很早，中期華郵收藏極為豐富，尤以民國以來的郵票小冊(Booklet)最為完整。潘安生在主持增修《中國郵票目錄》時，還特別將他的「郵票小冊」全部收為附錄，流光溢彩！

戴意深擔任會長期間，臺灣每有大規模郵展（邀請展或國際大展），他每請必到，總是夫婦聯袂光臨，他們對於華郵的喜愛和投入可見一斑。一九七三年秋美國紐約聖若望大學，在副校長薛光前的鼓吹下，興建了中國宮殿式建築中山堂。落成之日邀請中華郵政在堂內舉辦郵展，CSS 戴會長、眾多會員們及特別從西部趕來的 CSS 主編白萊鵬（J. Lewis Blackburn）全部齊聚紐約共襄盛舉。

那年代，潘安生在《中國飛剪》及《今日郵政》（當時中英雙語合璧），撰寫郵文不遺餘力。彼此隔著關山萬里及中西文化的差異，以郵票、郵文魚雁傳情，在郵票的世界裡交遊，怡情、益智。那是一方淨地，只談方寸之美，沒有政治的現實與種族的偏見，更沒有混淆的定位與認同。

白萊鵬在《中國飛剪》擔任主編很長一段時間，直至一九八〇年戴意深卸任後接任會長。白萊鵬既是華盛頓大學的教授，也是西屋電子公司（Westinghouse Electric Corporation）的顧問，他與臺灣的淵源與臺電有關，早年臺電從美國採購的機器設備多為西屋公司的產品，選派高階工程師到廠學習觀摩裝載使用及維修保養技術，全都成了白教授的入門弟子。臺電也常邀請白教授到臺灣指導，於是 CSS 在臺分會常有機會與白教授切磋郵學。

白萊鵬與薛聘文合著的英文本《中國郵資》（*Postage Rates of China* 1867-1980），不僅從一八七八年中國的首套「海關一次雲龍」郵票講起，還追本溯源到一八六七年「票前期」海關試辦冬令郵務（Winter Mail Service）時期的郵資規定，十分周延，無疑是郵資考證方面的權威之作。

艾立三（Donald R. Alexander）繼白萊鵬之後擔任《中國飛剪》主編，於一九九七年接下 CSS 會長職務，他是道地的臺灣女婿。

潘安生結識艾立三遠在他接任會長之前，民國六十年代，艾立三與太太返臺省親，不僅與 CSS 在臺分會成員於臺北聚首，並專程南下與各郵會人士會晤。在臺北的歡晤中，潘安生又為這位中國姑爺取了個中文名字，為與 Alexander 讀音相近，潘安生絞盡腦汁，最後以百家姓中的「艾」為姓，「立三」則引用立德、立功、立言「三不朽」的古訓。潘安生之後還刻了一方印章相贈作為紀念。日後有任何書信往來，都會看見艾立三的專用信封信紙上，蓋有一方朱印。

這位臺灣女婿在民國九十六年將他畢生蒐集珍藏的千餘冊郵學雜誌、期刊、文獻（尤以赫德與海關來往書信一書《中國海關總稅務司赫德書信集（1868-1907）》〔*The I. G. in Peking : Letters of Robert Hart Chinese Maritime Customs 1868-1907*〕最為珍貴）、郵票拍賣目錄（自一九八三年至二〇〇四年）、郵票目錄及郵學專題研究等，分門別類，以不同顏色封面精裝，再分裝成七十九大箱（隨書還貼心的附了數打棉質手套，以備供讀者翻閱使用），以貨櫃千里迢迢橫越太平洋運至台灣，慨贈郵政博物館。卓立在博物館圖書室七組大書架上的精裝書，永誌這位敬愛的美國郵友的隆情厚意及永恆的友誼。

見證中美邦誼的郵刊《The China Clipper》

儘管潘安生始終不是CSS的會員，民國七十三年退休後還一直收到艾立三所寄的郵刊《中國飛剪》，潘安生感念這位結識數十年的外國友人，從他春秋鼎盛到如今鬚髮俱白，始終沒有忘記遠在太平洋彼岸郵壇的老朋友。

一九八六年，CSS創立五十週年，這不願背棄舊識的忠貞郵友，在特別精裝印製的《中國飛剪》五十週年特刊，扉頁上有幾行燙金的字：

PRESENTED TO

A.S. PAN

BEST WISHES TO A FRIEND

WHO CONTINUES TO SHARE

HIS PHILATELIC KNOWLEDGE

這本燙金的、專屬於潘安生的《中國飛剪》，飄洋過海寄來，表達CSS對一位畢生貢獻郵學研究的郵學家崇高的敬意，那是他們所熟悉感佩的老朋友A. S. PAN。

潘安生把榮耀歸屬於郵政、歸屬於國家。他謙讓的說：「今天 CSS 給我這樣的 honor 不是因為我潘安生個人如何，而是因為他們珍重我們的國家。」

現實的國際社會，朋友是不是老的好？恐怕如人飲水冷暖自知。

英國是世界民主制度的先驅，外交學的開山始祖。十九世紀兩度擔任英國首相的帕莫斯頓（Henry John Temple, 3rd Viscount Palmerston 1784 - 1865），他的外交政策開宗明義就是：「英國沒有永恆的朋友，也沒有永恆的敵人，只有永恆的利益。（We have no eternal allies, and we have no perpetual enemies. Our interests are eternal and perpetual, and those interests it is our duty to follow……）」二次大戰開羅會議期間，看邱吉爾和蔣夫人談笑風生，但他沒有數典忘祖罔顧老祖宗的叮嚀：在國家利益的前提下，對中國問題絕不讓步。

雖然政治現實如此殘酷，也許我們不必全然絕望，但從 CSS 多年來對中華民國不渝的友誼，讓人在郵票世界裡重尋友情純粹的雋永與芬芳！

【郵識點點靈】中國飛剪號（China Clipper）

中國飛剪號為 M-130 型的水上飛機，是址設美國巴爾蒂摩的馬丁公司（Glenn L. Martin Company）於一九三〇年代應泛美公司總裁胡安特里普（Juan Trippe）要求所製造。每架造價四十一萬七千美元，馬丁公司一共只為泛美公司生產了中國飛剪號／菲律賓飛剪號（Philippine Clipper）／夏威夷飛剪號（Hawaii Clipper）三架M-130型的水上飛機。

一九三五年十一月二十二日，泛美航空以「中國飛剪號」（China Clipper）飛越太平洋，從舊金山灣區的阿拉美達海軍航空基地（Naval Air Station Alameda）起飛，載運十一萬餘封、約一千八百磅的郵件，經六十小時飛行，中途停靠檀香山、威克島、中途島、關島，十一月二十九日抵達馬尼拉，開通美國西岸到菲律賓的航空郵路，這遠比當時最快速的客船要快上二星期。

中國飛剪號是世界第一架越洋商業航班，完成越洋壯舉後引發中國飛剪號熱潮，一九三六年十月二十一日中國飛剪號開始載運旅客飛越太平洋，一張由舊金山至馬尼拉的單程機票要價七百九十九美元，雖所費不貲，仍是「時間即金錢」的政商名流鍾愛的選擇。

一九三七年四月二十八日馬尼拉航空郵運線延展到香港，中國飛剪號成為中美最早的航郵班機。中國飛剪號往來於香港到舊金山之間需時一週，即使抗戰爆發，中國飛剪號仍繼續經由香港互換郵件，讓郵件突破烽火線，寄往世界各國（這條航線直至一九四一年十二月七日日本偷襲珍珠港，因太平洋戰爭爆發而被迫中斷）。「中國飛剪號」不僅在抗戰期間對維持我國與國際郵件的通達做出卓著貢獻，所開闢的航空郵路更是郵史上的重要里程碑。

①右起：薛聘文、白萊鵬、潘安生。
②薛聘文與白萊鵬合著的英文版《中國郵資》
③《中國海關總稅務司赫德書信集(1868-1907)》(*The I. G. in Peking Letters of Robert Hart, Chinese Maritime Customs, 1868-1907*)
④ CSS 戴意深會長夫婦聯袂參加美國聖若望大學中山堂落成郵展。
⑤艾立三將畢生蒐藏之郵學書刊慨贈郵政博物館。
⑥ 1998 年 CCS 特授殊榮予數十年研究郵學、撰寫郵文不輟的郵學家潘安生。
⑦「中國飛剪號」(China Clipper) 於 1935 年開通美國西岸到菲律賓的航空郵路。

第二十五篇・綠衣人的職業榮光

綠衣人的職業榮光

綠衣人的職業榮光

三百六十行，行行出狀元，每一個行業有其職業的光榮與驕傲，中華郵政是橫跨三世紀的百年老店，有光榮的職業傳統，一百多年來領著「置郵傳命」的光輝令譽，以服務為念，無遠弗屆使命必達。郵政事業給人最深刻的印象是什麼？不辭風雨，不論城鄉，日夜穿街走巷傳遞信息的綠衣天使，是絕大多數人的回答。

綠色是郵政的代表色，代表中華郵政的職業光榮及國家付託專辦的權威。郵政為何選用綠色為代表色，並無明確史料記載，有幾種說法可供參考：

綠色是和平的象徵，郵差是傳遞訊息的使者，以綠色為主色，表現郵差親切勤奮的形象及平安傳報佳音的精神；另外，在東漢蔡倫發明紙張之前，簡牘是最早的書寫材料，簡就是竹簡，當時人們書寫平安家書，就用刀刻在竹片上，叫「刻竹報平安」。後來逐漸把平安家信引申為「竹報平安」，翠綠色的竹作為專為人們傳遞訊息的郵政代表色，順理成章；另有一說則來自法國客卿帛黎（A. Théophile Piry, 1850-1918），同治十三（一八七四）年帛黎錄用為中國海關幫辦，光緒二十七（一九〇一）年奉派為郵政總辦，擔任郵政總辦前後達十七年之久，民國六年奉准退休續任中華郵政榮譽顧問，在中國海關及郵政奉獻了畢生華年。據說是帛黎選定與法國郵政相近的綠色作為我國郵政的代表色。這種翠綠的顏色，活潑鮮明，極易辨識，從此不管是郵政人員的制服、運郵的交通工具（郵船、汽車、機車、自行車），乃至郵筒、郵政辦公局所無不以綠色為標誌。

雖然選擇綠色為代表色的緣由未有定論，郵政器物及運郵工具上使用綠色的規則，在民國十五年校印的《郵政綱要》第一六〇九條則有明文規定：

郵政定章所使用之顏色

凡顏色用於信筒、信箱、各項郵車、郵船，以及除牌區外其他觀瞻所繫之器具者，均以黃綠二色為定制。……質地永宜飾以綠色，其黃色僅係用以酌配花紋。

中華郵政「專業」、「效率」的好名聲，是郵政人經年累月，犧牲假期、加班加點，用辛勤的汗水換取的榮譽。

古代郵驛是官辦官享的特權，現代郵政則是國家經營全民共享的公共財，郵遞隨著時代進步屢有創新，使命必達的置郵理念則始終如一。郵政機關遍布城鄉，甚至戰地、離島軍區都有郵局綠色的身影。一年三百六十五天，不管年代、無論天候，永遠比一般公務機關，多一點營業時間，以便用郵人士辦事洽公，這就是郵政一百多年來不變的堅持。

潘安生回憶他民國三十年於恩施進局時，雖在內地業務股經劃組的寫字間辦公，星期假日還是要到郵件部門幫忙分揀信件、封發郵件，那時除了春節和元旦，幾乎全年無休。員工名義上半個月得以輪休一天，事實上並沒有替補人員，一旦有人休假，同事必須分擔加倍的工作量。

郵局有個口號：「Mail must keep moving !」郵件一經收寄，方向只有一個，就是朝收件人的方向移動行進。收件、整理、銷票、分揀、封發、運送、排班、投遞，每一個步驟、環節都必須迅速確實，不能在任何地方讓郵件耽擱了。而郵件的收寄和送達，最重要的是末班收攬和早晨的投遞。那時南京到上海的末班火車約十點多開，末班收攬於九點多開郵筒，收到信後馬上趕回郵局整理，從南京到上海沿途每一站都有郵袋交付和接收，火車郵局夜裡燈火通明有人隨車值班，將接收的郵件整理分揀，拂曉抵達上海立即交給排班的郵差去投遞，目的讓人們在早晨的餐桌上有報紙可看，有郵件送達，就可以安排一天的工作計畫，商家收到訂單也可以安排出貨發貨，今日事今日畢，這是郵遞的最高境界！

上海這樣的大港埠，國外郵件要靠輪船進口，郵船上掛著郵旗，大老遠就可以看見，郵船到了碼頭汽笛一響，郵局馬上派小火輪趕到船邊去接運郵袋，大批大批的郵件一進來，連高級郵務員都得總動員，通宵達旦處理郵件，通常郵件一旦進口，在郵件沒有殺青（分發完畢）之前，沒有人能下班……

「置郵傳命」是萬千郵人以熱情擁抱的志業，以犧牲奉獻相許的使命，這是世代郵人所珍視的職業光榮，也是成就郵政聲譽最堅固的磐石。

民國三十五年五月十六日俞大維接任中華民國第十任交通部長，甫上任便主張交通各業應以「便民」為要務，而郵政與民眾的關係最為密切，應作為交通各業革新的起步。當時郵政因戰事影響而嚴重虧損，經濟面臨空前的危機，俞大維在立法院說明：「……即照現價增加，每月尚須虧損二百餘億。」郵政面對如此困境，雖為減少開支而大量精簡員額，郵政業務革新卻沒有因而停頓，首善之區江蘇郵政管理局，積極推行新政，為提升郵運效率增闢局所、積極布置全國空郵航線網、開辦火車及汽車行動郵局配套聯運、設置郵亭、黃帽頂「特快趕班信筒」、並努力改進鄉村郵務，幾乎做到「日行一善」，為人所稱道。每一航郵飛機起飛前，見騎著摩托車的綠衣信差一路飛馳，沿途開啟趕班信筒，收取郵件，再火速趕達機場，直接將郵件送到升火待發的航郵班機旁，交接郵袋，隨即發送各地。「朝發夕至」、「夕發朝至」並非夢想。

民國三十六年郵政節，部長俞大維特於中央日報發表社論「最近之郵政進步」，公開讚揚郵政事業的進步，以及郵政從業人員不畏艱難全力以赴的職業熱忱與敬業精神，堪為各業楷模。文字榻蘖報端，引起各界熱烈迴響，紛紛在各大報投書回應，郵政聲譽如日中天。

烽火中的中華郵政

不論平時、戰時，無論面對如何艱鉅的挑戰，中華郵政堅定護守人們用郵權利的信念不曾改變……

未雨綢繆

民國二十六年抗戰軍興，北平財政部印刷廠白紙坊無法供應郵票，郵政總局於香港布點印製郵票，以運濟大後方及淪陷區，使全國所需郵票不虞匱乏；探組出海郵路，成立郵件轉運站、國際郵件互換局，在砲火中維繫國內外郵路暢通；抗戰前即著手籌劃戰時自力運郵，購置運郵大卡車、自行車等交通工具、儲備燃油，建置設備，規劃全國郵政汽車路網。

戰時不撤退

中華郵政為因應戰事，通飭不撤退原則，並預籌局所，以便於交通斷絕或遭敵機轟炸後，仍可繼續辦公便民用郵。八年抗戰，綠衣人無論敵前敵後不畏犧牲堅守崗位，力維郵路暢通，保障軍民同胞通信的自由與權利。

軍郵的光榮使命

八年浴血抗戰，中華郵政組建軍郵隨軍入戰區，設置軍郵局所七百餘處，投入軍郵人員二千餘人，深入全國戰場，擴及異域緬、印戰區，組織秘密郵路，出生入死烽火運郵，為穩定民心、鼓舞士氣做出非凡的貢獻。

八年抗戰，國土遍地烽火，全國仍舊使用統一的郵票，郵車依然準時整點載客運郵，中華郵政以驚人的毅力維持郵政業務於不輟，全賴郵政人未雨綢繆、堅苦卓絕、犧牲奉獻、奮力撐持，是責任是使命更是榮譽！

全民的銀行 永遠的中流砥柱

民國八年郵政儲金開辦，中華郵政以「利息優厚，國家擔保，穩妥可靠」為人民守護積蓄。因為有綠衣天使長久與民眾建立的情誼和樹立的信賴感，人們願意把一點一滴積攢的辛苦所得託付給郵局，郵局成為人們最信賴最親近的金融機構。一百多年來郵局的地位，面臨各種嚴峻的考驗，沒有因為時代的演變而式微，不曾因新式銀行光鮮的門面和五花八門的理財產品而被取代。身為人們心目中的好鄰居，值得信賴的好朋友，作為全國人民的銀行，郵政穩健負責的經營理念，為人民善盡管理人的職責，成為金融市場裡永遠的中流砥柱。中華郵政以效率及服務品質贏得民眾的喜愛，人們的付託是郵政最大的榮耀，中華郵政擁有全國逾三千三百萬儲戶，成為臺灣金融界擁有逾六兆資金的綠巨人，年年百億盈餘繳庫，挹注國家財政，支援國家重大建設，中華郵政追求卓越，「更好」是我們的堅持！

郵路之所至，郵政之所在，全國三百六十八個鄉鎮，一千三百處營業據點，中華郵政十一萬三千餘公里郵路，溫暖傳遞愛。

中華郵政走過雙甲子，綠衣人秉承先輩創業理想，傳承置郵使命，與時俱進，闢展新猷：綠能環保車隊已率先啟動，智慧物流園區不斷推新向前。為偏鄉小農尋求更好的行銷策略和管道。綠衣天使山巔水湄無所不在遞送的不只是郵件，還有對孤苦獨居老人暖心的關懷，以愛走進偏鄉僻壤、貼近民眾生活，餞行對社會的責任與承擔，走進人們的心裡。

由衷的叮嚀

對潘安生來說，那些年圍繞著郵局興替的人與事，在記憶的海洋裡，即使浪潮過了，濤聲遠了，那曾經在胸臆澎湃過的熱血，一步一印在郵路上用心刻劃過的痕跡，是永遠難忘的！他相信不管經過多少挫折、磨難和挑戰，但凡對郵政有一點助益和貢獻的，都會是個人有限的人生裡，值得永恆記取的驕傲。

在郵局服務了四十三年又八個月的潘安生，民國七十三年十二月十六日從郵政總局首席副局長任上退休。退休後的潘安生依然馳騁球場，著力郵史郵學研究，為兩岸郵刊撰寫郵文，對兩岸郵票的平等對待，念茲在茲大聲疾呼。自七十三年至九十二年間相繼又有十七本專書出版，其中包括民國八十三年《中華郵政發展史》扛鼎之作問世。

潘安生自謙是個平凡人，一個八歲失怙的苦命兒，能憑自己的努力三考及格，在郵苑天地擁有一席之地，他感謝一路上的貴人相逢與提攜，讓他畢生戮力從郵，此生沒有虛度。他終生感激中華郵政竭力協助身陷烽火邊緣的母親來臺灣，讓母親無災無難頤養天年；感謝郵政對員工教育及福利的重視，讓他的兒孫們個個出類拔萃頭角崢嶸。

他不曾忘記民國三十年進入恩施郵局開啟的人生新頁，不曾忘記一路以來郵政增益人生光彩的人和事。四十三年又八個月的從郵生涯，任憑多少曲折起伏，他以身為郵政人而驕傲，始終如一！

如今，郵政同仁腳下踩的是前人披荊斬棘開闢的道路，承襲的是先輩披星戴月奠下的基業，頂著中華郵政一百多年的光輝令譽，潘安生勉勵所有郵政後進，不僅要珍惜這得來不易的榮光，還要有不畏艱難、不怕時代考驗的勇氣，奮發創新，與時俱進。「置郵傳命」既是郵政人的使命也是職業光榮，綠衣人當不負這神聖的使命，天賦的囑託！

潘安生更以自己從郵的經驗為例，期勉敬業、樂業、永業的綠衣人：**出身平凡不必妄自菲薄，人生的夢想永遠留給努力不懈的人！**

①外洋郵件到達上海後在碼頭駁運情形。
②京滬線上火車行動郵局。
③玉里汽車行動郵局，巡迴秀姑巒溪以東的德武、春日、松浦、觀音、東豐、樂合等 6 個里，以定點停靠的方式提供各項郵政服務。
④花蓮玉里汽車行動郵局於民國 77 年開辦至今，是全國唯一碩果僅存的汽車行動郵局，最初使用的就是圖示德國賓士中型巴士，型號「508D」。

⑤提取趕班郵件的雙輪機動車隊在上海郵政管理局大廈前預備出發。
⑥民國 36 年三峽郵局利用台車運送郵件至鶯歌的情況。
⑦潘安生所著《中華郵政發展史》。
⑧民國 36 年交通部長俞大維於中央日報發表社論「最近之郵政進步」，公開讚揚郵政事業。

⑥

⑤

⑧
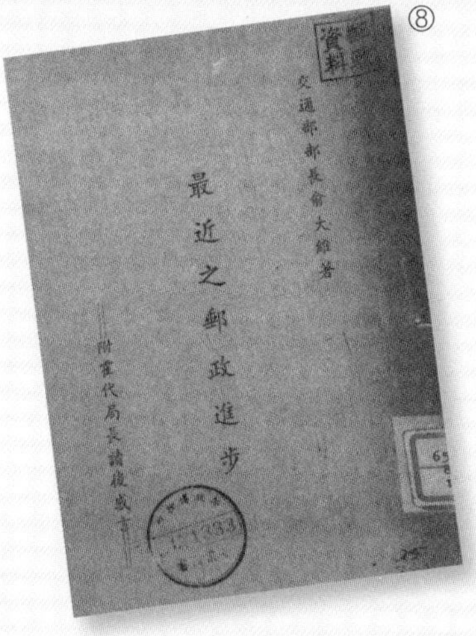

⑦

卻顧所來徑 蒼蒼橫翠微

後記／余燕玲

自孩提就愛閱讀、喜歡舞文弄墨，立志要做一名文字工作者，卻誤打誤撞考進郵政當了郵政人，心願雖未達成，對於寫作卻始終不曾忘情。婚後隨著外子羈旅他鄉，文字陪伴我走過千江水月，也算另一形式的殊途同歸。民國一〇四年自英返國復職，領下撰寫潘公口述歷史的任務，不意為我數十年寫作生涯開啟另一扇窗，縱身未曾臆想過的郵史廣袤天地，郵政博物館遂成了我的夢想應許之地！

做郵人口述歷史，藉以闡揚郵政光榮傳統、激勵郵人士氣及職涯認同，是一個創舉，一個盼望，一個願景；撰寫這本意義非凡的書，於我而言則是一個使命，一個夢想，一個許諾，也是一趟旅程。初衷如此榮耀，從無到有的過程卻無比艱辛。

一〇四年一月二十一日踏入郵政博物館圖書室，拿到的第一本書是《中華郵政發展史》——口述歷史主角潘安生顧問所著。之後陸續添加，從中西郵驛演進及沿革，到近代郵政創立及其他有關郵史、郵票的專書數十本，林林總總在辦公桌上排成一條書龍。作為一個郵史門外漢及口述歷史書的唯一負責人，眼看這陣仗，開始明白自己領受的任務，僅憑熱情熱血絕不能完成，也沒有其他依恃奧援，於是每天清晨四點半便起床讀書，相信透過大量閱讀才能豐厚郵識，增補底氣。

三月初與時已高齡九十七的潘顧問商訂訪談計畫，中旬提呈訪談大綱，三月十七日第一次訪談，潘顧問句句鏗鏘引我入門，訝異於近百歲的老人家講述歷史手到擒來、學識淵博浩如江海。雖迫於時間壓力，仍選擇讓顧問暢所欲言，因為深信這是他數十年鑽研郵史郵學，擲地有聲的完整體現，也是他畢生奉獻郵政事業，精彩的回顧與發聲。

二十二次訪談結束已是六月上旬，七月十日完成逐字稿整理達二十五萬字，加上數十本郵史專書及數百筆期刊資料，鼓點頻催，開始全書近十六萬字征途。撰述的工程浩大，文字則講求翔實嚴謹，自訪談至完稿程期卻不及一年……時間的壓力無所不在，每當遇到瓶頸和困境，「光榮和使命」是鼓舞自己的唯一良方。

《置郵傳命：一位郵界耆老的回憶》脫稿於十二月，二十五篇十五萬餘言以時間為軸線，潘顧問為引領人的專文，於民國一〇五年六月二十日起在《今日郵政》逐月連載刊登。比諸悠長的郵政歷史及無以數計的郵史專書，本書的誕生不過滄海一粟。但對於中華郵政歷史的傳承與補益則意義非凡。潘顧問自民國三十年入局起，畢生從郵，著述等身，是近代中華郵政歷史的參與者與見證者，由其作為口述歷史的主講人，可謂首開先河，百年一遇。於我而言，不過是百餘年來萬千郵人之一，卻能在此關鍵時刻透過潘顧問的帶領，親炙郵史的前世今生與博大精深，並參與著書盛事，至感幸運與榮耀。

《置郵傳命：一位郵界耆老的回憶》得以集結成冊，有我滿心的感恩和祝福。感恩撰寫之初為確立口述歷史的方向與形式，曾向中研院近史所、臺灣口述歷史學會及國史館的治史專家請益，在一群浸淫史學研究領域的專家學者身上，看見治史之人的超然、嚴謹與堅持；感恩曾經投身郵史研究與撰述的前輩，追求理想的信念及務實的耕耘，方能成就足供後世參存的史料，讓纂治郵史經緯、探掘郵學堂奧，有骨有血有憑有據；感謝郵學專家、愛郵人士對這本書投注的關愛、協助與建言，讓撰述面向更開闊、更真實也更溫暖；感恩翁文祺董事長的知遇提攜及交付的光榮使命，簡良璘副總經理、前郵博館劉慧瑩、黃淑端館長的支持與成就，以及蔡家齊專員盡心竭力蒐羅資料的辛勞。尤其感謝的是潘顧問，是他毫無保留、手把手的帶我走入郵史世界，教會我「上窮碧落下黃泉」找資料，告訴我「努力學習絕不會白費」，讓我一步一印涓滴成流。感恩能於對的時機、相逢對的人、也做了對的事，這是上蒼殊勝的恩典。

認真走過的歲月，擲地有聲！想起撰寫時那些焦慮無眠的夜晚、苦讀時清晨的微光，以及走在華燈初上的牯嶺街極盡疲憊的自己，雖然舌根總會泛起微微的苦味，胸臆之間卻盡是澎湃的熱情，那是熱血燃燒的時刻，是昂然在郵驛之路上的驕傲，我何其有幸，參與了這場光榮戰役！

祝福潘顧問，也祈願《置郵傳命：一位郵界耆老的回憶》這本新著，帶領我們走入郵政歷史的榮光，為我們所珍視的郵政志業慷慨擊節，放聲高歌！

余燕玲謹于一一〇年十二月十三日

書名	編作者	出版者·時間
·中華郵政發展史	晏星	臺灣商務印書館／民國八十三年
沙魚涌郵史研究	晏星	天津新瑞郵學研究會／民國九十二年
·赫德史話	晏星	蓬萊出版社／民國七十一年
·國家的名片	晏星	交通部郵政總局／民國八十四年
·郵票與郵史漫譚（一～五）	晏星	802 郵友俱樂部／民國八十至八十二年
·郵譚	晏星	交通部郵政總局／民國七十三年
·在郵言郵	晏星	交通部郵政總局／民國七十三年
·郵人郵識	晏星	交通部郵政總局／民國七十三年
·郵政人事制度論叢	潘安生	交通部郵政總局／民國七十二年
從赫德書信探索中國近代史料	潘安生	郵政總局郵政博物館／民國七十四年
·郵政博物館見聞雜記	潘安生	交通部郵政總局／民國七十二年
奉派赴歐研習郵務報告書	潘安生	交通部郵政總局／民國四十八年
·中華郵政史臺灣編	曹潛	交通部郵政總局／民國七十年
·中華郵政史	張翊	東大圖書公司／民國八十五年
·中華郵政史（中華民國建國一百年紀念）		中華郵政股份有限公司／民國一百年
·郵政大事記（第一至十一集）		交通部郵政總局／民國五十五至一〇三年
·從郵談往	劉承漢	廣文書局／民國五十八年

書名	編作者	出版者・時間
・劉承漢先生訪問紀錄	沈雲龍／林泉	中央研究院近代史研究所／民國八十六年
・劉承漢先生文著輯存		交通部郵政總局郵政博物館／民國七十九年
・臺灣先賢先烈專輯（第六輯）——劉銘傳傳	劉振魯	臺灣省文獻委員會／民國六十八年
・譚郵三週年紀念（劉銘傳創辦臺灣郵政百年紀念專輯）		802郵友俱樂部／民國七十六年
・郵政組織沿革	薛聘文	交通部郵政總局／民國六十九年
・中華郵政百年紀念專輯（上下）		交通部郵政總局／民國八十五年
・中華民國郵票目錄（建國一百年紀念）		中華郵政股份有限公司／民國一百年
・郵政博物館成立紀念專輯		郵政總局郵政博物館／民國五十五年
・郵政資料		郵政總局郵政博物館／民國五十六至六十二年
・臺灣民主國郵史及郵票	李明亮	獨虎出版社／民國八十四年
・抗戰軍郵史（上下冊）	安國基	交通部郵政總局／民國六十五年
・軍郵研究	陸勝揆	交通部交通研究所／民國八十四年
・存政譚郵（第一、二集）	唐存政	唐存政／民國八十四、九十年
・郵乘		中華郵票會／民國十四年
・中華郵政史稿叢編	王士英	今日郵政月刊社／民國七十三年
・中華民國元年郵政事務總論—國父和郵政的故事	陳志川	集郵天地／民國五十四年
・中國郵驛發達史	樓祖詒	中華書局有限公司／民國二十九年
・宋代驛站制度	趙效宣	聯經出版社／民國七十二年
・中國郵政事務總論	北京市郵政管理局文史中心	北京燕山出版社／一九九五

書名	編作者	出版者・時間
・民國十年郵政事務總論		郵政博物館／民國七十四年
・服務郵政四十年	傅德衛	傅德衛／民國五十四年
・薛聘文先生論郵著作及書翰日記選集		天津新瑞郵學研究會／二〇〇八
・近仁隨筆	胡全木	文史哲出版社／民國九十年
・幼愚隨筆	張翊	文史哲出版社／民國八十六年
・許季珂先生傳略	袁守謙	許季珂先生紀念集／民國五十一年
・書信的故事		郵政總局郵政博物館／民國五十五年
・中國古典郵票研究專刊之一：紅印花郵票（上下編）		交通部郵政總局／民國七十六年
・紅印花小壹元票存世考圖鑑	黃光城	不詳
・郵政研究報告二——發行郵票政策之研究		交通部郵政總局／民國五十九年
・郵政七十週年紀念專輯		交通部郵政總局／民國五十五年
・中國古代郵驛和書信的故事		交通部郵政總局／民國七十一年
・現代郵政	王叔朋	交通部郵政總局／民國六十五年
・中國早期郵政的史料考實	陳志川	陳志川／民國五十四年
・第三級古蹟臺北郵局調查研究與修復計畫		漢光建築師事務所／民國九十四年
・中國郵票圖鑑	何國安	天工書局／民國七十八年
・中國郵票史	中國信息產業部	商務印書館／民國一〇三年
・軍郵郵票之研究	晏星	今日郵政社／民國八十二年
・郵政和郵票	潘遂	臺灣省政府教育廳／民國六十年

書名	編作者	出版者・時間
・郵政工作量計點制度之研究		交通部郵政總局／民國五十三年
・郵政工作簡化淺說		交通部郵政總局／民國五十七年
・從郵票看中華民國		郵政總局集郵中心／民國六十年
・交通名詞辭典　郵政類		交通部交通研究所／民國五十七年
・臺灣原住民族歷史語言文化大辭典（網路版）		教育部暨行政院原住民族委員會／民國九十六年
・駝峰航線郵史	楊沾	集郵界雜誌社／民國九十九年
・駝峰航線	劉小童	廣西師範大學出版社／二〇一〇
・俞大維傳	李元平	臺灣日報社／民國八十一年
・嚴家淦總統行誼訪問錄	陳立文	國史館／民國一〇二年
・Minkus New 1978 American Stamp Catalog		Minkus Publications, Inc. New York

郵文／期刊	編作者	出版者・時間
・中華郵政年報		中華郵政股份有限公司
・今日郵政／郵人天地（潘安生著郵文計二百餘篇）		中華郵政今日郵政社／中華郵政股份有限公司
・臺灣之郵政事業	宴星	臺灣銀行季刊二十卷三期／民國五十八年
・郵政客卿史事漫譚關於帛黎（三則）	封翁	寶島郵訊二五三期／民國八十九年
・郵政客卿掌故漫譚（十一）巴立地抗日護郵	封翁	寶島郵訊二六四期／民國九十二年
・郵件之死亡與復活	潘安生	交通月刊六卷十二期／民國四十三年
・郵政改革家羅蘭希爾小傳（上下）	潘安生	交通月刊七卷三、四期／民國四十四年

郵文／期刊	編作者	出版者・時間
・漫談郵政博物館	潘安生	交通月刊五卷五期／民國四十二年
・漫談郵件安全	潘安生	交通月刊六卷一期／民國四十三年
・最近之郵政進步	俞大維	交通部／民國三十六年
・從郵政的改進說起	大公報	現代郵政創刊號／民國三十六年
・從郵回憶（一～十一）	王叔朋	精粹郵刊／民國六十六～六十八年
・我對本刊的期望	王叔朋	郵人天地創刊號／民國五十九年
・郵政革新的一段回憶	王叔朋	今日郵政二三〇期／民國六十六年
・薛聘文先生傳略	汪承運	郵人天地二二九期／民國七十八年
・「紅印花小壹圓掌故」國郵瑰寶小壹圓票	黃光城	中國郵刊三十二期／民國六十三年
・九一八事變後東北郵政一頁光榮的艱苦奮鬥史（一～四）	何建祥	今日郵政四十八至五十一期／民國五十、五十一年
・郵聲月刊・抗戰時期之軍郵（一～七）	李頌平	郵聲社／民國五十七～五十八年
・中國軍郵史（上）(1913～937)	廖惠明	美國中華集郵會臺灣分會／民國九十四年
・中國軍郵史（下）(1945～1949)	廖惠明	美國中華集郵會臺灣分會／民國九十九年
・百城一版郵票之印製與駝峰航線之關係	俞兆年	中國郵票研究會／民國一〇四年
・郵林——中國軍郵史話（七～九）	林茂興	中興郵學會／民國七十三～七十四年
・「創業維艱」（一、二）——抗戰初期話軍郵	劍嘯	今日郵政九・十期／民國四十七年
・美國以郵票肯定國父創建中華民國功勳～國父破了美國郵票發行紀錄	何輝慶	國立國父紀念館館刊二十二期／民國九十七年
・郵政人事制度概述	施有強	交通建設一卷三期／民國四十一年

郵文／期刊	編作者	出版者．時間
．中崙郵亭相關郵史（後記補述）	夏大緯	八卦山郵刊五四期（民國一百年）
．艾立三先生捐贈郵政博物館圖書	高添成	今日郵政五九八期／民國九十六年
．四十年來的美國「中華集郵會」	倫．D．狄基	精粹郵刊一卷二期／民國六十五年
．東半球最罕貴之華郵／棣費拉德之略傳	周今覺	郵乘三卷二號／民國十六年
．郵政人事制度之研究	張清源	交通建設五卷二期／民國四十五年
．懷念傅德衛先生	張清源	郵人天地一四四期／民國七十一年
．抗戰後期中國對外國際郵路（1942-45）	陳文翔	美國中華集郵會臺灣分會／民國一〇三年
．一枚郵票的誕生	潘安生	郵政總局供應處／民國六十一年
．中華民國郵票之設計印製與發行	靜涵	今日郵政九十七期／民國五十五年
．郵票設計與印製及發行	程繩祖	郵壇九十五～九十六期／民國七十年
．秦漢瓦當的特徵和鑒別		鑑寶檔案
．郵票上的故事　宋美齡用珍郵拉來的抗戰援助		映象網訊
．中華文化百科全書		中華文化基金會／黎明文化事業公司／民國七十一年
．The Life and Work of Sir Rowland Hill 1795-1879		PE/S/Reprographic Services
．China Clipper		The Aviation History Online Museum

第二篇
姑蘇古城 水鄉軟語

第一篇
所有之前 留給赫德

①

②

③

④

象徵天子的龍，一直在古典珍郵中扮演主要的角色。
① 1878 年海關一次雲龍郵票（大龍票）。
② 1885 年海關二次雲龍郵票（小龍票）。
③ 1894 年慈禧壽辰紀念郵票。
④ 1897 年蟠龍郵票。

赫德誕生一百五十年紀念郵票。

勝利凱歌響起 青春作伴好還鄉

第六篇
軍郵戎裝的使命與光榮

第五篇
典型在夙昔──
忠心耿耿郵務長巴立地

飛虎隊志願來華五十年
紀念郵票。

①

②

③

①國父像軍郵郵票（軍一）。
②中信版軍郵郵票（軍二）。
③「限東北貼用」軍郵郵票
　（軍東北一）。

①

①蔣夫人玉照郵票。
②羅斯福總統夫人紀念郵票。

②

②
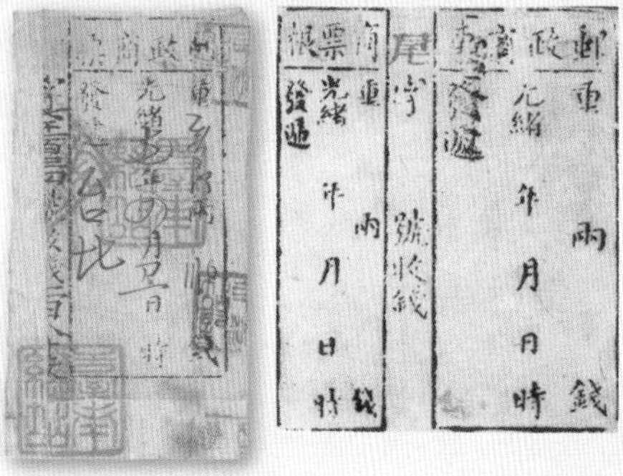

①
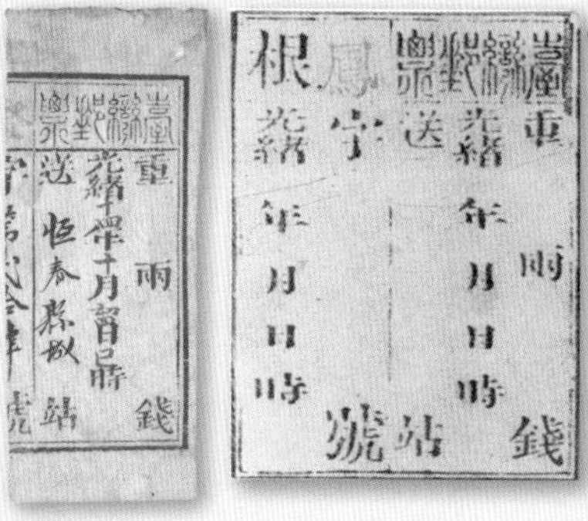

④

③

⑤

①臺灣郵票。
②郵政商票。
③劉銘傳創辦現代化郵政後，向英國訂製一批龍馬郵票，　但臺灣郵政並未發行及使用。
④ 1889 年臺北至錫口鐵路通車，以龍馬郵票加蓋改作鐵路代用車票。
⑤獨虎郵票。

第十五篇
偉大的郵政改革家羅蘭希爾

①

③

②

④

⑤

①郵票發明人羅蘭希爾逝世百年紀念郵票。
② 1840 年發行的世界第一枚郵票黑便士。
③取代黑便士的紅便士。
④ 1942 年 7 月 7 日，美國以紀念中國對日抗戰五週年為主題發行郵票。
⑤ 1961 年 10 月 10 日，美國郵政再以紀念中華民國建國五十週年，發行紀念郵票。

第九篇
南國風光 東瀛風情

· 光復初期以「大日本帝國」郵票加蓋「中華民國臺灣省」字樣暫作使用。

第十八篇
工作衡量與管理革新

①

②

③

①中華民國光復紀念郵票。
②中華民國共和紀念郵票。
③蔣總統經國先生逝世週年紀念郵票。

①

②

①慈禧壽辰紀念郵票。
②慈禧壽辰紀念郵票加蓋改值。
③臨時中立（上）及中華民國臨時中立郵票（下）。

③

④

⑤

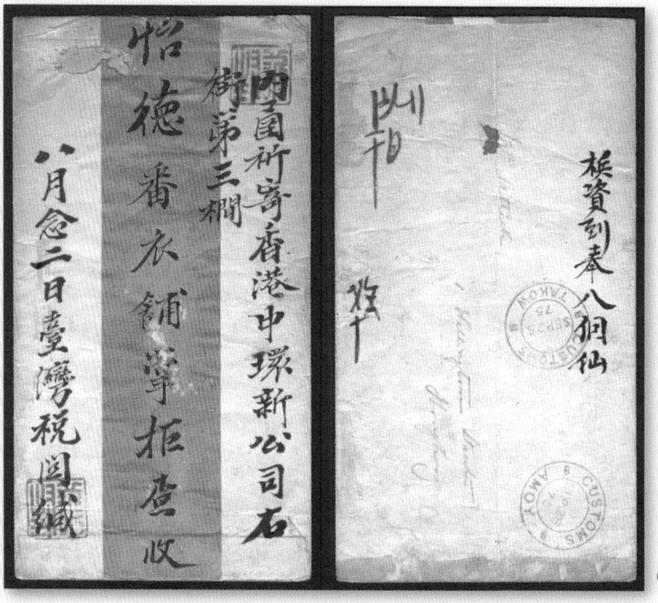

⑥

⑦

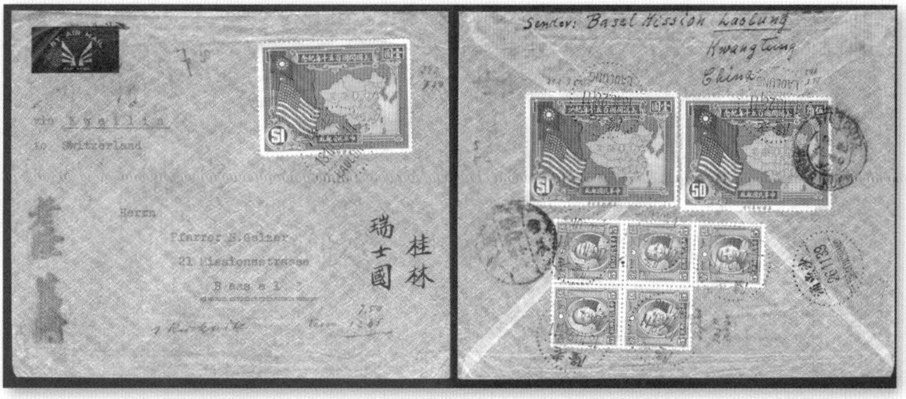

⑧

⑨

④倫敦版帆船、農穫、辟雍郵票。
⑤上海版飛雁無面值原票、加印小字郵票、加印大字圓框郵票及加印大字方框郵票（由左至右）。
⑥ 1875 年臺灣打狗海關時期戳封。
⑦民國元年國慶日國父親筆簽名實寄封。
⑧抗戰時期沙魚涌局轉遞戳封。
⑨民國 73 年郵政博物館新廈落成紀念郵票。

第二十二篇
費拉爾的不世天才和是非功過

①

第二十一篇
春秋鼎盛 供應處十年

①

②

③

④

⑤

⑥

①民國 29 年國父像香港大東版郵票。
②民國 31 年國父像百城 1 版郵票。
③民國 31 年於重慶發行的國父像中信版郵票。
④民國 39 年鄭成功像郵票，為臺灣發行的第一套常用郵票。
⑤民國 40 年郵展發行的臺灣省實行地方自治紀念郵票。
⑥ 1973 年美國聖若望大學中山堂落成紀念郵票。

①

②

③

④

②

④

③

⑤

①大清國旗——黃龍旗。
②民國 3 年我國郵政加入萬國郵政聯盟，當年 7 月 22 日郵政總局呈請交通部「制訂專用之旗，以為標幟。」此圖為民國 8 年定案的郵旗圖式。
③民國 20 年制訂的郵旗式樣沿用至今
④北伐以後，政制改變，交通部重擬郵徽，於 20 年制訂公布。

①費拉爾為大清設計的第一套郵票——慈壽紀念郵票。
②蟠龍郵票。
③④因應匯兌需要，紅印花「當壹圓」、「當伍圓」隆重登場。
⑤「東半球最罕貴之華郵」——紅印花小壹圓四方聯。

置郵傳命

一位郵界耆老的回憶

口　　述　潘安生
編　　著　余燕玲
執行策劃　潘犀靈
書法題字　余文弘
封面設計　柯俊仰
裝幀插畫　黃淑華
資料蒐集　蔡家齊

出 版 者　國立陽明交通大學出版社
發 行 人　林奇宏
社　　長　黃明居
執行主編　程惠芳
編　　輯　陳建安
行銷專員　蕭芷芃

地　　址　新竹市大學路 1001 號
讀者服務　03-5712121 轉分機 50503
　　　　　（週一至週五上午 8:30 至下午 5:00）
傳　　真　03-5731764
官　　網　press.nycu.edu.tw
電子郵件　press@nycu.edu.tw
FB粉絲團　www.facebook.com/nycupress

製版印刷　長城製版印刷股份有限公司

出版日期　一一一年三月初版一刷
定　　價　五〇〇元
I S B N　9789865470241
G P N　1011100220

展售門市查詢：
陽明交通大學出版社
網址　press.nycu.edu.tw

三民書局
臺北市重慶南路一段 61 號
網址　www.sanmin.com.tw
電話　02-25180207

或洽政府出版品集中展售門市：
國家書店
臺北市松江路 209 號 1 樓
網址　www.govbooks.com.tw
電話　02-25180207

五南文化廣場臺中總店
臺中市西區臺灣大道二段 85 號
網址　www.wunanbooks.com.tw
電話　04-22260330

◎博客來、誠品、讀冊、MOMO 購物網等各大網路書店皆有販售

本書內容原刊載自《今日郵政》第 702 期至 729 期，因收錄於本專書，各篇內容已作增刪，特此說明。

國家圖書館出版品預行編目資料

置郵傳命：一位郵界耆老的回憶 / 潘安生口述；余燕玲編著

初版．新竹市．國立陽明交通大學出版社，民 111.03.

400 面；17×23 公分

ISBN 978-986-5470-24-1(平裝)

1. 潘安生　2. 回憶錄　3. 郵政　4. 郵票　5. 口述歷史　6. 臺灣

783.3886　　111002028